信仰はどのように継承されるか

創価学会にみる次世代育成

猪瀬優理　著

北海道大学出版会

目次

序　章　テーマと構成

本書のテーマは、宗教集団における世代間信仰継承の解明である。

このテーマは宗教社会学の大きな課題の一つである宗教と社会変動の関わりを読み解く作業と深く関係している。現代社会では個人化が進展し、多くの事柄が個人にとって自由に選択可能とみなされる傾向にある。それまで個人が拘束される第一の集団であった家族も個人化、私事化し、それまで担ってきた公的機能の多くを他機関に大きく依存するように変化した（目黒 一九八七など）。同様に、宗教も個人化、私事化の過程にあることが指摘され、公的領域から退き、私的領域の事柄となり、個人の自由な選択が可能なものとみなされるようになっている（ルックマン 一九七六など）。

宗教や家族の個人化が自明のことのように語られる一方で、地域社会、職場、エスニック集団などの諸集団が個人の所属する家族形態や宗教的選択に与える影響の大きさも指摘されている（Warner and Witter 1998, Houseknecht and Pankhurst 2000 など）。

本書では、個人化が進展しているとされる社会においても、具体的な個人の選択は数多くの社会的・文化的条件によって制約されていると考える。社会変動としての個人化を前提にしてしまうと、依然として人びとを拘束している社会的・文化的制約の存在を見落としがちになる。だが、実際の社会変動は社会的・文化的制約が働いている中で生起するものである。社会変動を引き起こす一要素となる個人の社会的な選択も、様々な社会的・文化的制約から免れることはない。

本書では、この社会的・文化的な条件によって制約された具体的な「選択」が行われる局面として、親子の間で信仰が継承される過程に焦点を当てる。世代間信仰継承のプロセスを通して、個人化したとされる現代社会における社会的・文化的条件の制約、特に、宗教と家族のありようについて検討していくことが本書の課題である。信仰継承は個人の宗教的選択行動であると同時に、家族と宗教集団における文化伝達の過程でもある（Hoge *et al.* 1982: 569）。先行世代から次世代への文化伝達の過程は、個々の家族における親子の世代間で生じるとともに、宗教集団における入信第一世代と入信第二世代という世代間でも生じる。この観点からみれば、信仰継承の過程を説明することは各家族集団の維持・存続・変容にとどまる問題ではなく、その家族が関係する宗教集団の組織・教理の維持・存続や変容の過程を読み解く鍵を提供するものともなる。

しかし、日本においては入信第二世代以降の信仰継承に関する研究は数少ない。一方で、ヨーロッパやアメリカにおいては、ユダヤ教、ローマ・カソリック教会、プロテスタントのキリスト教会などを出自に持つ青年たちを対象にして、宗教的伝達や社会化、宗教的移動、あるいは棄教といった宗教行動を説明する先行研究が数多く行われてきた。

若い世代の宗教行動への着目は、宗教社会学における中心的課題、近代社会における宗教のあり方をめぐる議論と結びついている。代表的な理論が世俗化論である。世俗化論は近代社会において宗教の社会全体に対する影響力が衰退したとみる。この理論に対しては、批判も多く出されており、論者によっても力点の置き方に相違があるが、「近代社会における宗教的信仰や儀礼の拡散的状況」を「宗教が公的生活の重大な側面であるよりも、むしろ個人的選択の問題になったということの証明」(アバークロンビーほか 二〇〇五：三六四)とする見方は共通しているだろう。[1] そして、「世俗化」の証拠である宗教の「衰退」を指し示す実証的な裏づけとしては、教会出席率の低下や聖職志願者数の減少といった現象が指摘されてきた(Wilson 1966)。

これらの統計的な事実自体は、「教会に参加しない」「聖職を志願しない」という個人の選択行動の集積であり、この事実自体を否定することは難しい。[2] しかし、これらの統計的事実の解釈は、「進展する世俗化の帰結」との解釈に限られない。

世俗化論のように社会全体における宗教の影響力の衰退とみるのではなく、たとえば、「教派と個別教会の相対的な強さの変化」によって生じた勢力構造の変化とみる再組織化論、宗教自体が衰退しているとは限らないが「宗教的個人主義の進展の兆候」を示しているとみる個人化論、あるいは、宗教的ニーズは依然として存在するのだが、信者数等を減らしている「教派がアメリカの消費者にアピールするような宗教的製品を与えるのに失敗した結果」であるとみる合理的選択論など、多様な側面から解釈されうる事実である。

世俗化論、再組織化論、個人化論、合理的選択論の宗教分析は、対象としている分析レベルがそれぞれ異なるために完全に独立したものではないが、これら四つを現代宗教を分析するための代表的ストーリーとみる見方もある(マクガイア 二〇〇八：四二四)。[3] だが、これらの議論は、いずれもキリスト教を前提とした議論である。いずれの論に立つとしても、その理論に実証的な裏づけを得ようとすれば、個人の宗教的行動と宗教集団との関係を観察する必要があるため、キリスト教会を参照軸としてその周辺で起こる行動の変化を読み取るという、アプローチをするのである。

ここで確認したいことは、キリスト教が基盤となる社会では、教会出席率などキリスト教に関わる宗教行動の変化が、社会全体の宗教動向を読み取る資料としてある程度代替可能とみなされうる、という点である。キリスト教が基盤となる社会では、次世代を担う子どもたちは先行世代である親から受け継いだ宗教的伝統に従って、成長してからも教会の礼拝に出席し、教会の運営に参加することが期待されている。しかし、これを行わなくなったという「変化」が観察されることによって、社会的・文化的再生産の断絶が議論される。子どもたちが親の信仰を受け継がなくなった理由を明らかにすることが、現代の宗教的な動向、また当該社会における世代間文化伝達の動向を知る一つの有効な手段とみなされるのである。

日本社会では、キリスト教という文脈がないために、世俗化、個人化、再組織化、合理的選択の実現を判定する参照軸が判然としない。ここに、日本において宗教を通じて現代社会を語ることの根本的な困難がある。また、同時に、日本の宗教社会学において、これまで世代間信仰継承の問題が十分に着目されてこなかった理由も説明できる。世代間信仰継承の過程は個別の宗教集団の事情に左右されるものとみなされ、日本社会全体の変化の動向とは直接関係のない、個別具体的な狭い議論になってしまう可能性があるからである。

しかし、個人の選択と教団組織の維持・存続戦略という二つの観点から、世代間信仰継承の過程をみることで、日本社会全体の変化の動向を考える上でのデータを提供することも可能なのではないか。特に、新宗教集団は、既成教団や伝統的な祖先祭祀の信仰や儀礼とは異質な教理や行動様式を有しているため、当該教団の文化が次世代に「継承」されたか否かの判定が下しやすく、その範囲も限られているため、観察しやすいという利点がある。そのため、本書では調査対象を日本最大の新宗教集団である創価学会に設定した。

日本はキリスト教を基盤とした社会ではないが、日本の宗教社会学が欧米の理論をもとに理論を構築してきたことも事実である。一例として、日本の宗教社会学史を見通した論考においては、「宗教」概念の相対化と「宗教と社会」に関するマクロな分析枠組みの不在という二つの難題が日本の宗教社会学に存在してきたことが指摘されている。この難題はともに西洋近代社会を前提とした議論から派生する（大谷 二〇〇五）。「宗教 religion」という概念は「キリスト教を規準として構築された」近代西洋出自の概念であるため、非西洋世界にとって問い直しが必要とされる。また、マクロな分析枠組みの不在は世俗化論の「理論的停滞と行き詰まり」によって生じている（山中 二〇〇四：一〇八）。

キリスト教を基盤としない社会である日本の宗教社会学では、欧米の「宗教」概念や宗教史を普遍的なモデルとして日本社会に適用することには問題があると常に指摘されてきた。先の日本宗教社会学史の概観では、日本社会独自の宗教概念や宗教理論を作るための展望として、「当事者性」に基づく「宗教」概念の問い直しが提起されている（大谷 二〇〇五：八九）。特に、「宗教の語られ方と構築のされ方そのもの」（深澤 二〇〇三：五二）の主題化が要件とされ、その方法論としてナラティヴ・アプローチ（芳賀・菊池 二〇〇六）、ライフヒストリー研究（川又 二〇〇二）、計量テキスト分析（秋庭・川端 二〇〇四）など対象の語りに着目するアプローチに期待がかけられている。[4]

これらのアプローチが「宗教」概念の問い直しに意義深い成果をもたらすとしても、「対象の語りへの着目」だけでは、第二の難題である「マクロな分析枠組み」の構築にはつながりにくい。このためには、単に対象の語りに着目するのではなく、「語り」がそのように生み出されてくる「社会的コンテクスト」を的確に読み取らなければならない（芳賀・菊池 二〇〇六）。

大谷（二〇〇五）は、この二つの論点の接続点として、ジェンダーやエスニシティに関わる研究テーマに着目している。これらのテーマは、その内実を知るには「当事者」の「語り」に着目するアプローチが必要である。しかし同時に、その背後にある社会的・文化的システムを明確に認識しなければ、その「語り」が持つ意味を的確に解釈することは困難である。このため、ジェンダーやエスニシティといった指標を軸にして、宗教的な「語り」を読み解くことが、ミクロな現象とマクロな現象との接続点になりうる。そして、そこから具体的な現代社会の状況における「宗教」の捉え直しを模索することが可能になる。本書が世代間信仰継承を課題とするのは、このような個人のアイデンティティの源泉に宗教と家族の影響が深く関わっているからである。

本書の議論は、創価学会という具体的な一教団の世代間信仰継承の過程に限定された議論である。したがって、近代日本全体の社会変動を正面から読み解くものにはなりえない。しかし、個別具体的な教団における世代間信仰継承の過程をみる中で、そこに影響を与えている現代社会の姿が描き出される面があるのではないかと考えている。

本書は基本的に個人の選択には社会的な制約があるという立場に立つ。が、個人的に選択可能な範囲が社会的に拡大しつつあるという視点も同時に首肯する。現代社会では、親から子へと信仰が継承される場合であっても、子どもが親の信仰を選択するか否かは必ずしも自動的あるいは強制的なものではない。たとえ親や教団が「子どもに信仰を継承してほしい」という希望を持っていたとしても、建前としては「信仰継承をするかどうかは子ども自身が選ぶもの」というスタンスを完全に否定できる人は多くはないだろう。「強制はよくない」という価値観は広く共有されているように思われる。このように理念的には個人化した社会ではあるが、実質的には社会的・文化的制約がある中で個人は選択行動を行っているのである。このような関心に基づき、本書は以下の構成で議論を展開している。

第一章では、本書で用いる概念や前提となる議論を整理し、本書の分析枠組みと問いを提示する。宗教集団組織の制度化の問題を考える上で、信仰継承の過程が重要な意義を持つことを提示したい。

第二章では、本書の事例となる創価学会について概説し、創価学会における世代間信仰継承を明らかにする意義を述べる。

第三章では、二世信者が教団から期待されている理想的な信仰継承のモデルを、創価学会の機関紙等を資料として提示する。

第四章では、本書の中心的な事例となっている北海道の創価学会、特に札幌市の創価学会員の概況について、筆者が行った調査票調査の結果をもとに紹介する。

第五章では、調査票調査の分析から、信仰継承の状況や信仰継承を促進する要因について検討する。また、二世信者の増加が教団組織の活動に与える影響についても検討する。

第六章では、信仰継承のパターンについて、筆者が行った面接調査の資料をもとに分析する。第五章では読み取りきれない詳細な信仰継承の内実を浮き彫りにする。

第七章では、二世信者への教団の働きかけに焦点を当てる。子どもたちを育成する目的で作られた組織である未来部の歴史と活動状況、その展望について、北海道での未来部の事例を中心に検討する。

最後に終章として本書全体のまとめを述べる。

本書で用いる資料は、主に二〇〇二年前後に行った調査によるものであるが、世代間信仰継承というある意味で普遍的なテーマを論じるには、古くなりすぎてはいないと考えている。

本書では、いくつかの調査方法を併用することで、宗教集団における文化伝達過程を多面的に描き出すことを意図している。第一に、調査票調査によってある程度の全体的な傾向を把握する。ただし、調査範囲は北海道札幌市という一地域に限定されている。第二に、信者個人の詳細な家族や宗教集団との影響関係を明らかにするために面接調査の資料を活用する。こちらも調査対象者の居住地区は札幌市周辺に限定されている。第三に、教団組織全体の歴史的発展や特徴、教団が信者に提示している信仰継承の形を探るため、教団の刊行物を資料として分析する。このように調査方法を複合的に使用することによって、宗教組織と信者個人の間の相互影響関係を立体的に明らかにしてみたい。

第一章　信者と宗教集団の再生産

第一節　宗教集団、世代、家族

宗教集団

本書では、「宗教集団」を「集団で共有可能な形で体系化・聖化された信念体系を備え、その信念体系を支持する信者の集団を組織化しており、かつその組織を一定期間維持している集団」と定義する。ここでいう宗教集団の「信者」とは、「当該宗教集団の宗教的信念に基づいた儀礼を恒常的・定期的に実行する人」を指す。また、「一定期間」とは、教団の発足から三〇年以上継続している教団とする。[5] 三〇年は子が親になり世代交代が生じる期間、一世代に当たる。本書で事例とする創価学会は八〇年の歴史を持つ。

組織化され、一定期間存続している宗教集団には、信者と教団との相互作用の過程が存在している。教団が信者の思想と行動を教団の信念体系に沿うように働きかけ、信者がそれに応えたり、抵抗したりする過程である。これは宗教集団が権力の場であることを意味してもいる。だが、信者は教団から一方的に統制されるばかりではなく、抵抗や留保も示す。信者がその信念体系を受容し、宗教的儀礼や日常生活を通して実践していく過程は、教団側が意図したとおりになるとは限らず、信者側の主体的な取り組みによって変容を生み出す可能性もはらんでいる。このような宗教に関わる個人と集団との相互作用について検討することは、宗教を機能的に理解することにつながる。

宗教の社会的機能は、大きく社会統合機能と社会変革機能に分けられる（井上編 一九九四：六〇）。グロックら（Glock *et al.* 1967）は、宗教（＝教会）が社会的に果たすべき役割を問う研究において、教会が世俗問題の解決のために「変革」機能を果たすことを支持する層とむしろ社会の現状を肯定しつつ慰めを与えるために「統合」機能を果たすことを重視する層とに分かれることを明らかにした。この知見は宗教の二つの機能を実証的に確認するものであると同時に、宗教に対する意味づけや期待が両極端あるいは両義的であることも示唆している。宗教の「世俗化」という議論と、「宗教の復権」という議論が並行してみられることもこの宗教の持つ両義性の証左であろう。

宗教の「世俗化」の議論は、どの宗教を信仰するかが個人の選択にゆだねられ、宗教が私的なものになり、社会的影響力を衰退させたと指摘する（Wilson 1966, Bergar 1967, ルックマン 一九七六など）。一方で、キリスト教やイスラームなどにおける原理主義の興隆といった現象から、「宗教の復権」「復讐」「脱世俗化」が指摘されてもいる（中野 二〇〇二、ケペル 一九九二、Berger 1999）。

宗教の個人化と宗教の復権は相反するようにみえるが、「変革」機能と「統合」機能という二つの宗教の働きに関係しているものと考えられる。なぜなら、世俗化論は近代国民国家とそれを支持する文化的価値を前提とした議論であり、「宗教の復権」は近代国民国家自体が内包する世俗的な国家体制という文化的価値への挑戦とみることもできるからである（中野 一九九七：一八―二〇）。近代国民国家を成立させた文化的価値は、「伝統的宗教」の担ってきた「統合」の機能の代替となり、「世俗化」という「変革」の機能を果たしてきた。一方で、「伝統的宗教」の文化的価値がこれまで果たしてきた「統合」の機能が、近代国民国家の浸透により破壊されたとみて、逆に宗教という「伝統的」な文化的価値にその状況を「変革」する機能を期待する動きとなっていると考えられる。

現在、世界各地で近代西欧に由来する文化的価値とそれ以外の地域や出自を持つ人びとが称揚する民族的・宗教的価値、あるいは近代的価値の内部における対立など、価値観の対立が顕在化することによって、「文化戦争」と呼ばれる事態が生じている(Hunter 1991)。個人にとって「文化戦争」の影響は、価値観の対立状況の中で自身の価値の基準をどう選択するかという問題となって現れる。個人のアイデンティティ構築に関係する属性が、価値基準の選択に与える影響は大きい。すなわち、国籍、人種、民族・エスニシティ、階級、ジェンダーなどである。本書の課題である宗教も、このような機能を果たす重要な属性の一つと考えられる(たとえば Vila 2005 など)。

ある特定の宗教集団における親世代から子世代へ、入信第一世代から入信第二世代への世代交代の過程には、次世代が先行世代の提示する価値基準を選択する局面がある。

世代と家族

世代は、第一に親・子・孫という親子関係を軸として続いていく家族の代、第二に生年・成長時期がほぼ同じで考え方や生活様式など文化的・社会的な背景を共有する人びとの年代、第三に生物学などでほぼ同時期に出生した同時の個体群、といった意味で用いられる。

本書では、世代という概念を主に第一の意味で用いる(6)。すなわち、親と子、祖父母と孫といった家族関係において生じる世代である。特に、親子関係に重点を置いて検討する。

同時に、宗教集団への入信の世代関係も本書の重要な検討課題の一つである。親世代が自ら当該の宗教集団に入信した場合、親は親世代であるとともに入信第一世代となり、子は子世代であるとともに入信第二世代となる。祖父母世代が入信第一世代なら、親世代は入信第二世代、子世代は入信第三世代となる。宗教集団への帰属意識を家族の世代間で受け継いでいくことによって、家族は入信世代を重ねていく。ただし、その土地や家系に代々伝わる宗教は、多くの場合「家の宗教」として認識され、新規に選び取った時点が判然としない。そのため、入信世代は意識されにくい(7)。

そこで本書では、宗教集団の中でも入信世代が比較的明確である新宗教集団に着目する。新宗教集団の入信世代に関しては、入信第一世代が家族や親戚の反対を押し切って「選択」して入信した事例が多いのに対し、第二世代以降にとっては宗教集団が所与のものとして存在するために「信仰が中身を欠き、形骸化する危険性を常に持って」おり、第二世代以降の信者が真に信者となるには、「自分自身で信仰を選びなおす契機が必要となる」との指摘がある(渡辺 一九九四：二〇八)。また、信仰継承には、親側の要因と子ども側の要因があるとも指摘されている(渡辺 二〇〇三)。あるいは、教団外の他者がその選択に影響を与えるとの指摘もある(塚田 二〇〇六)。

このように新宗教研究においては、信仰継承は「選択」の問題として認識されている。しかし、入信世代が重ねられている事実は、宗教的選択に制約があることも意味している。親世代が新宗教の信仰を持っていなかった場合には存在しない「信仰を継承するか、否か」という選択に子世代が直面するからである。このような入信世代が重ねられる過程に働くメカニズムを明らかにすることによって、現代における「個人化」「私事化」と「集団的な表象への帰属意識の高まり」との間のダイナミズムが明らかにできるかもしれない。

戦前から戦後にかけての実証的な宗教研究は、「宗教と地域社会」研究を中心に行われていた(大谷 二〇〇四：八)。当時の日本社会においては、伝統的な家・同族集団や地域社会が目下のところの検討すべき「社会」であり、それらの社会との関連で伝統宗教や民俗信仰、制度化された宗教行動が研究対象になった。特に戦後は、社会の急激な変動に対応して、宗教が伝統的な集団や社会の存続・統合に果たす社会的機能や構造が問われた。

高度経済成長後、実証的な宗教研究は「宗教と社会変動」の分析へと関心が移り、研究対象は地域社会や家・同族などから、家族や世帯など都市部の社会集団へと変わる（大谷 二〇〇四：九）。この時代に新宗教集団への関心も高まった。

宗教と家族の研究において、「社会変動」という文脈を中心に議論が行われるようになった背景には、伝統的な「家」の崩壊と夫婦家族制理念の浸透が挙げられる。宗教研究の文脈では、この問題は家の宗教性、特に祖先祭祀の変容との関わりが焦点となった（井上編 一九九四：一四四―一四九）。祖先祭祀をはじめとする家族の信仰様式は、家族社会学と宗教社会学が交錯する非常に重要な研究領域である。

家族の変化と連動した祖先祭祀の変容については、孝本貢（一九七八）や森岡清美（一九八四）など多くの研究成果がある。孝本（一九七八、二〇〇二）は、都市部の霊友会系の新宗教を信仰する家族の先祖祭祀のあり方に着目し、「系譜的先祖供養から縁的先祖供養へ」という変化を見出した。「家」の系譜を確認するための先祖供養から、身近な親しい人の弔いを重視した先祖供養への転換である。これは都市部の家族において新宗教という媒体を通して生じた。その社会で「妥当」とされる家族規範は、人びとの社会的・文化的価値意識を形成する上で重要な基盤となるため、家族観の変化には動揺が伴う。この変化に対して正当性を付与する機能を新宗教が果たしたと考えられる。つまり、新しい世代によって、新宗教集団が新しい価値観の基準として「選択」されたと捉えることができる。

これらの研究からは、世代間信仰継承の過程には、先行世代の提示する信念体系や儀礼の単なる受容にとどまらない、変容の過程も含まれていることが示唆される。

第二節　宗教集団の維持と変容

宗教類型論と制度化過程

新宗教研究において、「二代目以降の信者に関する調査はほとんどないに等しい」（渡辺 一九九四：二〇八）との指摘からほぼ二〇年経ち、日本の宗教集団における第二世代以降の信者に関する調査は、少しずつ蓄積されている（芳賀 一九九二、兼子 一九九九、猪瀬 二〇〇二、二〇〇四、渡辺 二〇〇三、杉山 二〇〇四、塚田 二〇〇六、芳賀・菊池 二〇〇六）。しかし、第二世代以降の信者の存在が宗教集団において持つ意味については、十分に議論されているとはいえない。

アメリカおよびヨーロッパの事例を中心として、第二世代以降の信者の出現が教団に与えている影響、また教団が子どもたちに与える影響などについて論文集が出されている（Palmer and Hardman (eds.) 1999）。この論文集では、教団外の社会との軋轢を生む非伝統的新宗教集団が研究対象となっており、第二世代以降の信者が伝統的な文化と教団内の文化との間で葛藤を経験すること、またかれら／かの女らが教団にとどまることで教団が外部社会と同調し、軋轢が緩和される可能性が指摘されている（たとえば Rochford 1999）(8)。

このような視点は、古くはニーバーによるアメリカの教派に関する教団類型論にみられる。ニーバーは、セクト型組織に自発的に参加している第一世代から、生まれつきその組織に所属する第二世代への世代交代によって教団組織がチャーチ的なものに変容し、組織は世俗からの孤立を保つことが困難になり、世俗と調和的な形態・内容に変容すると述べている（ニーバー 一九八四：一九―二〇）。信者の世代交代に伴う制度化である。

宗教的信念が再生産される過程は、子世代にとって親世代から教団内での宗教的社会化を受ける過程であるだけでなく、宗教集団からみれば、教団維持に不可欠であるとともに、制度化を進める要因ともなるなど、教団組織の変容を促す要因となるダイナミックな過程である。入信第二世代以降の存在は、教団の組織維持戦略と信者個人の選択、入信および脱会、または信仰の維持との緊張関係を読み解く鍵となるのである。

宗教類型論はウェーバーのチャーチ・セクト論に端を発する、宗教社会学でも伝統的な課題の一つである（ウェーバー 一九八九）。チャーチ・セクト論は、トレルチのチャーチ・セクト・神秘主義論（Troeltsch 1956）、先のニーバーのチャーチ・セクト・デノミネーション論へと継承され、論者によって方法論や力点の違いはあるものの、のちの教団類型論の基本の議論となった。

ウェーバーによればチャーチは、人が生まれながらに所属する大きな社会の文化的価値観と矛盾しない宗教組織であり、それに対してセクトは特殊な宗教的・倫理的特徴を持つ成員が自発的に参加する大きな社会と葛藤を引き起こす宗教組織である。トレルチにおいてもこの対比は同様であり、それに対して神秘主義は宗教的共同体を重視しないラディカルな宗教的個人主義であるとされる。ニーバーについてもチャーチ・セクトの対比は同様であるが、デノミネーションは、大きな社会に対する順応性を備えながら、チャーチほどに社会に対する影響力を持たない教会のあり方を示している（Martin 1962）。

ニーバーによれば、社会との葛藤を持っていたセクトは大きな社会と妥協することによってデノミネーションへと変質する。この変質に大きな影響力を持つ一要素として入信世代が挙げられている。入信第二世代の増加がデノミネーション化を促すのである。(9)

だが、ニーバーのセクト変容の議論については、すべてのセクトが同一過程をたどるわけではないとの批判もある（ウィルソン 一九九一）。また、本質的にキリスト教の教会をモデルとして作られた教団類型が他のすべての宗教団の制度化を論じるのに適切とは限らないことも、繰り返し指摘されてきた。

しかし、セクトからデノミネーションへの変質を「宗教集団の制度化」の一類型と位置づければ、その適用範囲は非キリスト教圏へも広がるのではないだろうか。キリスト教以外の出自の教団でも、組織化する際には、ある程度の「制度化」は免れにくい。つまり、教団を組織として安定的に存続させるためには、一定の程度でその教義内容の確定、メンバーシップ範囲の確定、内部規範の体系化、指導体系の官僚制化等の変化を伴うと考えられる。特に、教団内での入信世代の更新が教団の組織構造に影響を及ぼすことは、宗教集団に共通に生じる可能性の高い現象とみて間違いない。ただし、その具体的な影響の仕方や影響への対応は、キリスト教会とは異なる可能性がある。その相違を明らかにすることは、比較宗教学的な研究への道を開く研究課題となると思われる。

教団ライフサイクル論と教団ライフコース論

オディ（一九六八）は、宗教が制度化する過程におけるディレンマを五つにまとめている。[10] 詳細は割愛するが、このディレンマは五つとも宗教集団の制度化に伴う組織としての安定性の獲得と宗教的活力の低下に関わるディレンマである。

信者が子どもを持つことを奨励・当然視する、少なくとも妨げない宗教集団であれば、[11] 入信第二世代は増加する可能性が高く制度化が促進される。つまり、組織の安定化と宗教的活力の間のディレンマが生じやすくなる。

制度化の過程が含まれた宗教集団の組織変容の理論として、教団ライフサイクル論がある（表1-1参照）。森岡（一九八九）はモバーグの教会ライフサイクル論などを参考にして立正佼成会の生成・発展過程を捉えた。

しかし、森岡が立正佼成会について行った分析は最大能率の段階までで、第二世代以降の信者が増加してくる制度化の段階までは分析に含めていない（森岡 一九八九：三〇三）。本書は対象教団は異なるものの、新宗教集団に

表1-1　教団のライフサイクル

発展段階	組織の状態
1）萌芽的組織の段階	母集団への不満からカルト・セクトが出現。カリスマ的・権威主義的リーダーが率いる。高度の集合興奮。
2）公式的組織の段階	リーダーシップの成立。集団の一体感と共通関心の意識の高揚。目標を成文化・公表。正統的信仰の確立。内部者と部外者を区別。
3）最大能率の段階	政治的リーダーシップが主導権。合理的組織が成立。理事会等の公式的構造が発達。儀礼の手段化。新会員獲得を促進。デノミネーション化。入信第一世代が死亡し，部外者との区別が曖昧に。
4）制度化段階	形式主義化。官僚制が確立しリーダーシップを掌握。集団構造のメカニズムそれ自体が組織の目標となる。礼拝や信条の軽視。一般会員の態度が受け身的になる。
5）解体が始まる段階	会員のニーズに対応しないため，人びとは不信を持ち退会。集団にとどまっても名前だけの会員である場合が多くなる。一部のリーダー層等が改革運動を起こす可能性（復活／解体）。

おける制度化段階を捉える試みである(12)。

制度化段階では、集団構造のメカニズムそれ自体が組織の目標となり、礼拝や信条を軽視する風潮が生まれ、一般会員の態度が受け身的になると想定されている。本書では創価学会において生じている解体の危機、また、その危機を克服するためにとられている手立てを検討することになるだろう。

教団ライフサイクル論は、本来は生命を持つ者の一生にみられる規則的な推移に対して用いられるライフサイクルという概念を宗教集団の変容過程に適用して、分かりやすく図式化したものである。同様の発想で提案された家族ライフサイクル論（family life cycle theory）に対しては、典型例のみを前提とした単一モデルでは多様な形態をとるすべての家族を分析できないとの批判が出された。教団ライフサイクル論に対しても、順調に発展した教団にのみ適用可能なナチュラル・ヒストリーモデルになっており、それとは異なった展開を示した教団、たとえば、途中で停滞・消滅・解体した教団、弾圧などによって自然史的な発達を阻害された教団については有効に分析できないという批判がある（西山一九九四）。

家族ライフサイクル論への批判からは、個別の家族状況を捉える視点を導入した家族ライフコース論が提案されたが、教団研究に関しても、社会的背景や教団の個別の事情を考慮する教団ライフコース論が提唱されている(西山 一九九四)。

とはいえ、これについては、「教団自身の発達的出来事と、それを取り巻く全体社会の歴史的出来事をふたつながらに捉え、両者の絡み合いの中に「多様性を踏まえたうえでの斉一性」を追求する「教団のライフコース論」によって乗り越えられるかもしれない」(西山 一九九四：五六)と述べられるのみで、その詳細な理論枠組みについて述べられているわけではない。

具体的な教団ライフコースの構築に向けては、大谷(一九九六)が、宗教運動論に構築主義的アプローチを適用し、カリスマ的指導者と帰依者の諸個人間の関係を基軸とする相互行為から宗教運動が組織化する過程を捉えるアプローチを提案している。また、塚田(二〇〇七)は、教団間での比較を可能にするため、宗教運動内での価値の世代間伝達を、カリスマの継承のあり方の類型化によって明らかにしていく方向性を示唆している。両者ともカリスマの継承に焦点を当てているといえよう。

本書は一教団の事例研究であるが、カリスマの継承ではなく、一般信者の世代間信仰継承の過程や全体的な特徴について焦点を当てる。今後、同様の観点から複数の多様なタイプの教団の事例を積み上げて比較・検討することによって、カリスマの継承にとどまらない、個々の信者の活動・信仰の様相を捉えた「教団ライフコース論」の構築が可能になるのではないか。

第三節　世代間信仰継承

宗教集団と家族関係

日本の新宗教研究においては、親の信仰が子どもに受け継がれる現象を「世代間信仰継承」あるいは「信仰継承」と表現している(渡辺二〇〇三など)。欧米の研究では、「宗教的社会化」あるいは「宗教的伝達」といった言葉も用いられる。

「信仰」の継承を測るには、「信仰」とは何かを明確にしなければならないが、「信仰」はそれほど明確な概念ではない。たとえば、キリスト教的信仰の議論では、「目に見えぬもの」「偉大なるもの」の存在が所与の前提として設定されている(ズサ二〇〇五)。一方で、民間信仰の成立に関する議論では、民間信仰の宗教体系を成立させようとする共同体の承認が必要である(中西二〇〇八)。前者では信仰の前提として「聖なるもの」があるのに対して、後者では信仰対象となる「聖なるもの」は共同体自体が作り出している。宗教によって、信仰の構造が全く異なっているのである。

おそらく実際の「信仰」とは「聖なるもの」に対して生じるものであると同時に、外部社会との相互作用の中で成立するものでもあるだろう。しかし、本書としては、信仰継承をしたか否かを判定するために、「信仰」の操作的定義をする必要がある。

参考として、個人の宗教性(religiousness)に関する議論をみてみよう。宗教性に関する議論には様々なものがあり、宗教性の次元数や指し示す内容についても多様である(Hyde 1990)。たとえば、内在的(intrinsic)と外在的(extrinsic)の二つに分けるもの(Allport and Ross 1967)、観念的(ideological)、知的(intellectual)、儀礼的(ritualistic)、経験的(experiential)、間接的(consequential)という五つの側面に宗教性を分けるもの(Glock and Stark 1965)、儀式的(ritual)、神話的(mythological)、教義的(doctrinal)、倫理的(ethical)、社会的(social)、経験的(experiential)という六つの側面に分けるものがある(Smart 1969)。多いものでは一〇以上の次元を挙げる研究者もいる。

これらの宗教性に関する議論を整理すると、大きく分けて宗教性には、儀礼や経験や社会的つながりなどの宗教的な「実践」に関わるもの、教義など宗教的な「知識」に関わるもの、倫理や経験をどのように解釈するかなどの宗教的な「心理」に関わるもの、という三つの側面があるとみることができる。

このうち、後の二つは個人の内面に生じているものであり、測定するには一定の精査を経た尺度を必要とする。しかし、現在のところ、本書の事例教団である創価学会信者の宗教的「心理」、宗教的「知識」を正確に測ることの可能な検証された尺度は存在しない。そのため、本書では主に、「信仰」を測るために、客観的な測定が比較的容易である宗教的活動の「実践」に焦点を合わせる。つまり、実際的な信仰活動を入信第二世代以降が継続している場合に、信仰継承をしたとみなすことにする。具体的には、活動的創価学会員として、勤行・唱題を定期的に実行し、創価学会の会合に参加していることを指す。

これまで宗教社会学者の多くは、信者がなぜその宗教に入信するのかに関心を向けてきた(伊藤 一九九七)。典型的には、伝統的でない宗教へ入信する人の入信動機や、このような教団が新たな信者をひきつける魅力などについて議論されてきた。つまり、宗教的移動への着目である[13]。宗教的移動に着目する視点では、伝統的な宗教、あるいは親世代の信仰を子世代が継承する現象については焦点が当てられない。

しかし、宗教集団が新たな信者を獲得するための主要な資源は、多くの場合、宗教的移動者ではなく、実は信者の子どもたちによる信仰継承である(Skirbekk *et al.* 2010)[14]。このとき、家族は宗教的社会化の第一の担い手となる(Hyde 1990)。

多くの宗教的社会化に着目した調査研究では、父親、母親、祖父母といった家族を最も重要な担い手とみている(Nelsen 1980, Ozorak 1989, Pearce *et al.* 1998, King 2003, Bader and Desmond 2006, Copen and Silverstein 2008, Kapinus and

Pellerin 2008, Armet 2009, Bengtson *et al.* 2009など)。

家族から子どもへ与えられる宗教的影響については、母親と父親、娘と息子の間に異なった関係性がみられ、ジェンダーの観点に留意する必要性も指摘されている(Clark *et al.* 1988, Wilson and Sandmirsky 1991, Hayes and Pittelkow 1993, Okagaki and Bevis 1999, Baker-Sperry 2001)。

一方で、親をはじめとする家族の影響よりも、宗教集団の同輩集団や指導者からの圧力の影響が大きいという指摘もある(Hoge and Petrillo 1978, Hoge *et al.* 1982)。子どもの年齢によって学校や教会、家族の影響が異なるという知見も出されており(Francis and Brown 1991)、子どもを単なる宗教的情報の受け手とみるのではなく、親との間で相互作用を行いながら自ら学習する能動的な存在とみる視点を押さえておくことが重要であろう(Boyatzis and Janicki 2003)。

先行する調査研究では、宗教的信念と実践の世代間信仰継承は親の信念と行為をモデルとして学習することを通じて生じ、良好な親子関係[15]によって世代間信仰継承が強化されると指摘してきた(Hunsberger 1983, Cornwall 1989, Dudley and Dudley 1986, Ozorak 1989, Willits and Crider 1989, Kirkpatrick and Shaver 1990, Rossi and Rossi 1990, Sherkat and Wilson 1995)。

社会的学習としての世代間信仰継承

宗教的社会化に関する先行研究の多くが、その過程を社会的学習として捉えている(Hunsberger 1983, Dudley and Dudley 1986, Cornwall 1989, Ozorak 1989, Willits and Crider 1989, Kirkpatrick and Shaver 1990, Rossi and Rossi 1990, Sherkat and Wilson 1995, Bao *et al.* 1999, Baker-Sperry 2001, O'Conner *et al.* 2002, Copen and Silverstein 2008, Bengtson *et al.* 2009)。

社会的学習理論(social learning theory)は、心理学の分野に影響を与えたモデリング理論である。人間の行動を内的な動機とともに、外部に対する観察による学習の結果として生じるものとして捉える。子どもが身につける価値観や行動様式は重要な他者の態度・行為の観察によって学習される。重要な他者は子どもに役割モデルを提供する。子どもは、重要な他者の振る舞いを真似るとともに、他者と自分自身の行動が社会状況に照らして適切かどうか常にモニタリングしている。特に子どもにとって重要なのは、親ないしは、子どもを世話し恒常的に接している大人である。子どもたちはこのような第一義的な重要な他者である親に対する観察学習を通じて、かれらの価値、態度、行為を身につける（バンデューラ 一九七九）。

社会的学習理論の観点からみると、宗教性も同様に親をはじめとする周囲にいる他者の行為・態度の観察によって学習されるものである（Cornwall 1989）。先にみたように、親の宗教性は子どもの宗教性と深い結びつきがあることがこれまでの調査で明らかにされている。子どもが親と同じ宗教的価値を否定する例があることも指摘されているが（Willits and Crider 1989）、一般的には、親が信仰深い人であった場合には、子どももそのようになる可能性が高い（Bader and Desmond 2006）。

社会的学習理論の提唱者であるバンデューラによれば、高い地位と能力を持つ者は、子どもがその行為や態度をモデルとするのに効果的とされている（バンデューラ 一九七九）。宗教的社会化についての研究でも、祖父母や親が子どもたちに対して特に社会的・経済的背景に関連した価値値や世界観のセットを用意することによって、祖父母や親の社会的地位が子どもに受け継がれることが指摘されている（Bengtson *et al.* 2009, Copen and Silverstein 2008）。また、社会的地位にかかわらず、親が子どもに対して温かく受容性が高い場合には、子どもは親に愛着を感じ、親をモデルとする可能性が高まるとも指摘されている（Bandura 1969）。信仰深い親が温かく、愛情ある態度で接している場合には、子どもは親の信仰を肯定的に評価する可能性が高まると考えられる（Kapinus and Pellerin 2008）。親との間に相互的な支援関係がある場合にも同様であろう（Myers 2004）。このような場合、子どもは親に反発するよりは、親を喜ばせたいために、信仰を継承する選択をしやすくなる。父親と母親の間の信仰の熱心さや宗教観の不一致が子どもに影響を与えているとの指摘もあり(Bader and Desmond 2006)、また、親の信仰が極端に熱心であると子どもが信仰から離れる可能性も示唆されており(Kapinus and Pellerin 2008)、宗教的選択の状況には個々の家族的な背景要因や宗教集団との関係要因を考慮する必要がある。

信仰者は、それぞれが宗教制度の公式的な見解をそのまま受容するのではなく、その宗教的行動を取捨選択的に組みあわせて実践する。このような宗教的選択が起こる背景には、様々な社会的・文化的な制約があるはずである。本書では、このような「選択」を取り巻く制約条件に焦点を当てて、分析の枠組みを組み立ててみたい。

ここでは、合理的選択理論を供給側である宗教市場の観点からではなく、その信仰を必要とする一人一人の信者予備軍、すなわち需要側の問題として捉え直す試みを参考にする(Sherkat and Wilson 1995, Ellison and Sherkat 1995, Sherkat 1997)[16]。

合理的選択理論は、すべての宗教的選択を自由な宗教市場における個人の合理的判断によるものとする理論である。この理論では、多様な教団が多様な「宗教的パッケージ」を提示している宗教市場において、文化的な制約を受けずに自由な選択を行うことが可能であるとし、需要側の選好すなわち「選択基準」を変化しないものと前提する。

これに対し、需要側の選好の形成・変容が、社会・文化的背景、社会的ネットワーク、社会的環境における機会と制限を受けて形成されていることを重視し、分析に取り込むことを主張する論者は、人びとが「合理的選択」を行うという前提については合理的選択理論と共有するのだが、その選択の基準が、その個人の親の信仰のあり方や、親との関係、教団との関係などのあり方によって影響を受け、質的に異なることを重視している。個人の「選択」は常に文化的・社会的な制限を受けており、純粋に自由な選択は不可能である。たとえば、アメリカ南部地域の黒人たちは、黒人教会に通う以外の宗教的選択を行うことは困難である(Ellison and Sherkat 1995)。

この理論は、個人の選好が社会的・文化的制約の中で形成されると考え、その制約された選好に基づいて個人の行動選択を解釈するため、文化的選好形成理論(cultural theory of preference formation)と呼ぶことができる(Loveland 2003: 147)。この議論は親や教団など環境からの影響を重視する点で、宗教資本理論(Iannaccone 1990)と似ているが、宗教資本理論が選好を固定的なものとみなすのに対し、宗教的選好を変動的であるとみなす点が異なっている(Sherkat 1997: 70)[17]。

宗教的選好は、第一に対抗的適応(counteradaptivity)、第二に学習(learning)、第三に強制的教育(seduction)の結果として変化する(Sherkat 1997: 70)。つまり、基本的には社会的学習として宗教的選好が形成されると考える。

「対抗的適応」とは、しばしば人びとが自分の親しみのある物事から離れてみたいと考え、行動する性質のことである。青年期は伝統的あるいは保守的な価値観や制度に反発しやすい可能性がある(Roof and Walsh 1993)。しかし、家庭を持つようになれば安定を求めて保守化するかもしれない(Roof and Walsh 1993)。

宗教的社会化についての先行研究では、家族的状況を個人の宗教的ニーズを喚起する要素とみなす家族ライフサイクル理論もよく採用されている(Stolzenberg *et al.* 1995, Wilson and Dobbelaere 1994, Roof and Walsh 1993 など)。結婚や子どもを持つと、家族的絆を強めるため、子どもへの教育指針を得るためなどの目的から宗教を求めるようになりやすいという仮説である。

なお、ルーフとウォルシュは、青年が非伝統的宗教集団へ参入する傾向を分析するにあたって、個人のライフサイクル段階(たとえば思春期の親離れ)とともに、歴史的・社会的背景をともにする一群という意味での「世代」の違いの双方から分析する必要性を説いている(Roof and Walsh 1993)。たとえば、ベビーブーマー世代の宗教的行動の動向はそれ以前の世代とは異なる(Roof 1993)。

世代とともに、ジェンダーも宗教的選択の大きな社会的・文化的制約である。一般に、女性のジェンダーを受け入れている人のほうが親から受け継いだ信仰を変えにくいといわれている(Sherkat and Wilson 1995)。また、アメリカ社会では、高い離婚率やひとり親家庭やステップファミリーの増加など、家族の多様性が広まっていることに危機感が表されており、そのような家族に関わる帰属先の不安への反応として宗教集団への参加が生じることが示されている(Bengtson *et al.* 2009, Copen and Silverstein 2008)。

「学習」とは、宗教的選択のあり方を自ら他者の行動や知識から学び、自分の選択の参考にすることである。社会的学習理論によると、人間は経験したものや教えられたものを単純に模倣するのではなく、他者の反応など社会的な文脈において主体的な解釈や取捨選択などの自己調整を行いながら行為遂行を選択決定する。受動的な学習から能動的な選択行動が生じるのである。バンデューラは、行動のモデルの習得と遂行が異なるレベルにあることを強調している。信仰継承についても信仰活動や教理を知識・モデルとして習得したとしても、実際に信仰活動を行うとは限らないのである。

また、大学進学や地理的移動など、本人の文化的経験、知識が多様になると、選択肢の幅が広がり、宗教的価値が相対化されるため、宗教活動から離れたり、信仰心を弱めたりする可能性が高くなるのも「学習」の結果である(Hoge *et al.* 1993, Hoge and Petrillo 1978 など)。

さらに、個人の選択が社会的に構築されるメカニズムは次の二点を考慮する必要がある(Sherkat and Wilson 1995)。個人の特定の選択は、第一にその選択が良い効果をもたらすと認識される場合に促進される可能性が高い。第二に、周りの人からその選択が褒められたり、非難されたりする場合に促進される可能性が高い。特に、選択が「良い」か「悪い」かの判断基準として参照されやすいのは、周囲の人びとがその選択から得ている結果への解釈である。[18] 個人はこの判断基準も周囲の観察から「学習」するのである。「強制的教育」とは、行為者自らが自発的・主体的に行う学習とは異なり、学校制度における教育のように強制的に行われる性質を持つ教団の教化活動によって、受動的に選好が変えられる場合である。強制的であるとは限らないが、教団では親からの教化や教団活動によって社会的学習を行うことは多いだろう。

親と教団は宗教的価値を伝達する二大担い手である。信仰継承に関する研究では、主に親や教団の信者に対するモデル提示機能あるいは親や教団による教育について焦点が当てられている(Hunsberger 1983, Bao *et al.* 1999, O'Conner *et al.* 2002)。

親の影響については、研究によって子どもの宗教性に対し「強い影響がある」とも「決定的影響はない」ともいわれており、矛盾した結果が示されている。この問題については、親の影響は子どもに直接的に与えられるのではなく、教団仲間を通して媒介的に伝えられるためと解釈する経路理論(channeling theory)によって説明できる(Cornwall 1989, Bao *et al.* 1999, Martin *et al.* 2003)。社会的学習理論と経路理論が宗教的伝達を分析する際に有効な理論であることについては、宗教性と離婚観に対する考え方についての研究で実証的に検証されている(Kapinus and Pellerin 2008)。

世代間信仰継承に関わる課題

新宗教の第二世代の信者にとって、宗教的選択は明らかに自由に開かれていない。需要側の選好の形成・変容が、社会・文化的背景、社会的ネットワーク、社会的環境における機会と制限を受けて形成されているため、宗教的選択の背景にあるものを考慮する必然性が出てくる。信仰継承を促進させる要因として分析の際に考慮すべき焦点としては、以下が挙げられる。[19]

第一に、家族的なライフサイクルの段階である。年齢、性別、既婚・未婚の別、子どもの有無、子どもの年齢といったことが考慮される必要がある。また、入信世代が第二世代以降になると、対抗的適応が促進されやすくなるだろう。

第二に、親や教団の影響である。親が信仰熱心であったかどうか、親が信仰をするように強制的に教育したかどうか、および子ども時代に教団活動に参加した経験の有無などを考慮する必要がある。一般に親が信仰熱心であるほうがモデル効果は高い。特に、親との関係が良好であった場合にこの効果が高い（Rossi and Rossi 1990）。この点は、教団との関係についても共通であろう（Hunsberger 1983）。しかし、親の宗教的教化が意図的・強制的であると子どもが反発する可能性が高いことも指摘されている（岩村・森岡 一九九五）。

第三に、本人の学歴、職業などの社会的地位である。本人の文化的経験、知識が多様になると、選択肢の幅が広がり、宗教的価値が相対化されるために、宗教活動から離れたり、信仰心を弱めたりする可能性が高くなる（Hoge *et al.* 1993, Hoge and Petrillo 1978 など）。

第四に、本人の家族の宗教的環境である。家族全員が同じ信仰を持っている場合と異質な考え方が同居している場合とでは、宗教的選択にも大きな違いが生じる（Sherkat and Wilson 1995）。

第五に、宗教的選択が本人と周囲に対してもたらす効果である。第四に挙げたように、個人の宗教的選択は身近な他者、家族や親しい友人に大きな影響を与えるものである。非伝統的な宗教に入った子どもや配偶者をやめさせようとする行為が生じることなどは、宗教的選択が個人的なものではないことを象徴的に示している（櫻井編 二〇〇九）。

これまでの議論を踏まえて本書の具体的な課題を提示してみよう。

第一の課題として、信仰継承の選択の際に加えられている制約の具体的内容を把握するため、二世信者たちが教団組織から与えられている信仰継承のモデルについて明らかにする。この点は、第三章で扱う。

第二に、信仰継承の生じやすい条件を検討する。信仰継承をした二世信者の中でも活動が活発な人を信仰継承の可能性が高い人とみなし、調査票調査のデータを用いて第五章の前半で検討する

第三に、二世信者の増加が教団組織に与える影響について明らかにする。先行研究では二世信者の増加は制度化・既成宗教化、「家の宗教」化を促し、教団の活力を衰退させるとされてきた。この問題は、調査票調査のデータを用いて、第五章の後半で扱う。

第四に、具体的な二世信者の信仰継承のパターンを明らかにし、そのプロセスの中にみられる二世信者の行動選択過程を明らかにする。これは面接調査で得られたデータを用いて、第六章で行う。

第五に、教団組織自体の二世信者への働きかけの実態を明らかにする。この問題は、会員を親に持つ子どもたちへの対応を行っている創価学会未来部の幹部経験者への聞き取り調査から得られたデータを用いて、第七章で行う。

ところで、マクロな視点を持った理論の検証にも、原理的にはミクロな宗教行動のデータの集積が必要となる。一教団の信者の宗教行動も、そのうちの一部を担うものである。本書の分析は、マクロな社会理論の検討を目的とはしていないが、日本における「宗教と社会変動」を読み解くための資料を提供することを意図したものである。(20)

一教団の信仰継承過程やジェンダーの再生産過程に生じている変化を、日本社会全体の社会変動の影響を受けたものといえるかどうかについては議論の余地がある。確かに、一教団の動向が即座に全体社会の動向とつながっているとは限らない。

しかし、本書の研究対象である創価学会は、日本で最大規模の信者数を誇り、自らが生み出した政党を全国で

およそ九〇〇万票を得る規模までに育てた教団である。戦後の日本で政権を握り続けた自民党との「類似性」を指摘する議論（玉野 二〇〇八）があるように、異端視される部分がありながらも、その教団の動向には各所に日本社会全体の変動の影響が色濃く出てきていると推測できる。このような見解は妥当だろうか。次章では、創価学会の概説をした上、その特徴について検討する。

第二章　創価学会について

第一節　創価学会の概要

創価学会は一九三〇年牧口常三郎により日蓮正宗の在家集団として「創価教育学会」という名称で設立された。戦時中に壊滅状態となったが、戦後、第二代会長戸田城聖によって組織の再興と拡大が進められた。戸田死去の二年後、一九六〇年に池田大作が第三代会長に就任し海外布教が開始される。一九九一年には、一九七〇年代に表面化した日蓮正宗(宗門)との葛藤が決定的となり、分裂するに至っている。

二〇〇八年現在、公称で八二七万世帯、教学部員二六〇万名、『聖教新聞』の発行部数五五〇万部、月刊誌『大白蓮華』二八〇万部という教勢を誇る。(21) 世界布教も進んでおり、一九二の国・地域に会員がいる。また、創価学会が創設し、現在は主要な支持母体となっている公明党は一九九九年一〇月から二〇〇九年八月まで、連立内閣の一翼を担う与党であった。

創価学会に関する学術的な先行研究は、日本でも有数といえる教団の規模、影響力の大きさに比して多くないといわれることもあるが、日本最大規模の大教団であり、社会的影響力もあることから、多くの研究者やジャーナリストから関心の目が注がれてきた。以下、先行研究を参考にしつつ、創価学会の歴史的展開、組織構造・教理の特徴から、本書の研究対象として取り上げる意義を述べていきたい。

第二節　創価学会の歴史的展開

一九三〇年に「創価教育学会」を創設した牧口常三郎は小学校の教員・校長を歴任する一方、在野の研究者として『人生地理学』などの著書を著した。牧口は一九二八年に日蓮正宗に入信し、一九三〇年に『創価教育学体系』を刊行し創価教育学会を創設した。会の正式な発会は一九三七年とされるが、一般に一九三〇年が創立の年と考えられている。数年後には数千名の会員を擁するようになったが、戦時中、宗教団体への規制が厳しくなる中、神札を拒否したことなどを理由として、牧口以下、幹部らが捕らえられた。牧口時代は教団発生期と捉えられる。教団ライフサイクル論では、萌芽的段階に当たる(表1-1参照)。

戦後、理事であった戸田城聖が獄中で亡くなった牧口のあとを受け、一九四六年に創価学会と改称し、一九五一年には第二代会長に就任している。戸田は会長就任の際、当時多くても三〇〇〇世帯程度だった会員数を生存中に七五万世帯に増やすと宣言し、実際に「折伏大行進《しゃくぶく》」を掛け声に激しい布教活動、他宗教への攻撃が開始され、破竹の勢いで拡大した。折伏とは、破折屈伏の略であり、摂受《しょうじゅ》(摂引容受の略)という穏やかに相手の間違いを戒める説法に対して、厳しく相手の間違いを攻撃して、自分の説の正しさを相手に認めさせる布教の仕方を指す。

一九五五年に地方議会選挙、一九五六年に参議院選挙に候補者を立て、いずれも当選させるなど、政治への進出も果たす。攻撃的な布教方法や政界進出など活動の特異さから、世間から不安や反発、好奇の目が向けられた。戸田は一九五八年に病死し、二年ほど会長不在の時期を経て、一九六〇年に池田大作が第三代会長に就任した。敗戦から第二代会長戸田の死去までの期間は、教団形成期と捉えることができる。教団ライフサイクル論では、この時期は戸田というカリスマ的リーダーを得た萌芽的段階から、ある程度集団的なリーダーシップと正統的信仰が確立された公式的組織の段階に移行した時期といえる。

池田時代も着々と会員数を伸ばしたが、この時期になると強引な布教活動は表立っては控えられるようになる。一九六一年に公明政治連盟、一九六四年には公明党を結成して当初は否定していた衆議院選挙進出を表明し、一九六七年には衆議院選挙への進出を果たした。また、海外進出が本格化した。さらに、大学などの教育施設の創設にも力が入れられる。

一九七〇年には、創価学会が創価学会批判の書の出版差し止めを要請したことで問題となった言論出版妨害事件の処理のために、創価学会と公明党の関係が明確に別組織として整理された。また、一九七二年の正本堂の建立は、創価学会の当初の宗教的目標であった「国立戒壇」(日本が国家として建立する、日蓮系教団の信仰対象の一つである本門《ほんもん》の戒壇)とみなせるか否か、といった点で宗教的に重要な節目であった。なお、正本堂建立の際には、多額の寄付金が集められたことがよく知られている。

池田の会長就任から、言論出版妨害事件の起きた一九七〇年ごろまでは、教団発展期と捉えることができる。教団ライフサイクル論では、公式的組織の段階から、合理的組織が確立された最大能率の段階へと移った時期であろう。

一九七〇年から一九九〇年までの期間は、急激な教団規模の拡大もみられず、組織構造の微細な変更はあっても、大きな変動はなかった。二世信者も増えてきた時期であり、教団安定期とみることができる。教団ライフサイクル論では、制度化段階に入ったといえる。

しかし、池田が会長に就任していた時代は、日蓮正宗との軋轢が表面化した時期でもある。池田側近の幹部が反発し、批判的な活動を始めるなどの問題も生じている。一九九〇年に日蓮正宗との対立が修復不可能なものとなり、一九九一年には完全に分離する。[22]

このことは、創価学会が厳然たる聖なる象徴を失ったことを意味しており、新たに宗教組織としてのつじつまを合わせていくための転換を迫られた出来事である。以上から、一九九〇年代以降は教団転換期とみることができる。しかし、創価学会は現状としては解体の方向には進んでおらず、依然として制度化段階を維持しているとみられる。

一九九九年には、支持政党である公明党が自民党・自由党と連立政権として与党入りし、二〇〇九年八月まで政権の一翼を担ってきた。[23] 二〇〇五年衆議院選挙の比例区では、九〇〇万票に迫る総得票数を得ており、実質的に約二六〇〇万票の自民党、約二一〇〇万票の民主党に続く政党となっている。なお、二〇〇九年の衆議院選挙は、自民党から民主党へと第一党が代わる節目の選挙であり、公明党の比例区の得票数もおよそ八〇五万票、小選挙区候補者が全員落選という結果であり、二〇一〇年の参議院選挙では、公明党の比例区の得票数はおよそ七六四万票、選挙区は候補者三名が全員当選という結果であった。

以上が、創価学会の歴史の概略である。八〇年に及ぶ創価学会の歴史は大きくみて、一九三〇年から終戦までの教団発生期、戦後から一九五八年までの教団形成期、戸田の死後から一九七〇年までの教団発展期、一九七〇年から一九九〇年までの教団安定期、一九九〇年から現在に至る教団転換期に分けられる。このように「創価学会の歴史は、一言でいえば転換の歴史であった」(杉森 一九七六:四二)。創価学会の歴史について主な出来事と組織構造の変遷について示したのが表2-1である。次に歴史的変遷の大きい組織について概観する。

表 2-1　創価学会の歴史と組織的展開

	主な出来事	組織の展開
第一期	〈教団発生期〉	〈自然発生的地縁サークル〉
1930	創価教育学会発足	指導体制，運営体制はまだ整備されていない。
1937	創価教育学会発会式	
1943	牧口・戸田など幹部の投獄	
1945	第 2 次世界大戦終了，戸田出獄	
第二期	〈教団形成期〉	〈タテ線組織〉
1946	会を「創価学会」に改称	「紹介者—入会者」の関係を重視した組織(1951年以降)。同時期に，婦人部および男女青年部が結成される。
1951	戸田第二代会長就任	
1955	「小樽問答」	
	地方議会選挙に当選，政界進出	・東京にブロック制の導入
1956	参議院選挙に 3 名当選	・全国にブロック制の導入
1957	夕張炭労問題	・タテ線組織(折伏系統)とヨコ線組織(地縁組織)との二重構造が全国的に広がる(組織活動の基本はタテ線組織に)。
	池田が選挙違反容疑で逮捕	
	75 万世帯達成	
1958	戸田第二代会長逝去	
第三期	〈教団発展期〉	〈ヨコ線組織の基礎作り〉
1960	池田第三代会長就任(初訪米)	・1964～65 年，未来部の結成
1961	公明政治連盟結成	・1966 年，壮年部の結成
1962	第 1 回青年部文化祭開催	1970 年，基本組織がタテ線からヨコ線へと転換，複雑に入り組んだ折伏筋を整理統合し，地域別組織が基本となった。
1964	公明党結成	
1967	衆議院選挙に 25 名当選	
1968	創価中学・高等学校(東京)開学	1970 年，創価学会と公明党が別組織になる。
1969	言論出版妨害事件	
1970	750 万世帯達成	
第四期	〈教団安定期〉	〈ヨコ線組織の定着〉
1971	創価大学開学	・1978 年，「支部制」(総ブロックを支部に名称変更)導入。タテ線組織からヨコ線組織へと組織の二重構造の一本化が明確に。
1972	正本堂落成(1998 年に解体)	
1975	SGI 発足	
1979	池田第三代会長引退	・1984 年，「地区制」(大ブロックを地区に名称変更)導入。ブロック単位での活動が促進されるなど，地域の活動が活性化される。
1980	第 1 回 SGI 総会	
1981	池田，北半球を一周する海外訪問	
第五期	〈教団転換期〉	〈日蓮正宗との分裂〉
1990	宗門が池田の総講頭の地位剝奪	宗門との分裂以後は，日蓮正宗の権威を無意味化しつつある。会員以外に理解者を増やす「会友運動」も起こる。
1991	宗門から「破門通告書」	
1992	「創価ルネサンスの年」と銘打つ	
1993	御本尊を独自複製し授与開始	
2001	アメリカ創価大学開学	

第三節　創価学会の組織構造

創価学会は「組織強化と整備に異常なまでの熱意を示した」と評される(笠原 一九六四：二六八)。実際、創価学会の組織は教団内外の変化に柔軟に対応して変化してきた。

図2-1に示したのは二〇〇八年現在の組織構造である。現在の組織は完全に地域を基盤とした組織構造(ヨコ線組織)である。また、現在の創価学会の地域組織(図2-2)は、性別・年齢あるいは婚姻状態別の組織によって重層的に形成されている。

組織の基本は、四者《よんしゃ》と呼ばれる「壮年部」「婦人部」「男子部」「女子部」という年齢あるいは婚姻状態別・性別組織である。これらの組織は、日常的な活動の基本的な集団であるため、ライン組織とされている。四者が一堂に会する会合もあるが、多くの活動は壮年部・婦人部・男子部・女子部と学生部が各自で動いている。壮年部、男子部は男性、婦人部、女子部は女性が所属する。男子部員は三五～四〇歳になると壮年部に移行し、女子部員は結婚すると婦人部に移行する。(24) また、学生は「学生部」、児童・生徒は「未来部(少年少女部、中等部、高等部)」に所属する(未来部については、第七章参照)。

ほかに、教育部、学術部、芸術部などの職業別組織、国際部など海外メンバーとの交流などの責務にあたる組織、団地部・農村部・離島部など住んでいる地域の特殊性に応じた組織などがあり、多様な立場や能力を持つ会員へのきめ細かい対応・指導を可能にしている。また、婦人部内でも社会で働く女性が増える中、ワーキング・ミセスという別の活動組織を形成するなどの対応がとられている。

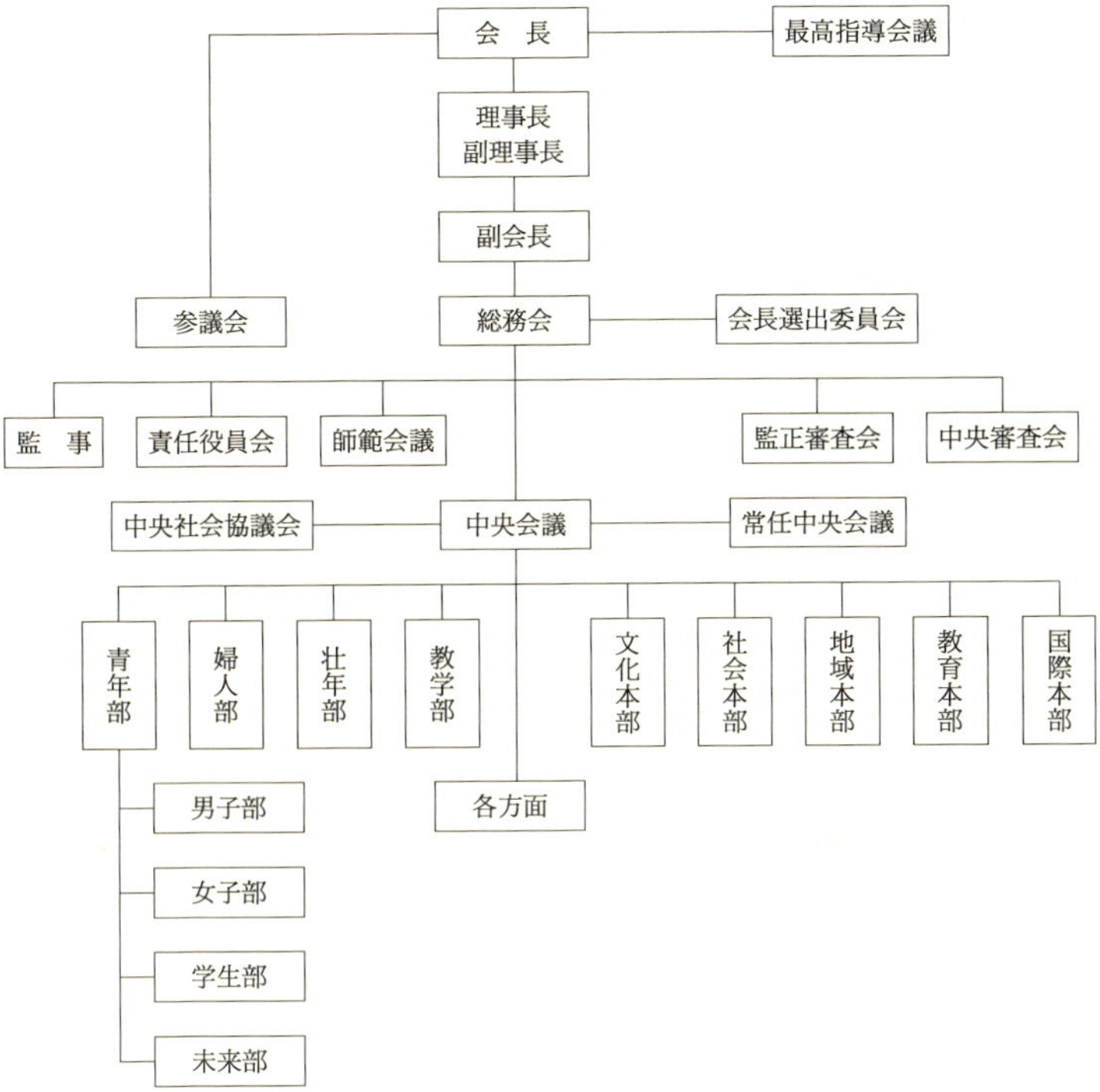

図 2-1　創価学会機構図(2008 年)

出所) 創価学会公式ホームページ(2008 年)より作成

しかし、創価学会の組織は最初から地域基盤だったわけではない。一九五〇年代は布教者と紹介者のつながりを重視する組織構造(タテ線組織)であったが、一九七〇年の組織改編以降、現在の創価学会の組織活動は地域別組織を基本として行われている。組織の規模拡大に従い、現在の形態へと展開して指揮系統を一本化していった。同時に、多様な成員を包含するための多様な分野別組織の形成が進められた。この「おやこモデル」の組織から「なかま—官僚制モデル」の組織への展開(森岡一九八九)を資料からあとづけてみよう。

図2-3は、一九五四年当時の創価学会の組織図である。前節で教団形成期としたこの時期に、すでに創価学会の組織は本部から末端に至るまで「系

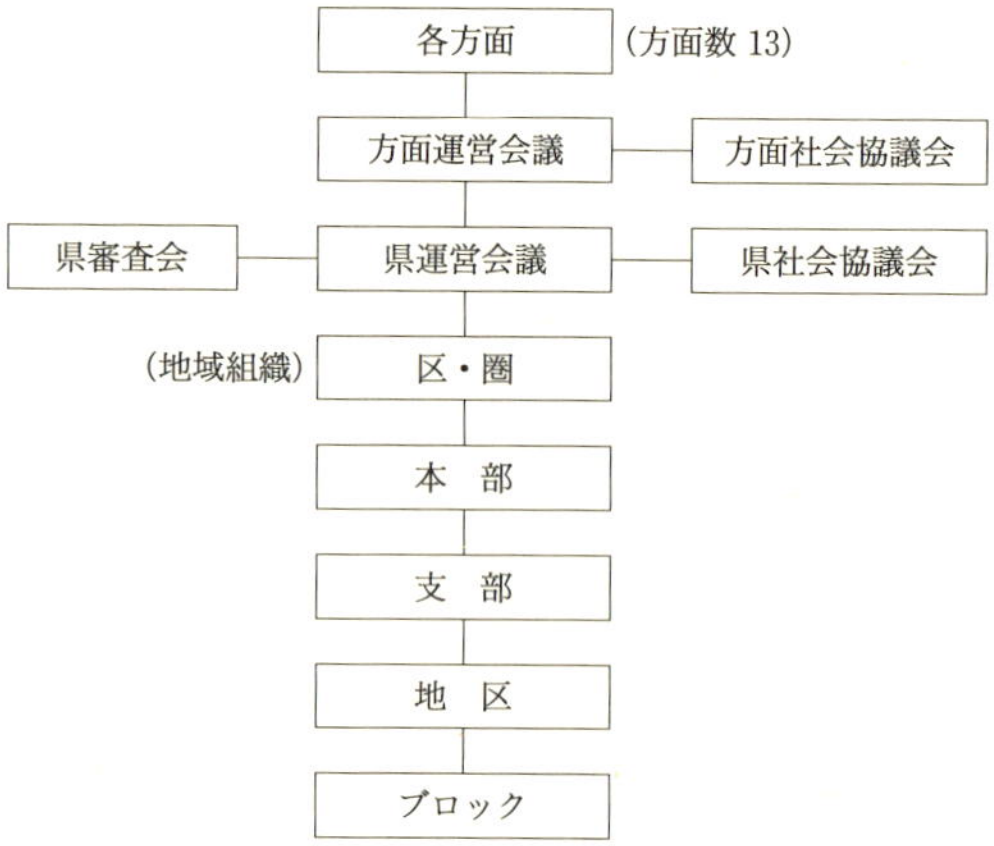

図 2-2　創価学会組織図（2008 年）

出所）創価学会公式ホームページ（2008 年）より作成

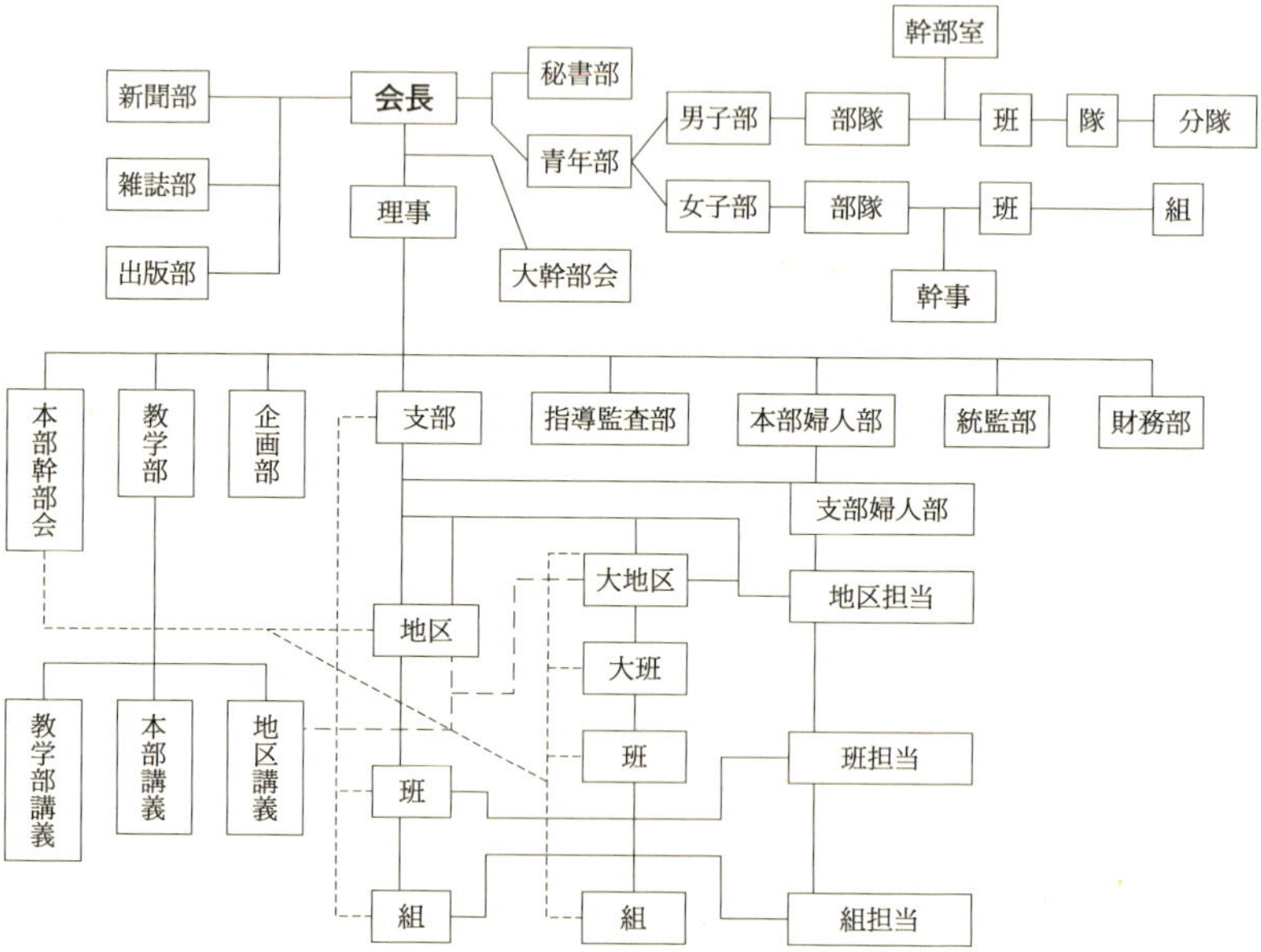

図 2-3　創価学会組織図（1954 年）

出所）『聖教新聞』昭和 29（1954）年 1 月 1 日付け 3 面

統的に組織」されており、「全体としてみれば、強固で活力に満ちてい」た(佐木・小口 一九五七：一七八)[25]。この時期の支部は地域基盤ではなく、布教した者とされた者の「親─子」のつながりで形成されていた。一方、一九五〇年代半ばには、地域単位で信者を把握するためのブロック制も導入されている。信心中心の組織では「おなじ町内に住んでいながら」、「幹部でない限りほとんど顔を合わせる機会が」ないので、信心関係によるタテ線組織とは関係のない、「地域単位のヨコの組織を設けて団結を図っていく必要」から、というのが創価学会による説明である(小平 一九六二：一八四)。この背景には公明政治連盟の存在があったものと推測される。

地域を基盤とするブロック制がしかれたのは、一九五五年の地方議会選挙進出に合わせてのことである(佐木・小口 一九五七)。選挙対策として教学部も改編された。それまで教学部員は、特に向学心の強い者だけが参加する希少な存在であり、「若い会員のあこがれの的」だった。教学試験のあり方も、教学に特に熱心な学問的意欲のある限定された信者のみを対象とするものであった。しかし、この改編に伴って教学試験も選挙をはじめとする活動にできるだけ多くの学会員を動員するための仕組みとして整備し直された(佐木・小口 一九五七：一九四)。

図2-4は、教団発展期に当たる一九六二年当時の組織図である。この時期の組織は、「本部幹部会議、本部総会、各従属組織(タテ線、ヨコ線、同僚、機能集団などの)幹部会議、それらの機関会議、そして最後に準ブロックから組レベルなどに至る機関の連鎖集会が行われ」、首脳部の方針が末端の座談会までに届く意思決定システムとなった。座談会での要求が直接的に聞き入れられることはないが、意思決定機関である首脳部の方針への反応が悪ければ、その情報は報告され、それに基づいて修正が行われた形跡が「牧口会長の教えを徐々に置き換えたり、折伏計画の現代化、学会の政治化の強化など、広範な変化にみられる」(ホワイト 一九七一：一六六)。

なお、図2-4で「地域本部」から二股に分かれているうち「総支部」から「組」に至るのが信仰の「親─子」関係から作られるタテ線組織、「総合ブロック」から「小ブロック」に至るまでが地域組織であるヨコ線組織で

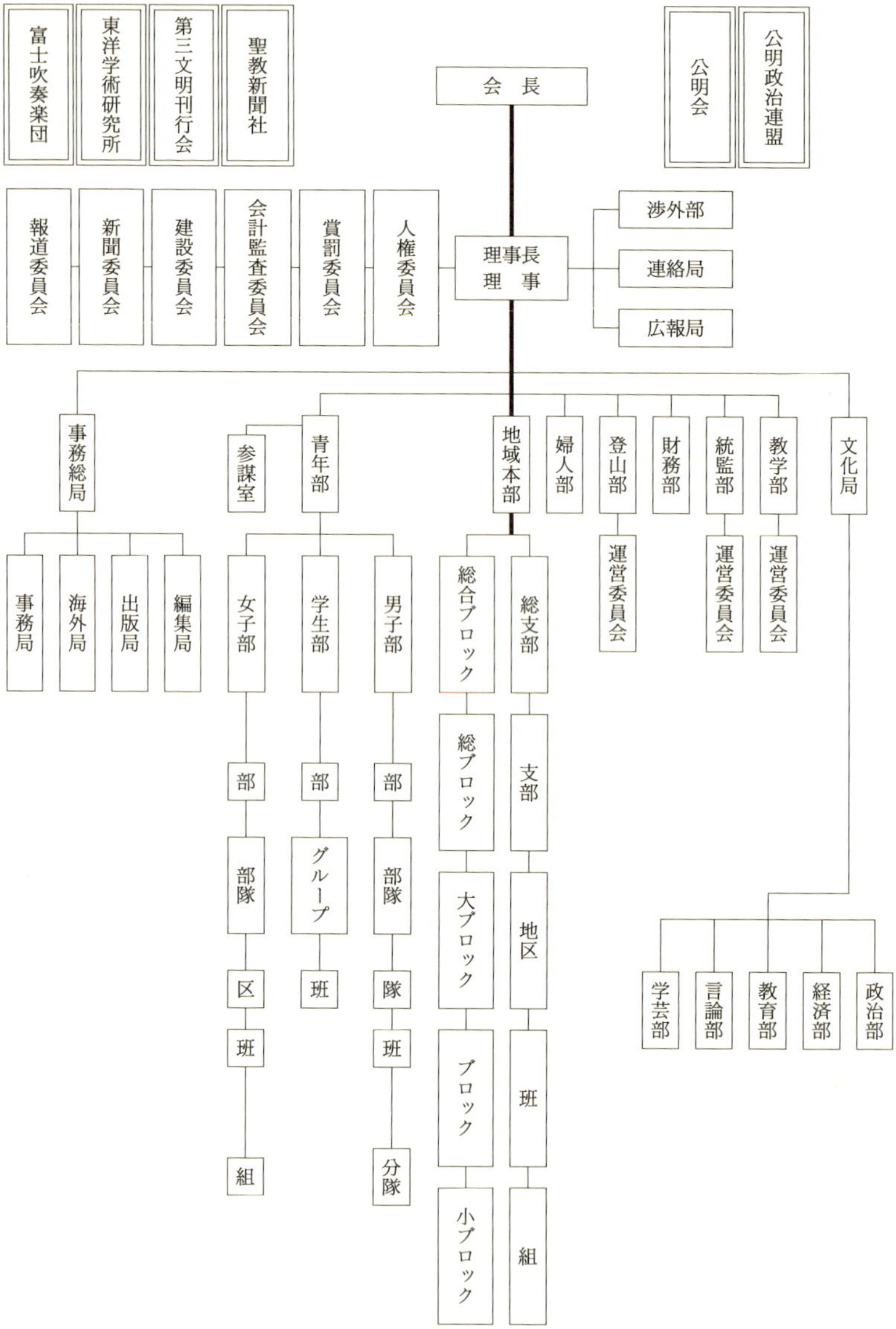

図 2-4　創価学会組織図（1962 年 8 月）

出所）小平 1962：182

ある。ホワイト（一九七一）は、ヨコ線組織を目標達成の機構として会員を動員する組織とみた。特に、学会の政治的進出が進むにつれ、地域基盤のヨコ線組織が改変されていることから、「決定的な選挙組織」と評している。

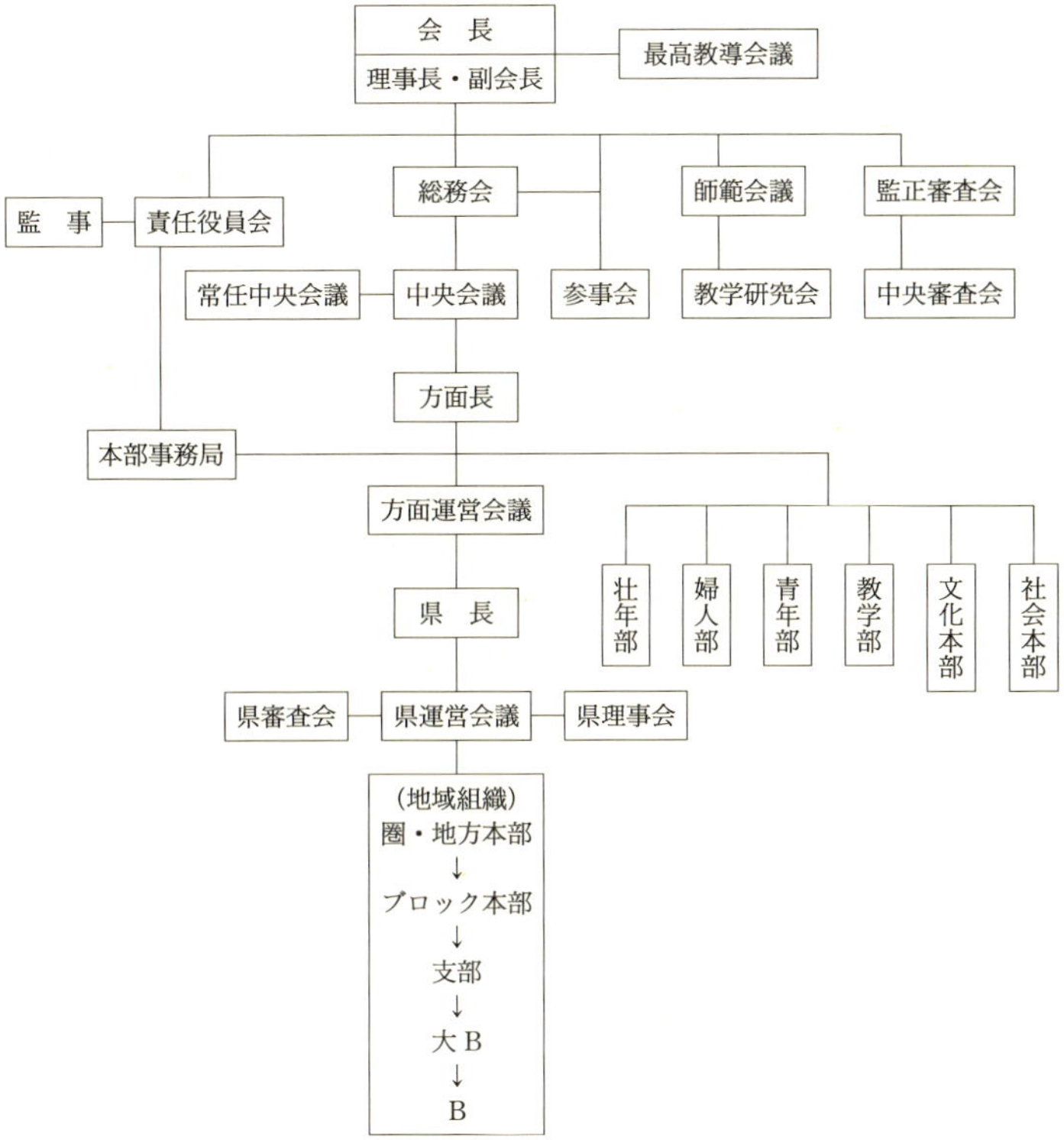

図2-5　創価学会組織図（1979年）

注）Bはブロックの略
出所）『聖教新聞』昭和54（1979）年4月25日付け2面「創価学会機構図」

また、組織の統合に沿わない者が次々と脱会していることから、会員に過度の自律性を持たせない仕組みを持った組織であることも指摘している。

図2-5は教団安定期に入った一九七九年当時の組織図である。名称に多少の変更はあるが地域組織を中心とした現在同様の組織である。地域組織の区割りの変更などはあるものの、基本的な枠組みは三〇年来変化していない。

創価学会組織の特徴として、①実力本位、②実践主義による理論と実践の統一と分業、局面に合わせて柔軟に対応する機構があるということ、③小集団と巨大組織との運動における統一、④メンバー間に信念体系と理念体系についての完全な統合・合意が目的以上に重要な位置を占めることが挙げられている（鈴木 一九七〇：三一八―三二三）。これらの特徴を総合すると、目標達成に対して、効率的に組織された集団であるといえる。

また、アラム（一九九四）は、真如苑との比較を通じて、創価学会を「運動指導者」＝「俗カリスマ」によって指導される宗教組織とした。日蓮正宗との分裂後、創価学会の組織は宗教でありながら非常に世俗性を持つものとなり、「地域共同体」として機能する（アラム 一九九四：一八九）。選挙を中心とした世俗的な社会活動のための組織であるが、創価学会の幹部は階層的な組織のリーダーであると同時に生活における指導者ともなる。このような組織構造の中に、創価学会の幹部職にカリスマを与える機構があるとの見方である。日蓮正宗との分裂以降の教団転換期には、創価学会は組織自体に「聖なるもの」を積極的に付与する必要性が出てきた（アラム 一九九四）。この点を、信仰のシンボルとしての池田大作の存在を強化することで、乗り切ってきたと考えられる。

また、創価学会の組織は、婦人部等を設置して女性を活用しているようにみえる反面、その内実は「男性を長とし、その下で多数の婦人部員が活動に励むという伝統的な権威構造」が「上から下に至るまで当然のように貫かれて」おり、創価学会創設以来現在までの学会の組織構造の基礎として「男女の特質を活かしながら、一体和合する」という形式であることも指摘されている（薄井 一九九五：一七二―一七三）。

先行研究の創価学会組織への評価をみると、その特徴は、柔軟な変化を行ってきたこと、多様な会員を柔軟に扱えること、上層部から下層部まで円滑に進められる伝達経路を持つこと、男性主導的であることなどが挙げられる。しかし、何より共通して指摘されるのは、創価学会の組織が選挙活動のために組まれていることである。この選挙への対応のために、創価学会の組織は「融通無碍」とも表現されるような素早く柔軟な変化を遂げてきた。次に、このような柔軟な変化を可能とする教義の特徴をみる。

第四節　創価学会の教義

創価学会の教理の基盤は、法華経と日蓮の書簡・論文集「御書」である。これら法華経、御書に対する解釈は、日蓮正宗の教えが根本となっている。これに創価学会独自の理論づけとして、第一代会長牧口常三郎の「価値論」、第二代会長戸田城聖の「生命論」がある。第三代会長池田大作も指導や著作を数多く残しており、その存在は教理的にも重要である。実際、教団内で信者によって直接に参照される教理的文言は、御書とともに池田大作の著作やスピーチなどが圧倒的に多い。現在の創価学会の「教理」は「池田大作」を介して解釈された法華経、御書、初代・第二代会長の指導であるともいえる。特に、近年の指導は「対話」を重視した、国際的な視野を持った「平和論」「人間主義」とでもいうべきものに重点が置かれているようである。

創価学会の教理的背景である日蓮正宗は日蓮を宗祖とし、六老僧の一人である日興を派祖とする仏教の宗派の一つ富士門流の有力宗派である。[26] 富士門流は、日蓮系諸宗派の中でも法華経の前半部分を迹門《しゃくもん》(仮の教え)、後半部分を本門《ほんもん》(真の教え)として、本門のみに法華経の真義を見出す本迹勝劣派であり、釈迦ではなく日蓮を真の仏とする日蓮本仏論をとっている。特に日蓮正宗は、本門の本尊・本門の戒壇・本門の題目の三つからなる三大秘法を日蓮本仏論、板本尊論、富士戒壇論から解釈しており、他のものとは著しく異なっている(西山 一九七五c：二四二)。本尊が三大秘法の中心であり、一大秘法とされる。人本尊は末法の本仏日蓮、法本尊は事の一念三千の南無妙法蓮華経であり、人本尊と法本尊が一体化されたものが大石寺に安置される板本尊である。この板本尊は、弘安二(一二七九)年に日蓮によってあらわされたとされ、人法一箇《にんぽういっか》の大御本尊と呼ばれる。人法一箇とは、日蓮その人と南無妙法蓮華経が一体という意味である。本門の戒壇は、義と事に分けられる。義の戒壇とは、国民の大部分が日蓮正宗に帰依することを意味する「広宣流布《こうせんるふ》」が達成されていない段階のときに板本尊を安置する場所、すなわち大石寺を指す。事の戒壇とは、広宣流布が達成された暁に本尊が安置される場所である[27]。本門の題目は、信と行に分けられる。本尊に対する信心と南無妙法蓮華経の七字を唱える修行である。

さらに、日蓮正宗では「唯一受一人の血脈相乗」がいわれ、日蓮の教えが正統的に引き継がれているのは、唯一、日興、日目、日道と日蓮正宗における弟子から弟子への継承のみ、と主張される。五重の相対などの宗教批判の法理も駆使して、自派の正統性を主張する。五重の相対とは、宗派によって違いがあるが、基本的には五つの観点から宗教比較をして、唯一日蓮の教えだけが正しいという結論に導く論法である。日蓮の教え、特に日蓮正宗では日蓮正宗の教えだけが正しいとされるため、他宗教・他宗派の教えを信じることや、日蓮正宗の教えを謗ることである謗法《ほうぼう》を避け、題目を唱え、この教えを他者に布教し、広宣流布を目指すことが重要という教えになる。これを「三大秘法の受持」という。

創価学会はこの「三大秘法の受持」を中心とする教理を日蓮正宗と共有している。この意味では、佐木・小口(一九五七)や玉野(二〇〇八)が言及するとおり、創価学会は新宗教ではなく、教団の公式見解どおり日蓮以来の「七〇〇年の伝統」を持つ仏教団体である。しかし、宗門との分裂後、「七〇〇年の伝統」の実証でもあった大石寺と板本尊という聖なる対象を失うことになった。これに対して、創価学会側は日蓮正宗の腐敗を訴え、自らの正統性を主張する立場をとっている。このため、上記の教えに修正が加えられている。

信仰の根本に御本尊があることには変わりはないが、一九九三年以降、創価学会で会員に授与される御本尊は大石寺の板本尊ではなく、日寛上人書写の御本尊からの複写となっている(創価学会教学部編 二〇〇二:一四六)。血脈相乗については、法主による相乗ではなく、万人に開かれたものであるとし、日蓮の教えを正しく信じるところに流れる「信心の血脈」を主張し、それを実践しているのは創価学会の組織だけであると主張している（創価学会教学部編 二〇〇二：二〇五―二〇六、三一八―三二〇）。

創価学会の教理の整理にあたっては主に教義解説の入門的書物である『折伏教典』と『創価学会入門』を参考にする。いずれも複数の改訂版が出ているが、『折伏教典』については一九五八年の改訂版のみを参考にし、『創価学会入門』は、一九七〇年発行原島嵩・飛田敏彦編の初版（以下、『初版』）と一九八〇年発行創価学会教学部編の改訂版（以下、『改訂版』）、一九九八年発行の新訂版（以下、『新訂版』）を参照する。このほか二〇〇二年発行の創価学会教学部編『教学の基礎――仏法理解のために』も参照する。教理の詳細や真偽の解説・検討は本書の目的ではなく、創価学会員の信仰内容の理解のための整理である。

『折伏教典』『創価学会入門』のいずれにおいても共通している基本的なポイントとして挙げられるのは、以下の五点である。

第一に、「日蓮大聖人の仏法」は、現代社会に適合した全世界でも唯一正しい民衆のための三大秘法を根本にした宗教である。一大秘法である御本尊は全世界に与えられたものである。これを一閻浮《いちえんぶ》提総与《だいそうよ》という。つまり、「日蓮大聖人の仏法」は普遍的な世界宗教である。また、「日蓮大聖人の仏法」の正しさを証明する論理として、日蓮自身が唱えた「三証」「宗教批判の原理」「宗教の五綱」を用いる。この点については近年、「特定の宗派の人間を攻撃したり、自派を拡大するためではない」とされている（池田大二〇〇三：八六）。

第二に、人間の生きる目的は、絶対的かつ永遠の幸福を確立することである。幸福は「末法の本仏日蓮大聖人の三大秘法の仏法によってのみ得られる」（折伏教典：九六）[28]。個人の幸福のみならず社会・世界の絶対的幸福および平和の実現も、立正安国論の論理で示すように「日蓮大聖人の仏法」によってのみなされる（新訂版：一一七）[29]。なお、「幸福とは何か」という説明では、初代会長牧口の「価値論」が理論的裏づけとして用いられている。

第三に、「日蓮大聖人の仏法」は「生命の法理」をあらわしている。[30]日蓮は、生命の根源を体系化した天台理論を、南無妙法蓮華経の七字であらわした。それゆえ、南無妙法蓮華経は「宇宙生命の根源」を示すものである。特に「本門戒壇の大御本尊」は日蓮によって「全民衆の信仰の対象として具体化」されたものである。[31]仏法は永遠の生命観を持っており、これにより生命の因果論が展開される。すなわち、「過去の一切の因が現在の果、つまり現在の宿命を形成している」。これを「日蓮大聖人の仏法」によって「宿命転換」することが、「絶対的幸福」への処方箋となる（初版：一〇七―一一〇）。[32]なお、「生命の連続」に関する説明として、第二代会長戸田の「生命論」が引用される。

第四に、創価学会の究極の目的は日蓮大聖人の教えを広宣流布することである。広宣流布とは「日蓮大聖人の仏法を全世界の人々に広く宣べ流布すること」である（新訂版：三二〇）。日蓮正宗の衰退により消えかけていた日蓮の教えの灯は、「創価学会の出現」により滅亡の危機から脱した。創価学会が世界に拡大したことは、「創価学会が広宣流布の使命を担って出現した仏意仏勅の教団」であることの証明である（創価学会教学部編 二〇〇二：一四三―一四四）。広宣流布とは世界中の人びとを幸福にすることにほかならない。布教活動に励む創価学会員一人一人は地から涌きあがった菩薩、「地涌《じゆ》の菩薩」なのである。

第五に、創価学会は「日蓮大聖人の仏法」を正しく護持・弘教《ぐきょう》している唯一正統の団体である。「創価学会とは何かということですが、その本質を一口にいうならば、東洋三千年の仏教の中心であり、仏法思想の中核の存在である」（初版：三〇一）。『折伏教典』では、宗門に配慮して、日蓮正宗の信徒団体であることを強調しつつも、「日蓮大聖人の御命令」が「創価学会の活動」によって実現すると述べている。[33]

以上の基本的な内容は、時代を経ても大筋に変更はない。だが、『折伏教典』から『新訂版』までを比較すると、大きな変更点として以下の三つが挙げられる。[34]

第一に、日蓮正宗に対する立場である。『初版』では、日蓮正宗の在家団体と明記はされているものの、創価学会自体の正統性が強調されている。これに対して、『改訂版』では日蓮正宗の在家団体という立場が強調されている。池田大作が一九七九年に第三代会長を退いた背景には日蓮正宗との確執があり、宗門との関係を維持するための配慮と思われる。しかし、分裂後に出された『新訂版』では日蓮正宗を批判する立場に大きく変わっている。『新訂版』ではこれに関わって、大石寺登山、そこに安置される大御本尊、正本堂の建立に関わる記述も適宜変更された。

第二に、「王仏冥合」「国立戒壇」という用語が用いられなくなったことである。王仏冥合とは、為政者の法である王法と仏法とが一致するという意味である。国立戒壇とは、広宣流布が達成された象徴として国によって立てられる戒壇のことである。これらの語を削ったのは、公明党と創価学会の関係が政教一致と批判されることへの対応と考えられる。たとえば、『初版』には、日蓮の御書「三大秘法抄」を引きながら、その解説をする形で王仏冥合の詳細な説明が加えられている(初版：二三五―二四〇)。[35]これに対し、『改訂版』と『新訂版』では、「三大秘法抄」の引用はあるが、王仏冥合の解説部分は削除されている(改訂版：一一四、新訂版：一一二)。

第三に、キリスト教、イスラームなどの諸外国の宗教に対して批判的・否定的な表現を用いなくなったことである。たとえば、『初版』の「宗教批判の原理」の部分では、「小乗教の低さ」の例として東南アジアの近代化の遅れが指摘されている(初版：一四二―一四三)が、『改訂版』以降はこの部分はすべて削除されている(改訂版：二三九、新訂版：二三九)。海外布教を推進するためには、「唯一絶対の正しい宗教」という主張だけでは衝突も大きく、教理面でも緩和する必要性があったかと思われる。ただし、これは実務的対応での変更であり、日蓮の「宗教批判の原理」自体には変更はない。

以上を総合すると、創価学会の教えとは、永遠の生命である自分が絶対的幸福になるために、唯一正しい宗教である「日蓮大聖人の仏法」を正しく護持・弘教している唯一正統の団体である創価学会に属して布教活動をすべし、というものである。この点において、男女の差や世代の差は考慮されていない。法華経や御書の文言に、変成男子の教説や「男は矢、女は弓」「女はものに随ってものを随えるなり」等の男性中心的な世界観があることは確かであるが、この点は、自分の生命は男にも女にもなりうることを想定した輪廻転生を前提とした教理の上では、最重視されるものではない。個々の生命は永遠の連続の中にあり、その過程の中で「日蓮大聖人の仏法」を通して「宿命転換」をしているのだから、現世において男性であるか、女性であるかは教理の大枠の中では大きな問題とはならない。創価学会の活動の基本とは、老若男女を問わず「一人ひとりと仏法を語り弘教すること、個人指導を徹底して推進し、学会の伝統である座談会、教学を通して信行学を深め、広宣流布と一生成仏へ互いに励まし啓発し合っていくこと」である(新訂版：三二一)。

第五節　創価学会における信仰活動

創価学会員の信仰は、「会員一人ひとりにおける目標は、かつて戸田が述べた①一家和楽の信心、②各人が幸福をつかむ信心、③難を乗り越える信心、の三指針」に基づいて日常的な活動を行うことにある(新訂版：三二一―三二二)。この目標のために、第一に「勤行唱題」、第二に「弘教の実践」、第三に「個人指導」、第四に「座談会」、第五に「教学」といった様々な活動を行う(新訂版：三二二―三二五)。

宗教的な儀式として最も重要なのは、毎日の朝晩の勤行(法華経のうち方便品第二と如来寿量品第一六の読経)と、唱題(題目を唱えること)である。[36] 題目「南無妙法蓮華経」は、「仏法の究極の悟りである宇宙生命の根源」に帰命することを意味している（創価学会教学部編 二〇〇二：九三）。これを何度も唱えることによって「宇宙リズムと合致した生命活動」となり、活力が生まれ、何事にも立ち向かう生命力が養われる（創価学会教学部編 二〇〇二：九四）。したがって、根本的にはこの「南無妙法蓮華経」を体現している御本尊に向かって勤行・唱題することが第一の信仰活動である。

だが活動的信者の信仰活動の中心となり、最も時間・労力がとられるのは、「弘教の実践」「個人指導」「座談会」など他人との交流を行うこと、いわゆる学会活動である。特に弘教、すなわち布教と個人指導では一対一の対話が重視される。なお、布教活動については、本章第二節で示したように折伏ともいうが、近年では公的には攻撃的なニュアンスの強い折伏という言葉は用いず、弘教という語を用いている。

多くの人が日常的な活動として参加している四者すべてが参加する会合には、月一回、地区やブロック単位で開かれる座談会がある。これは、創価学会がまだ複雑な組織構造を持っていなかった草創期のころから脈々と行われ続けている最も基本的な会合である。これに加えて、この一〇年ほどは毎月、地域の拠点となる創価学会の文化会館において本部幹部会の同時中継（ビデオ上映）が行われるようになり、信者が池田のスピーチを毎月見ることができるようになった。このほか、日常的な活動としては各地域の協議会などがあり、活動者が集まって今後の地域活動方針などを決めている。

また、男子部、女子部、婦人部、壮年部の各部、また未来部の各部においては、毎月一回程度の部員会が開かれる。男子部、女子部、婦人部、壮年部に属する部員は通常、こちらの活動を中心として行う[37]。活動的な信者はまず地区やブロックの担当者となるが、これらの地域組織の担当幹部として任命された人は、その地域の名簿に記載されている部員の管理を担当する。具体的には、部員会や各種の会合の開催の手はずを整え、部員に連絡をし、会合に連れ出す責任を負う。担当幹部は担当している部員の家を訪問したり、手紙を書くなどして連絡をつけ、会合への参加促進、活動者への勧誘活動を行う。この活動を「家庭訪問」という。これもまた会員を引きとめ、組織を活性化していくための学会活動の要である。部員宅への「家庭訪問」は、性別や年齢、婚姻状況が類似した担当幹部が行うことになっており、それぞれの相性もあるが部員の親近感を増す機能や活動的信者の身近なモデルを担当幹部が提供する機能を持っている。

このほかにも様々な役職や役割分担があり、地区内での学会関連の出版物等の販売や新聞部数の管理、新聞の配達、文化会館の警備などを行う信者もいる。また、公明党員として推薦される会員や、公明党員でなくても選挙の際にはスタッフとして活動する信者も少なくない。

毎年の新聞啓蒙キャンペーン期間には、多くの活動的信者が知己を頼って『聖教新聞』を購読してくれるように頼み込む活動を行う。一カ月の購読が取れると一ポイントという換算でポイントが地区や支部ごとに計算されていく。多くの成果をあげた地区は表彰の対象になる。同時に、折伏キャンペーンも毎年行われており、地区一世帯の折伏達成などの目標を立て、これを目指して、布教活動に励む。

選挙がある年は、優先して選挙活動、つまり公明党候補者の当選を目指して知人・友人に投票を依頼する。これは組織を挙げての活動である。[38] また、年末期には財務(教団への寄付)も求められ、活動者であれば、少なからぬ額を創価学会の口座に振り込む。[39]

これらの活動はすべて広宣流布につながるとされ、またこれらの活動をやり遂げることが、自分の持っている様々な宿命・宿業を転換し、自身の幸福と世界平和を実現することにつながると考えられている。

創価学会では、外部社会と積極的に接触し、職場や地域で「実証」を示すことが奨励される。組織への絶対服従も表立っては強調されない。会員一人一人の自主性を尊重するのが基本である。ただし、正しい仏法の道を示す「日蓮大聖人の仏法」を信じる仲間、その象徴でもある名誉会長池田大作と「異体同心」で活動していくこと、つまり創価学会の組織に従っていくことのみが、「成仏の道」、絶対的幸福への道であるという論理が根本にある（創価学会教学部編 二〇〇二：三一五—三二一）。そのため創価学会の教理を信じる以上は、活動的信者は創価学会が指示する新聞啓蒙活動や選挙活動、布教活動、日常活動等に参加することが求められる構造にある。

第六節　創価学会に対する評価

創価学会は八〇年の歴史を持つ団体であるが、創価学会に対する評価や位置づけは時代を追うごとに変化している。ここでは、いくつかの代表的な先行研究における創価学会の評価を位置づけてみよう。

佐木秋夫・小口偉一『創価学会』（一九五七年）は第二代会長の戸田が存命の時代、最も初期の総括的な創価学会論である。序章と終章においてそれぞれ「妖怪の出現」「妖怪のゆくえ」というタイトルがついている。出版された一九五七年は夕張炭鉱で創価学会員と日本炭鉱労働組合の間で選挙運動をめぐる争いが起きた年であり、創価学会に対して、社会からは「エタイのしれない妖怪」としてみる見方が強まった時期である（佐木・小口 一九五七：一八）。創価学会の持つ大きな集票力から、政治勢力としての創価学会がいかなる性質を持つものかが見極められようともしていた。「宗教の仮面をかぶったファシズム」なのではないか、との懸念も根強かった（佐木・小口 一九五七：二六）。そこで、「妖怪」視せずに「その実態と性格を正しくとらえて対処すること」がこの本の書かれた目的である（佐木・小口 一九五七：一八）。

同書全体は創価学会に対し懐疑的な姿勢で書かれているが、創価学会の歴史と理論、組織とその活動について包括的に調べられており、当時の創価学会の様子がよく伝わる内容となっている。佐木・小口は「宗教が広がる条件は、現代の社会に熟して」おり、「創価学会は、そのもっとも現代的な条件に的確に応じる形でのびている」、「組織はととのい、弾力性に富み、活力を持っている。大幹部たちは会長の統率のもとによく一致結束し、宗教団体にありがちのお家騒動めいたにおいはない。会員大衆の会長への支持は圧倒的である。信者の献金に依存する度が少ないことも強みである」と評価している(佐木・小口 一九五七：二二八―二二九)[40]。その宗教が広がる条件とは、資本主義の進展によって貧困に追い込まれていく人びとが持つ不安や恐怖である。共産党が創価学会にひきつけられる人びとをみて自己反省を行っていることを引き合いに出しつつ、創価学会全体が発展するための課題として「非科学性、呪術性を取り除く真剣な努力」「ファッショ的な空気をなくすこと」を挙げている。

また、佐木は別の論文で他の新宗教と比べた創価学会の特色として「排他的、戦闘的であること、公然と利(損得)を強調すること、政治進出を重要な目的とし、民族主義の色彩がこいこと、青年・労働者に積極的に訴えて青年行動隊的な組織を持つこと、これらを裏付ける教学(理論)を重要視して、その学習に努め、しきりに理論闘争を行うこと」「既成教団(日蓮正宗)との結びつき」を挙げている(佐木 一九五九：九三八)[41]。

一九五〇年代は創価学会が生活に困窮する労働者階級の受け皿となったことが評価される一方で、全体主義的傾向への警戒感も根強かった[42]。池田大作が会長となった一九六〇年代でも、「労働者階級の受け皿」としての機能を持つという評価、創価学会の政治進出を日本の政治状況の問題点の反映とみる見方はほぼ共通している。しかし、全体主義的傾向への懸念については論者によって意見が分かれてきている。

一九六三年発行の柳田邦男、森秀人、しまね・きよし、鶴見俊輔による『折伏』は、創価学会という組織が現代日本において持つ意味を検討している。

各論者のトーンに違いはあるものの、創価学会の組織や思想がある種の利己主義・個人主義的な合理主義を備えていると同時に、「学会員は教義上から学会に反抗できないとともに、組織構造上からも学会に反抗できない」

「会長を頂点として大幹部から組長、平会員にいたるまで、秩序正しく組織」されており、「会長を絶対」とする上意下達の一種独裁主義的な秩序を形成していることを指摘している（柳田ほか 一九六三：二一六―二一八）。利己主義・個人主義的な合理主義的価値観を首肯しながら、同時に創価学会組織の指導への従順を要求するという、この矛盾のように思える点が創価学会組織の特徴なのである。

柳田は、創価学会が対話という民主主義のルールに基づいて発展しているものの、その発展の仕方が日本の歪んだ民主主義の発展と相関しているとみており、真に民主主義的なルールに則った組織ではないと考えている。

森は、創価学会には「人間主体を喪失し、劣等感にあふれ、悩みにあてどもなく迷っている人間一人を、再生させる」機能があると評価する（柳田ほか 一九六三：一一七―一一八）。「創価学会は現世利益を目的として利己主義思想を基点」としており、「現世の人間の不幸の真因を資本主義機構に求めない」、そして「創価学会の主張は不合理だが、方法はかなり合理論でやられている」ことがそれを可能にする（柳田ほか 一九六三：一一九―一三三）。この特性により現在の既存の体制内での「成功」に向けた「欲望」を肯定し、それを目標に信仰に励むことが可能になるため、外部社会との必要以上の葛藤を経験する可能性が低くなるというのである。

しまねは、創価学会が「体制順応主義」であるという（柳田ほか 一九六三：二二三）。既成仏教が家族主義的な信仰であるのに比べて、創価学会は「徹底した個人信仰主義」であり、日本の村落共同体の価値観に反する。だが、その批判的立場は「部分的批判」であり、「資本主義社会の変革ではなく、資本主義社会の内部における組みかえ」であるため、体制を根底から変革することはない（柳田ほか 一九六三：二三一）。

鶴見は、創価学会の思想を「戦争と世襲制をのぞいた昔ながらの日本の働き主義の哲学」であり、「この働き主義は、指導者の命令に絶対に服従するという意味で独裁主義に向かう危険がないでもない」が、「みずからの世論によって指導者をえらぶという点」に民主主義を実現する可能性があるという（柳田ほか 一九六三：二六七）。

いずれにしても、「改革」「転換」を含んだ新しい思想と方法を提示しつつも、体制に順応し、その枠内で成功をためらうことなく求めていくあり方が、当時の日本の社会状況、またその状況下での「民衆」「大衆」の要求に合致していたことを創価学会の成長因とみている。(43)

戦後日本の新宗教の興隆を「神々のラッシュアワー」と論じたマックファーランドも、創価学会の活動を「多面的大衆運動」とみる(マックファーランド 一九六九)。「日本史上、最も強力な大衆運動である創価学会は、その性格と重要性ゆえに、簡単な分析では手におえない組織」であり、「無数の孤独で落胆した人々を集めている大衆運動」であり、「民間宗教の原始形態」を含んでもおり、(44)「七〇〇年も続いている仏教教団のための現在的在家組織」でもあり、「躍進する政党のスポンサーであり、その主要な選挙民」でもあり、「大衆文化活動の保護者《パトロン》」でもある「複雑怪奇」なものである(マックファーランド 一九六九：二五六―二五七)。(45)

ホワイト(一九七一)は創価学会の組織や教理、学会員の性質について詳細に検討しながら、創価学会が民主主義の脅威となる可能性を検証している。(46) コーンハウザーの大衆運動モデルとリプセットの下層階級の政治性に関する研究を参照して分析したものである。(47)

ホワイトは結論として、大衆運動の担い手である大衆人間のモデルは創価学会員を研究するのに有効だが、学会員には当てはまらず、大衆運動のモデルとも非常に接近・類似している点はあるが、創価学会は大衆運動とはいえないとしている。創価学会のイデオロギーは、自己疎外や体制からの疎外を増大させる可能性があり、非民主的な側面もみられるが、公式的には「強く憲法と抽象的デモクラシー擁護の立場」であるため、民主主義に脅威を与えないと判断されるからである(ホワイト 一九七一：三六〇)。この見解は、先の「体制順応主義」との指摘と重なる。

一方で、創価学会が「日本の公式的な民主主義的政治制度に対して、破壊的な影響を持ちうる可能性」(ホワイ

ト 一九七一：一九）も指摘している。唯一絶対の自らの宗教的正しさを主張する宗教的立場は、創価学会と外部社会との間にコンフリクトを生じさせるからである。[48] しかし、支持政党である公明党が政界で政治的イニシアチブを取るためには、異なる考え方や立場を持つ人びととの妥協が不可欠となる。この「宗教的純潔と政治的方便の不調和は、現在ならびに将来、学会が直面するいっそう大きな問題である。すなわち、内部の統合と外界への適応を調和させる必要という問題である」（ホワイト 一九七一：四二一）。外界への適応を高めると教理上の大きな妥協が必要とされる。すると、学会内部の結合力が弱められるかもしれない。この統合不良を解決する鍵の一つとして、家族による社会化がある（ホワイト 一九七一：四三〇）。

第三代会長に池田が就任して以降、強硬な折伏よりも穏健な路線での布教活動が推奨されるようになった。これにより、新規の会員増加は停滞する。しかし、家族内で新会員が調達され、社会化がなされれば、「それにつれて穏健さも増し、信仰の圧力とか不満による脱落も少なくなる見通し」が立つ（ホワイト 一九七一：四三〇）。二世信者への信仰継承をスムーズに行うことが組織的な戦略として不可欠になっているのである。

一方で、学会活動を行う家族が「疎外、敵意、葛藤の総量を減らすよりは増やしている」状況もある。すなわち「活動家の両親に実際上棄てられたも同然の子どもたちは不良になり、活動家の妻を持った非活動家ないしは非会員の夫は、強烈な家庭不和に曝されてきた。多くの脱会者は幻滅の理由として、ほとんど余力がない、したがって家庭不和と家庭の分解ということを挙げている」とも指摘する（ホワイト 一九七一：四〇二）。だが、この点については、学会本部が「反対が強烈であれば、実践を適度に和らげることを奨めている」ことから、総合的に「理念的にも、現実的にも、学会が逸脱した社会行動に向かう顕著な傾向は何ら示していない」ため、今後さらに全体的に穏健化することを予測している（ホワイト 一九七一：四〇三）。[49]

鈴木広（一九七〇）も創価学会の運動組織としての側面に着目している一人である。「実質的に日本最大の組織として、しかも政治的志向を持つ宗教団体として、これが日本の政治社会や現実において持つ意味が極めて大きく、社会科学的な関心からは「人間の組織化と原子化の傾向を持つとされる現代社会のマス化状況の中にあって、組織構造の機械化と巨大化に伴うその人間的空洞化という言い古された社会組織の原理が、創価学会の場合にはその組織を侵蝕するに至らず、いまも青年のように健康に見える」理由を探り、組織の理念型を見出すことに関心を寄せている（鈴木 一九七〇：二六五）。また、多数の人びとの創価学会への入信を「宗教的回心という、状況規定の様式の統合性＝判断基準に関わる問題」、「特定の状況規定の変化ではなく、より一般的なまた永続的な、状況規定そのものを規定する仕方の変容」の問題として設定し、組織と態度変容の関連を分析しようと試みている。この論考で、昭和三一（一九五六）年から昭和四〇（一九六五）年までの計四回の参議院選挙全国区の創価学会関係の候補者全員の得票数の動向を都道府県別に分析した結果と福岡市での調査結果とを合わせて「都市下層」の宗教集団であると位置づけたことは有名である。農家や商家の出身者が、戦時・戦後の混乱期に階層的・地域的に移動した結果、「共同体の崩壊感覚」、疎外や剝奪の感覚を持った。創価学会はこれらの層の人びとを吸収したのである。布教活動の過程は疎外克服の過程となっていた。

だが、一九七四年の『聖教新聞』に掲載された体験談の内容を分析した谷（一九九四）によると、創価学会の入信者の「人間像」は時代によって変容している。具体的には一九五〇年代は経済的・職業的な理由を動機とした入会者が特徴的だが、一九六〇年代後半に入ると共同体の回復を求めた入会者が目立つようになり、一九七〇年代に入ってからは、教理などの知的な面に関心を持って入会する人びとが増えている。谷はこれを「モノ・レベル」から「ヒト・レベル」「ココロ・レベル」の変化として捉える（谷 一九九四：一三六）[50]。

鈴木（一九七〇）によれば、創価学会の信念体系あるいは組織への同調度について、役職の有無で開きがあり、役職のある者の同調度が高い[51]。一方で、一般的な社会的態度については、両者の間に格差がみられない。創価学会の信念体系が個々の世俗的な日常生活に関する準拠枠組みには立ち入らない構造になっている可能性が示唆される。

創価学会は一九六四年に公明党を結成し、当初は否定していたはずの衆議院に進出するに至った。政界進出以来、創価学会と公明党との関係は多くの人に論じられてきた。

村上重良は一九六七年に『創価学会＝公明党』を著し、「この運動体が、短時日で勢力を拡大し、一個の政治勢力として定着した事実は、この運動が、こんにちの日本社会が負っている政治、社会、イデオロギーの諸矛盾を、鋭く反映している」として、政治団体としての創価学会の全容を歴史的に解説している（村上一九六七：ニ）。創価学会の政治志向を修正資本主義的な政治志向とみる村上は、公明党がこの教団と分かちがたく結ばれた宗教政党であり、教団の意図したとおりに多くの地方議会においてキャスティング・ボートを握る存在になったと指摘する（村上一九六七：二一五）。他宗教との共存を図る方向へも変化しているが、「その時代錯誤の政教一致路線は、天皇制的政教一致路線の再現を目指す国家神道復活運動とともに、日本国憲法の信教の自由、政教分離の大原則を脅かすもの」と、創価学会が政教一致の問題を持つことを批判的に論じている（村上一九六八：二〇一）。

このように長年の間、創価学会と公明党は一体化したものと捉えられ、批判的に論じられてきた。ただ、近年では島田（二〇〇七）のように、創価学会と公明党が政教分離を明確にしてから四〇年近い年月が経ったため、両者の関係を見直す必要があるとの主張もみられる。公明党と創価学会の位置づけについては、玉野（二〇〇八）が、一九七〇年以降の状況について次のように述べている。

要するに、言論出版妨害事件から創共協定をめぐる共産党との絶縁以降、公明党はたとえ革新や野党の側に身を置いていたとしても、つねに一貫して共産党を排除する方向に動いていたといえよう。それはそのまま現状の支配勢力を打倒する方向ではなく、現実的で穏当な手段を講じて支配勢力に徐々に取り入って、そこに少しでも影響力を行使しようとする政治的方向性であった。それはそのまま創価学会の会員たちが、外に励ましあいながら、革命を起こしたり、自分たちの要求を権利として勝ち取るというのではなく、資本主義と代議制民主主義の枠内で、社会的な地位の向上と政府による庇護を期待するという生き方を選んでいくことに対応している。そして、それは創価学会が急激な会員の拡張期を終え、世代的な再生産へと進んでいく一九七〇年という時期を境にして明確になっていった傾向なのである。（玉野 二〇〇八：一七四―一七五）

玉野は、創価学会を「本来の」労働者階級を組織した団体と評価し、公明党の政治的位置を重視した上で、創価学会と自民党の支持者、組織構造、矛盾の解決方法等における類似点を指摘する。両者は一部のエリートとその他の庶民を組織としてまとめ上げる必要性という点で同じ構造を持っているが、創価学会の場合は従順で物言わぬ人びとではなく、幹部エリートへの上昇を決してあきらめない人間像を前提としている点が異なる。格差の拡大や貧困の増加が問題とされる現代の政治状況において、玉野は、創価学会の思想・理念に格差が拡大される中での平等な人間同士の援助関係が形成される可能性をみているようだ（玉野 二〇〇八）。だが、創価学会のような「宗教的ユートピアは、そこにいる人間は誰もが幸福でなければならない世界であり、幸福でない人間は排除されることが宿命」の世界でもある（島田 二〇〇八：二七八）。現代の社会情勢のもとで、創価学会が自らの前提に沿わないものを排除していく「民族化」（島田 二〇〇八）という方向性に進むならば、たとえ教理で全世界の「平和」と全人類の「幸福」を願っていたとしても、その論理の先には限界もみえている。ホワイトも「学会の統合の努力に強く反対する者はそのまま脱会する」「彼らは、黙っているが、確かに脱会してゆく」と、「ある程度の制限と統合的支配」があることを指摘している（ホワイト 一九七一：一八五）[52]。

西山茂は継続的に創価学会に関する論考を重ねてきた研究者であるが、創価学会の活動を一言でいうならば「勝利」であると総括する。宗門を中心とした「仏敵」への勝利、選挙を含む組織活動での勝利、自らの人生の勝利である（西山 二〇〇四：一七三）。この「勝利」を合言葉にして活動に励むという姿勢は、教理の解釈や組織原理、活動方針の種々の変更にもかかわらず、戸田時代から一貫して変わらない。「勝利」という言葉が象徴するのは「楽観主義」の姿勢であるとともに、努力で幸福・成功をつかみ取る「成果主義」の姿勢でもある[53]。この姿勢は多くの人に受け入れやすいものではあろうが、このビジョンに賛同できなければ、創価学会に所属し続けることは困難だろう。

西山は創価学会が発展した要因について、第一に、古い思想に新しいイメージを与えることに成功したこと、第二に、信者に対して「安定」と「冒険」の双方を提供したこと（ホワイト 一九七一）、第三に、布教によって自らの救い（人間革命）と世界の救い（広宣流布）を統一させたこと、第四に、社会統制や対立した宗門に対して柔軟に対応する能力と組織体質を持っていたこと、第五に、すぐれた組織作りと組織運営の能力を持っていたこと、の五点を挙げている（西山 二〇〇四：一七九－一八〇）。

総合すれば、創価学会が、既存の社会体制を支えるとともに、社会状況や教団状況の変化に柔軟に対応する形での組織の維持に長け、同時に会員と会員予備軍のニーズに的確に対処してきたということである。

以上、日本における先行研究の創価学会に対する評価をみてきた[54]。創価学会は、混乱期にあった戦後日本の中で、これらの混乱に翻弄される人びとを吸収して成長してきた宗教団体の代表例である。組織構造は、その発展に伴い、森岡清美が新宗教集団の組織変容のモデルとして指摘した「おやこモデル」から「なかま－官僚制モデル」への変容を典型的に遂げている。政治進出という創価学会を最も特徴づける点も、日本の戦後社会の成立とともに民主主義や成果主義を受容する大衆的な宗教が示す運動の方向性として、重視される存在であった。また、社会変動の中で個人が要求してきた「成功」のイメージと道筋を指し示す機能を果たしてきた側面もみられる。このように総括してみると、創価学会は非常に特異な性質を持つ教団でありながら、日本における社会変動に対応して発展してきた典型的な教団でもある。ジェンダーなどの方向性についても、教団独自の見解というものは強くなく、体制順応的なものであった。そして、この傾向は二世信者が増加し、信仰継承を促進するために制度化が進んだ一九七〇年代以降に明確になっていき、先行研究でも世代間再生産が組織的課題として指摘されているのである。

創価学会において世代間信仰継承の問題を検討することは、他の日本の宗教集団や各種集団の変化を探る上での比較の基準ともなりうる可能性を秘めている。次章では、創価学会が教団として提供している信仰継承のモデルを整理しよう。

第三章　教団が提示する信仰継承のモデル

第一節　次世代への宗教的伝達

信者の子どもたちを教団組織の構成員として再生産することは、宗教集団の維持・存続にとって重要な課題となる[55]。しかし、日本の宗教組織の維持や変容に関する研究では、教団による二世信者の育成問題は中心的な課題とならず、主にカリスマ的教祖の後継者問題が検討されてきた。宗教組織ではカリスマ的指導者の動向がその維持・存続・発展に与える影響は大きく、指導者層の継承問題は確かに重要である。しかし、創価学会のような大規模教団は一般信者数の維持も教団の規模と機能を下支えする大きな要素であり、組織全体を統括する指導者の継承問題とは全く違った観点から十分に検討される必要がある。

信者数を維持するには、常に新たな信者を獲得し続けるために布教を行うこと、およびすでに信者になっている人を引きとめることが主要な戦略となる。信者の子どもたちを信者として再生産する過程は、この二つの戦略が複合的に実践されている場面である。

子どもに対する宗教的教育のあり方や効果に関する日本の先行研究として、小学校五年生を対象に伝統的な仏壇や神棚への祭祀の教化と継承のあり方を検討した研究がある（森岡 一九七二）。この調査の本来の目的は地域や職業によって異なる家族パターンと子どもの育て方の関連を見出すことであったが、それを森岡が伝統的宗教行動の訓練の検討に転用したものである。農村地区、大都市住宅地区、大都市商業地区の三地区において、神棚と仏壇の存否、神棚と仏壇に対する礼拝訓練の状況について比較した結果、日本の宗教的伝達の全般的な傾向としては、神棚・仏壇の保持率の低下が予測され、伝統的宗教行動の訓練機会が減少する方向にあることが確認されている。

日本社会の中では特殊な宗教と認識される傾向の強いキリスト教会についても、森岡によって、二代目以降のクリスチャンに関する調査結果がまとめられている（岩村・森岡 一九九五）。この調査は会員数三四〇名の大森めぐみ教会で実施された「教会教育」の成果の検証を目的として行われた。「教会教育」とは、信者でない子どもや成人を対象に幼稚園や日曜学校を通してキリスト教教育を行い、将来のクリスチャンをつくり出す試みである。つまり、教会の信者獲得の戦略の検討である。森岡は大森めぐみ教会の「家庭におけるキリスト教的しつけ」について検討した結果として、家庭における宗教的社会化も子どもの信仰に影響があるが、そこに教団組織によって行われた意図的な宗教的社会化、「教会教育」の経験が加わると信仰を継承する方向に相乗的な効果をあげていると報告している。二代目以降のクリスチャンであっても教団組織から直接的な宗教的社会化を受けることが、信仰継承に効果的なのである。(56)

宗教集団は、次世代をつなぎとめる戦略を教理的・組織的に考案している。伝統的な宗教行動の伝達について全体的な衰退がみられるのは、伝達の担い手が家族内部に限定されており、教団組織からのアプローチが弱いためとも考えられる。子どもへの教化が意識されているキリスト教会では、親だけではなく教会組織も宗教的伝達の担い手として重要な機能を果たしている。本書の課題の一つは、創価学会が宗教的伝達のために行っている働きかけを解明することである。具体的な事例を検討する前に、本章では教団が提示する「理想的な信仰継承モデル」を教団機関紙誌を通して確認する。

第二節　子どもの信仰モデル――「学会っ子」として

本節では、教団組織から期待される「創価学会の子ども」のモデルとともに「信仰継承」のモデルを教団機関紙誌から抽出する。

まず、『聖教新聞』における信者の子どもたちに対する期待表現の変遷を検討してみよう。戸田時代の「理想の創価学会の子ども」像は、「純真な素直な信心を持つ子ども」である。昭和二八(一九五三)年七月二〇日付けに掲載された「子どもたちの教えるもの」という記事には、祖母を見習って勤行・唱題すると、病弱だった体が丈夫になり家の手伝いも野球も勉強もできるようになり、生徒代表の宣誓の役を担うまでになった中学一年生の手記がある。この記事のリードには「純真な素直な信心は大利益を得る大きな条件だ、そのよい例が子供たちの中に見られる、子供達は無条件で拝んであくせくした無理がない、自由に伸びのびとやって功徳をいただいている、こうした子供達の姿がとかく生活に追われてあくせくしがちな大人達を反省させ、教えることがある」とある。このように「純真な素直な信心」が子どもに第一に求められるものだった。

東京の蒲田支部に所属する小学生の女の子の体験記では、創価学会の信心をする前にキリスト教に入っていたが功徳はなく、日蓮正宗に入るとキリスト教のときにお願いしていたお人形がすぐにもらえて、勉強もできるようになり、学級委員にもなり、運動会でも一等賞を取ったという。そして、お山(大石寺)に行きたいと願っていたら実際に行くことができ、「大御本尊様」の前で涙を流した後に、愛知県へ班長とともに折伏をしに行った体験が載っている。手記は、勤行・唱題を休んだら罰が当たってどぶに落ちたので今後は休まずやると締めくくられている(昭和二九(一九五四)年四月一一日付け)。

小学生が自ら大石寺登山を希望した上、班長さんと遠方愛知まで折伏に出かけるという活動は、現在ではおよそ考えられないことである(第七章参照)。また、この体験記のようにご利益と罰の因果関係がストレートに語られるのもこの時代の特徴である。[57]

昭和三〇(一九五五)年四月三日付けには、本郷・城東支部合同の少年部会が本郷支部二〇〇名、城東支部五一名の出席で開催された際に、大人の世話にならずに少年部の手でやりとおした記事が載っている。[58]「大人に負けない信心」という見出しで本郷少年部長の女性(高校生と思われる)の書いた記事が掲載されている。ここでは、第一回目は特に幹部を呼ばずに開催したが、「第二回総会には諸先生方に御出席していただけるように」したいと述べている。なお、別の一四歳の女性参加者は、この場に参加した女子部隊長の話を聞いて「青年部に入って戸田先生の旗本として」活躍する決意を固めている。また、この部長や部員の名前の下には「支部長長女」「支部常任委員四女」などと書いてあり、親子間の信心継承が意識されていることが分かる。

戸田時代の学会の子どもたちは、「戸田会長への思慕」を求められもするが、強くは要求されず、むしろ、その信心は「御本尊様」に直結している。「御本尊様への純真・素直な信心」と「大人と同様に自ら会合運営・折伏など学会活動に励む主体性」が重要視されていた。子どもであっても大人と同様の信仰活動を行うことが理想とされていたのである。

昭和四〇(一九六五)年代の池田会長の時代になると、『聖教新聞』の紙面は全体的に体験談中心のものから創価学会の会合や幹部の話を紹介する現在の形式に近い内容に変化した。信仰を持つ子どものモデルは、「純真な信心」を持ち大人と同様に熱心に活動するというあり方から、子どもの立場で子どもとしての信心を持つことを期待されるようになった。この時代に示されている子どもの信仰モデルは、現在の創価学会にも通じるものである。

一九六〇年代半ばには子どもたちが所属する組織、未来部が制度化された（第七章参照）。これ以降、未来部活動を経て青年部になるという創価学会信者としてのライフモデルが構築されたのである。[59]このような経過を経て世代間で信仰継承をすることを期待される子どもたちは、創価学会の機関紙誌や会合などで「学会っ子」と表現されている。

高等部、中等部が組織として正式に結成されて以降は、「未来を築く高等部員」という連載記事などで高等部員の信仰体験、信心のあり方が紹介されるようになる。「先輩からの指導」を受け、「御本尊様の前での勤行」をしっかりやり、学業や部活で良い結果を残すことが奨励された。「勉学第一」の指導のもと、勉強を優先して学会活動を控えることも、体験談として掲載されている（昭和四〇（一九六五）年六月二九日付け）。制度化が進んだことで、戸田時代のように子どもたちが自ら会合を開き、積極的に折伏をするなどの主体性が要求される程度は低くなったのである。

また、第三代会長池田時代に確立された子どもに期待される信仰モデルでは、第二代会長戸田時代の体験記にみられたもののように「祈り」と「功徳」が直結するストーリーではなくなった。「祈り」と「功徳」の間に「自分の努力」が明確に媒介するものとなった。それと同時に、子どもの信心に占める「折伏」「活動」の比率が抑えられている。

このような「子どもの信仰モデル」、「学会っ子」モデルの確立において池田の存在は大きい。未来部結成を機に、組織的にも「池田先生から未来部への視線」が語られるようになる。中等部結成の記事（昭和三九（一九六四）年六月二〇日付け）や第一回高等部員会の記事（昭和三九（一九六四）年九月二四日付け）には、「池田先生は、皆さんに絶大なる期待をかけておられます」といった言葉がみられる。この「池田先生」からの慈愛に応える形として、理想の「学会っ子」は、まず、「池田先生」に対する態度のあり方として表現される。

昭和四〇(一九六五)年八月一二日付け、一六日付けの夏期講習会の記事では、参加した高等部員が、「先生、握手して！」と駆け寄る姿を「あふれる求道心、純粋さ」と表現する。同時に掲載された高等部員の手記では「先生！　僕は命をかけて、先生の御構想にこたえさせていただきます！」「先生！　必ず広布(広宣流布)の人材に成長します！」と心の中で叫んでいる。昭和四〇(一九六五)年九月二五日付けの記事では、「池田先生は御存じですか？」と問いかけられて、「ハイ、知ってます。僕、大好きです」と全員が答えたとして、「じつに学会精神に満ちた子供らだ」と評する。(60)

「池田先生への思慕」が「求道心」であり、「学会精神」の現れと解釈されていることに注意したい。この時代以降、子どもたちは将来、「池田先生の御構想」を実現する「人材」となることが求められるようになったのである。

昭和五四(一九七九)年、宗門との間の問題を収拾させるために池田は会長職を退き、名誉会長となった。しばらく登場が控えられていた池田が未来部関連の記事に復活するのは、二年後の昭和五六(一九八一)年五月一日付けの「未来後継の君たちへ」というメッセージにおいてである。このメッセージは「後継者の代表」として創価学園(創価学会の学校機関の総称)の生徒たちと「池田先生」が懇談で話したもので、創価学園で学んだ子どもたちへの期待が語られている。(61)

創価学会系の学校機関は、札幌に幼稚園、東京と関西に小学校、中学校、高等学校、東京に大学と女子短期大学がある。これらの学校で子どもを学ばせることは、熱心な会員にとって「憧れ」となる。(62)親の考えに影響を受けた子どもも「創価学園で学びたい！」、あるいは「親孝行のために創価学園で学ばなければならない！」という思いを抱く。

東京創価中学校の校長らから伺った話によると[63]、創価中学校はあくまでも文部科学省の認可を受けた教育機関なので、宗教的な教育はカリキュラムの中でも学内行事の中でも一切行っていないし、保護者が創価学会の信者であるかどうかは確認していない[64]。自然に親が学会員であることを知る機会はあるが、親の信心の状態などで子どもを判断するようなことはないという[65]。

しかし、「池田先生」が創立者である以上、創価学園は「学会精神」を養う場として十分に機能する。創価学園、創価大学の構内を少しでも歩いてみれば明白である。創立者によって名づけられた橋・建物・小道、創立者から贈られた写真や石碑、創立者の言葉が刻まれたレリーフ、創立者が訪れた場所とそこに語り継がれるエピソードといったものが学校内のいたるところにある。ときには創立者本人が現れ、児童・生徒・学生に激励をする。

創価中学校の図書館には「創立者コーナー」があり、その著作が多数取りそろえてある。創立者の意向を反映したと思われる中学生時代に読むとよいとされる読書リストが掲げられ、競って読むコンテストもある。創価学園の卒業式や入学式に創立者が参列することは、輝かしい名誉である。また、創価学会に関連を持つ要人・著名人が創価学園を訪れて学園生と懇談する機会も年に数回あり、学園生たちは順番に「生徒代表」として面談する。これらの要人・著名人は創立者にとっての「お客様」でもあり、学園生は「創価教育」を体現する存在として彼らと対面することになる。

「創立者の精神・思想を学ぶ」ことは、直接的には宗教の教育には当たらない。しかし、宗教教育を行わないことが逆に、創立者である「池田先生」への思慕を直結して育むことができる場を形成しているようにもみえる。

夫婦での子育ての方針として、〝池田先生の話す言葉をダイレクトに理解できる子どもに育てよう〟と決めた体験談がある(『大百蓮華』二〇〇七年七月号)。もし、幼稚園、小学校から「池田先生」の創立した学校で成長するならば、まさに「池田先生」に直接通じる環境で成長することとなるだろう。

創価学会系の学校で「池田先生」の教えをダイレクトに学んで育ち、「池田先生」への思慕を培い、「池田先生の御構想」を実現する「人材」となることが、創価学会の信仰を持つ子ども、「学会っ子」の理想的なモデルといえる。

だが、もちろん創価学園で学ぶことのできる二世信者は、創価学園の近くの地域に住んでいるか、寮生活を選択した場合に限られ、全国的にみればごく一部にすぎない。大部分の二世信者にとっては、創価学会の地域組織、未来部の活動で信心の基礎を築くことが基本モデルである。創価学会系の学校で一貫して学ぶことに比べればその効果は大きくはないかもしれないが、子どもたちへの組織的な教化の場であることは間違いない。

たとえば、『聖教新聞』昭和五六(一九八一)年六月五日付け東京版の「我ら兄弟姉妹高等部出身!」という記事には、いくつかの家族の体験談が掲載されているが、そこでは信心の基礎を主に高等部時代に築いたことが描かれている。このように、創価学会の子どもたちには、創価学会系の学校あるいは未来部の活動を通して創価学会の教えを純粋に学び、創価学会の信仰を内面化した「学会っ子」になることが理想的なモデルとして提示されているといえる。

ただし、先の東京版の記事には「わが家は、草創のころから広布の拠点であり、座談会会場でしたので、様々な功徳の体験や御書講義などをきいてきました。これが、信仰に対する確信をつかむ大きな因となったと思います」という女子部員の言葉も掲載されている。つまり、高等部だけが「後継」の「因」とされているわけではない。

この背景には、「学会っ子」の形成に対する親や家族に期待される役割がみえてくる。次節では、教団が提示している親から子への世代間信仰継承のモデルについて整理したい。

第三節　世代間信仰継承のモデル

前節で検討してきた高等部での活動や創価学園での学びを重視する「学会っ子」の理想像は、組織からのアプローチを中心にみてきたものであった。しかし、宗教集団は各家庭における信心のあり方についてもある程度のモデルを示している。創価学会もその例に漏れない。先にみた、信仰熱心な親を持つ子どもたちにとっては、子ども時代の自宅が「座談会会場」＝「広布の拠点」であったことを信仰への確信の「因」と述べるのもこのようなモデルの一例である。

この点を明らかにするために教団機関誌である『大白蓮華』に着目してみよう。『大白蓮華』では二〇〇九年一月号から、「私が信心を継承した時」という連載が掲載されている。その第一回目の体験談を引用する（傍線と番号は筆者）。

娘（女子地区リーダー）

少女部時代は、部員会にもきちんと出席し、題目にも挑戦しました。そうすれば、母が喜ぶと思ったから①です。

そんな私に転機が訪れました。中学一年の時に〝いじめ〟に遭い、心がズタズタに傷つけられたのです。

〝私って生きてていいの？　いっそ消えたい〟。いつもそんな不安に怯えていました。

「お願い、そばにいて」――いつも、そう母に訴えていたのに、母は、私を置いて、学会活動に出かけていく②のです。学会から帰ってきた母は、楽しそうでした。〝こんなに私はもがき、苦しんでいるのに〟。そのころから、母を、学会を嫌いになり、仏壇の前に座らなくなりました。③

中学時代は不登校、高校時代はひきこもりでした。それだけに、〝何とかしなければ〟と思い、高校を出て働きました。そこで衝撃の現実が待っていました。同僚が、池田先生や学会の悪口を言うのです。来る日も来る日も――。

〝あなたたちは、池田先生の何を知っているというの？〟と無性に腹が立ちました。

事あるごとに、池田先生の素晴らしさを語ってくれた母の言葉が、私の心の奥深くに根付いていたので④しょう。私の中で何かが弾け、ずっと眠っていた学会っ子としての誇り⑤がわき上がってきたのです。

そして思ったのです。母は、楽しそうにしていたようだけど、こんな無理解な社会に対し、勇気を振り絞り、池田先生の正義を一途に語っていたのだと。その時、母のことが、心から誇らしく思えました。

ずっと変わらず私を励ましてくれた女子部のお姉さん⑥に誘われ、会合に出ました。

母が一生懸命、私に伝えようとしていた学会の世界は〝誰人をも受け入れ、一人を大切にする〟温かい世界でした。今、女子部のリーダーとして、母と同じ道を歩んでいることに、無上の喜びを感じています。

母（圏副婦人部長）

小さいころから、ずっと池田先生のことを語り聞かせて育ててきました。⑦なのに、〝いじめ〟がきっかけで、次第に信心から離れていきました。本当につらい日々でした。

「そばにいて」。よく娘は言っていましたが、〝きっとわかってくれる時が来る〟と信じ、心を鬼にして、学会活動に出かけました。⑧

しかし、娘はなかなか分かってくれませんでした。ひきこもりの娘とともに、心療内科で診察を受けたときでした。医師から、「お母さんは世間体を気にしすぎです」と言われたのです。私は自分の立場や周囲の目にこだわりすぎていたのです。⑨目の覚める思いでした。

〝もっと娘のことを見つめ、祈りきっていこう〟――そう心を定めて戦い始めてから、娘は変わっていきました。

人の視線が怖くて、人の後ろに隠れるようにしていた控え目な娘でしたが、もともと人の気持ちの分かる優しい子でした。そのデリケートな娘の心に、娘を愛する私の気持ちが通じたのでしょうか。娘は勤行をし始めました。〝信心が継承された〟――私は涙が出るほど、うれしくなりました。⑩

連載「私が信心を継承した時」第一回のリードにはこうある。「〝わが子に信心の継承を〟。信心に励んできた親なら、だれもが抱く、切なる願いである。親から子へ――どうすれば、信心は継承できるのだろうか」。その答えとして、⑦の「小さいころから池田先生のことを語る」ことが、娘の発言にある④⑤で裏づけられるように「信心継承」のために重要な要素であると捉えられている。これは、創価学会員である親が子に対する態度として期待されるモデルであろう。また、同時に②⑧のように、辛いことがあっても「心を鬼にして」学会活動に励むことも、創価学会員として期待される行動モデルなのである。ただし、娘のことよりも学会活動を優先するような行動は、③のように学会への嫌悪感を子どもに持たせる可能性も高い。

一方で、信仰熱心な親を持つ二世信者の場合、①のように親を喜ばせるという動機で信心継承への選好が働くことも確認できる。実際、⑩に示すように娘は「信心を継承した」ことで母に喜びをもたらしている。「親孝行」

の気持ちを持っている子どもが、親のために信仰継承をすることがモデルとされている。

また、この記事では信心継続あるいは再開のきっかけとして⑥のような「女子部のお姉さん」の存在が挙げられている。未来部担当の女子部員のことを指していると思われるが、この点については、第七章で詳細に検討してみたい。

この体験談では⑨が曖昧な部分を残している。この母親は学会における先輩や池田大作の指導ではなく、医師からの助言によって心が変わったのである。では、この母がこだわっていた「立場」や「周囲の目」とは何だろうか。この点は推測するしかないが、創価学会内部での立場の影響も少なくなかったように感じられる。

第二回目以降の「私が信心を継承した時」の記事でも、少なからぬ例で子どもが信心を継承した契機となったポイントとして、「親の心の変化」が挙げられている。先の記事では、「娘のことを見つめ、祈りきって」いき、「心を定めて戦」うという「変化」である。「戦う」とは具体的には創価学会活動をすることを指すので、行動自体は変わっていないと推測される。「祈りきる」「心を定めて」というところがポイントのようである。

この「親の心の変化」のモデルを探るために、創価学会における理想的な信仰の持ち方という点から考えてみたい。会社経営をしていた父が周囲の人に借金を重ね、母に暴力をふるうなど迷惑をかけ通しだったことで、父母が離婚し、その後、母、姉、妹とともに経済的に苦労した経験を持つ若い女性(女子部副本部長)の体験談を事例としよう(『大白蓮華』二〇〇七年四月号)。

父母の離婚後、何時間となく題目をあげても経済苦、姉の病苦が続くことに「次第に、信心に対する確信を失って」いたとき、女子部の先輩から言われた言葉は、「題目で福運を積んで、折伏で宿命転換をしていけるのよ」であった。この女性は、素直にこの言葉を実践し、一七歳で初めての折伏を達成、姉の病気の回復・就職という功徳を得る。また、「慈父のような眼差し」で指導される「池田先生」との出会いに励まされて、夜間短期大学を卒業後、大手企業に就職した。職場で「自分の姿を通して、師の偉大さを宣揚していきたい」と祈ったことで、会社の大役を任されるようになった。しかし、「信心していたのに、父はどうして人に迷惑をかけてしまったのか」という疑問は強く残っており、母とともに先輩に相談したところ、「娘の信心で、必ずお父さんを救っていけるんだよ」との励ましを受ける。「父と一緒」の思いで学会活動に励むと、「憎らしかった父に感謝の思いがわいてきた」。その後、父から「折伏できたよ」という電話があり、「人に迷惑をかけていた父が、人の幸福を祈れる父に変わった」と感激する。体験談は「どんな困難があっても、必ず幸福になれる。それを教えてくれた家族に感謝」という言葉で締めくくられている。

この体験談は、現在の創価学会がモデルとしている信仰の持ち方を典型的に表している。困難や悩みを抱えている人に対する「唱題・折伏・学会活動をするように」という提示は、創価学会における一番の処方箋である。「祈れば必ず叶う」という言説もよく出される。「折伏ができる」ことは、「人の幸福が祈れる」ことと解釈され、人の幸福を祈れるような心持ちになることが、自分の状況を改善していくのだと考えられている。

また、信心を続ける動機として「師の偉大さ」を感じること、仕事で実績をあげるなどして「師の恩」に報いようとすることも、現在の創価学会員におけるモデルである。「師」とは、池田大作のことである。

同時に、この体験談では、熱心な信者でも「信心」に不信を抱くことも示されている。信仰のモデルの中に「不信」を含めていることは重要である。このような不信に対する典型的な創価学会での対応は、これまた唱題・折伏・学会活動である。「題目で実証が得られない」なら「折伏をせよ」との答えが返され、「信心しているのに人に迷惑をかける父」には、「娘の信心で父が救える」との答えが返される。つまり、「不十分な実証」=「信心の不足」という図式の回答である。一見すると、「不信」に対する回答にはなっていない。単に、創価学会の信心の無謬性、「祈れば必ず叶う」が繰り返されているだけである。しかし、この女性の体験談では繰り返し

「素直に」受容される。不信を持つこと自体は逸脱的なものではなく、不信を持ってもなお「信心によって実証が得られる」ことを素直に受け止め続ける反応こそが、創価学会では理想とされる信仰態度である。この素直な受け答えによって得られた「実証」は病気の回復、経済的問題の解決、職業上の実績など目に見える効果ばかりではなく、心の状態にも及ぶものである。(66)

この事例のように親の「信心の不足」を子どもの信心が補って「宿命転換」に導くのも、親から子への世代間信仰継承モデルの一つである。とはいえ、子どもが親の熱心な信仰活動の姿を通して、信仰を受け継ぐのが典型的な世代間信仰継承モデルであろう。以下に、信心熱心な親のもとで育った人の体験談を要約した（傍線・番号は筆者）。この事例をもとに世代間信仰継承モデルを整理してみたい。

私の父は、折伏された時に「絶対信心しない」と反対したが、宿業に悩み入会。池田先生との記念撮影会に参加した時には、一人一人を大切にする先生の振る舞いに接し、先生の慈愛の心に涙があふれて止まらなかったという。以来、理容師の仕事を終えると靴も脱がずに玄関の活動用バッグを持って、毎晩、学会活動に出かけた。それが物心ついたころからの私の記憶に残る父の姿だった。① 小学校六年生の時、その父が病魔に倒れ突然亡くなった。男子部から壮年部に移って半年、三六歳だった。斎場の係員が「骨が老人のようにボロボロです」と言った時、地区の方が「この人は、人のために走り続けた人生だったのです」と言い返した。② そのひとことは、不安だった私の心の奥底に深く残った。中学時代は、〝なぜ自分だけこんなに貧乏で不幸なのか〟と悩んだが、美容師として働いてきょうだいを育ててくれる母を悲しませられない。父とともに戦った同志の方々の激励に支えられ、信心根本に生き抜くことができた。③ 教学も学び、「願兼於業」の法理を通して、「苦しんだ自分の使命は、苦しむ友を励ますことにある」と確信。調理師として働きながら、父の願いもあり、創価大学の通信教育を受けた。先生にお会いする機会にも恵まれた。三四歳の時、小学校教員免許を創価大学の通信教育で取得し、教員になった。池田先生から学んだ信条は「良くても悪くても、どこまでも子どもを信じること」。振り返ると父の信念にも同じ思いがあった。男子部から壮年部に移った今、父の思いがよく分かる。「壮年部として、父の分まで戦います！」と誓う。（本人の役職はブロック長、『大白蓮華』二〇〇八年三月号）

①の「毎日、学会活動で不在」なのが信仰熱心な学会員の親のモデルである。この事例のように場合によっては体を壊して亡くなる可能性もある、まさに「命をかけた戦い」である。特に男子部は活動者が少ないため、過酷な活動となりがちなようで、この体験談の父が男子部から壮年部に移った後に亡くなったのは象徴的に思われる。もちろん活動の過酷さで死亡するのは、望ましいことではないが、創価学会の視点でみれば、②のように「人のための自己犠牲」として美しく語られ、息子もこの解釈を肯定的に受け止めている(67)。この解釈を保つためには、③にみられるように同様の価値観を持った「同志」が周囲にいて支えてくれることや信仰熱心な母への「親孝行」の意識が必要である。

なお、要約に出てきた「願兼於業《がんけんおごう》」とは、願いが業を兼ねるという意味で、菩薩は衆生を救うことを願って悪世に生まれ、前世で宿業を負った人はその業により悪世に生まれることから、信心で難を乗り越えようとする人が受ける「業」は宿命ではなく、菩薩として人を救いたいという「願」によるものだと解釈し直すことである。池田の言によれば「宿命を使命に変える」ことである。具体的には難を受けたがゆえに、折伏や学会活動に励んで「人を救う」行動が促されるということである。

親は子どもに対して以上のような信仰者としてのモデルを提示することが期待されている。この事例では父親は死をもってそのモデルを提示したが、[68] 一般的には、存命中の親が子にモデルを提示することが期待されると思われる。

体験談でつづられる親からの子どもへの思いには、子どもを「池田先生の弟子として育てる」=「後継の人材」=「功徳」というモデルがみられる。「先生の広布の子弟の歴史を娘に語り継ぎ、後継の人材に育て」(学会本部職員で総県長の父、『大白蓮華』二〇〇六年四月号)ること、「〝この子を必ず池田先生のもとで学ばせよう〟」(娘への手紙を書く副圏長、二〇〇七年四月号)、「〝生涯、先生とともに!　この子たちを広布の人材に〟」(娘を二人持つ支部副婦人部長、二〇〇八年二月号)と誓うことであり、「〝後継の人材に成長してくれたことこそ、私の一番の功徳〟」(総区副婦人部長、二〇〇九年三月号)と受け止め、子どもを「池田先生の大事な弟子として預かっている」(副本部長、二〇〇八年一〇月号)と考えることである。

子どもの側の受け止め方としては、信仰熱心な親の思いを子どもたちが受け止めて信仰継承へと促される形がモデルとなっている。しかし、親の発言に「池田先生」が頻繁に登場するのに対して、子どもからの発言には「信仰熱心な親」の姿そのものへの「思い」が語られ、「池田先生」は直接には登場しないことが多い。それぞれの家族の事情に応じて、親の学会活動をする姿に人生モデルを見出し、自ら信仰を持つようになるのが、子どもにとっての世代間信仰継承モデルのようである。

たとえば、「人のために頑張っている両親は本当にすごい」(女子部員、『大白蓮華』二〇〇六年四月号)と感心して活動に励むようになったり、信心をしようとしない娘を見守り御本尊に向かう父の姿に「人間としての本当の〝強さ〟とは何なのか」(圏女子部長、二〇〇九年八月号)を学んだり、経済苦や家庭内の争いを乗り越えてきたことを信心に励む「母のおかげ」と捉えて自分の悩みを乗り越えるために「僕もこの信心にかけてみよう」(圏ヤング男子部責任者、二〇〇九年五月号)と決意する。たとえ、「母が多忙だったため、私は幼いころからさびしい思いをすることが」あっても、「でも、今では信念を貫く母のおかげで成長できた、と感謝」し、創価短期大学に入学し、「この二年間で生涯の信心の原点を作ろう」と、母とともに誓うのである（女子学生部員、二〇〇六年七月号）。

もっとも、子どもが語る親への思いの中に「池田先生」が登場することは少なくはない。その多くは、池田のメッセージとしてよく語られる「親孝行」と結びついている。「池田先生のもと、広布の戦いに勝利し、精いっぱい、親孝行をしていきたい」（女子部ヤング・リーダー、『大白蓮華』二〇〇六年五月号）と決意したり、「〝お父さん、お母さんが喜ぶ親孝行の人に〟との池田先生の言葉を守り、かならず世界平和に役立つ人材に成長」（女子部ヤング・リーダー、二〇〇七年四月号）したいと望むのである。

つまり、子どもが成長して「池田先生」に少しでもお役に立つことが、信仰熱心な父母への何よりの親孝行なのである（男子総県学生部長、『大白蓮華』二〇〇八年一〇月号）。これが、現在の「学会っ子」として期待される世代間信仰継承モデルといえる。「池田先生」こそが、自分の親がモデルとする人物だからである。

〔亡くなった〕母のためにも、母の思いを受け継いで広宣流布のために戦おう。池田先生のように、私も苦しむ人たちの〝最大の味方〟になろう。（看護師をしている白ゆり長＝ブロック担当員、『大白蓮華』二〇〇六年六月号）

創価学会では、「異体同心」の信心が要請されるが、「同じ心」にそろえる基準は何よりも「池田先生」である。創価学会の家庭に生まれた子どもは、このように「池田先生のもとで広宣流布の人材として成長すること」を「使命」として期待されている。

しかし、子どもが親の信仰を肯定的に受け止め、自らも信仰を実践するようになる家族ばかりではない。実際に、信仰を継承した成功例とみなされて『大白蓮華』に掲載されている体験談にも、二世信者が「信心に反発」

あるいは「信心から遠ざかる」時期を経験している例が少なくない。このように二世信者が一旦、信仰活動から離れることも、信仰継承のモデルの一形式となっている。だが、別の側面からみると、「使命がある」子どもであるはずなのに、それを十分に自覚せず、信仰活動から離れてしまっている子どもたちは、信仰熱心な親にとっては「成長が不十分」と映りやすい。

たとえば、息子が生まれたばかりのころに「何があっても諦めない人に」と願った父の体験談がある（『大白蓮華』二〇〇八年四月号）。思春期のころ、息子は信心に反発したが、創価学園受験を機に「創立者の真心と学園生の心温まる応援に触れ、諦めない心を学んだ」。高校受験は不合格だったが、その後、創価大学に進学、息子は「就職を勝ち取り、創立者に少しでもお応えしたい」という思いを抱くようになった。父はこの息子の「成長」に心打たれている。

親の信仰に反発すること自体も、立派な子どもの成長の証と思われるが、創価学会の枠組みでは、「諦めない心」＝「信心を受け入れること」であり、「成長」＝「信心に打ち込めるようになること」である。そのメルクマールとして「創立者に少しでもお応えしたい」との思いの表明がある。

しかし、「池田先生」中心のパターンに当てはまらない体験談も見受けられる。「池田先生の期待に応える広宣流布の人材」としてのモデルだけが唯一のモデルではない。その場合には、御書など「池田先生」以外の信仰に関わりの深い言葉が媒介となっていることが多い。ただし、『大白蓮華』に掲載された親子関係を主題とした体験談では、「池田先生」への言及が全体の半数以上にみられるのに対して、御書への言及は一割程度にとどまっていた。現在の主流のモデルは「池田先生」を媒介にした信仰継承である。

この章では創価学会の刊行物から世代間信仰継承モデルを概観した。次章以降では、筆者が実際に収集したデータを中心として、創価学会における世代間信仰継承の実際について検討していきたい。ただし、本書の分析は、創価学会の中でも主に北海道を中心とした調査結果に基づいており、全国的な資料に基づいているわけではない。次章では、北海道の創価学会の歴史とともに、札幌市で行った調査票調査の概要について述べる。

第四章　調査にみる札幌市の創価学会員

第一節　北海道における創価学会の歴史

本書の調査は札幌市を中心とした北海道の創価学会に限定されている。しかし、創価学会は全国的に拡大している宗教集団であり、各地域はそれぞれ独自の歴史を持っている。そこで本章では簡単に北海道における創価学会の歴史、[69]および筆者が札幌市で行った調査票調査における創価学会員の特徴についてまとめる。

創価学会の本部は東京にあるが、北海道は創価学会組織全体にも深い歴史的つながりのある土地である。[70]創価学会会則で「この会の永遠の指導者」と規定され、勤行での回向の個別対象ともなっている第三代までの会長のうち、第二代までの会長が北海道に居住した経歴を持っている。第一代会長の牧口常三郎は一八七一年新潟で生まれたのち、一八八五年に単身北海道に渡り、苦労して尋常師範学校を卒業した。第二代会長の戸田城聖は幼少時代から青年時代を北海道の厚田村(現・石狩市)で過ごした。このような縁もあり、厚田には創価学会初の墓苑が作られ、この墓苑にはそれぞれの墓碑も建立されている。

戦後、北海道への創価学会の本格的な布教が始まったのは一九五三年とされる。八月に第一回の夏季折伏[71](東京から幹部が来て指導を行う集中的な布教活動）が札幌と函館で行われたのを機に、函館（蒲田支部大森地区）と札幌（仙台支部直属）に班が形成される。翌年には初めて、当時青年室長であった池田大作が北海道を訪れ、同年、会長の戸田を伴って二回目の来道をみている。

一九五五年には、有名な「小樽問答」が起こる。これは、創価学会内では日蓮宗との「法論対決を行い、学会が大勝利した」とされる出来事である。司会は青年室長の池田であった。この年には、池田が指揮をとった「札幌・夏の陣」と呼ばれる夏季折伏が道内八都市で行われている。[72]

一九五七年には、夕張炭労問題が起こる。前年に行われた参議院選挙で創価学会員が夕張炭鉱の労働組合が推した候補に投票せず、学会が推薦する候補を学会員の炭鉱労働者が推したことに端を発する問題である。組合活動の統制を乱すものとして労働組合から反学会運動が起こり、それに真っ向から創価学会側が対抗したことから生じた問題である。創価学会内では、この事件は、労働組合による不当な弾圧、信教の自由の抑圧、人権侵害とされており、この問題についても学会側の勝利で終わったと認識されている。このときの創価学会側の決起集会においても池田が指揮をとった。なお、同年、池田は大阪において公職選挙法違反容疑で逮捕されている。[73]

一九五七年には北海道に総支部が設置され、組織の基盤が整えられる。一九五九年には、聖教新聞社北海道支局が開設、北海道本部（札幌市北区の現・札幌北文化会館）が開館する。幹部会の開催も順調に重ねられ、一九六二年には学生部の設置、一九六四年には本部を札幌市中央区の宮の森に移転する。一九六五年には未来部各部が整えられ、創価学会組織による信仰継承の基盤が作られた。一九六九年には北海道芸術祭、一九七一年には雪の文化祭が開催される。[74]一九七六年に札幌に創価幼稚園が開園し、創立者である池田も訪れた。この幼稚園設立について池田は、「北海道こそ未来を育てる天地と定めて、幼稚園を創立した。北海道の若人を、二人の師匠の最も大切な宝の分身と思い、接している」と述べている（池田大二〇一〇）。

一九七七年には厚田に戸田記念墓地公園がオープンし、創価学会は日蓮正宗の寺に依存せず組織独自の墓を会員に提供することが可能になった。一九八三年には、札幌で第三回世界平和文化祭が開催される。この文化祭には全道から数多くの人が集まり、池田も参加する盛大なものとなった。一九八七年には北海道池田講堂（札幌市厚別区）が完成した。翌年には新しい北海道文化会館が同じく札幌市厚別区に完成、宮の森から厚別区の北海道文化会館に北海道の本部が移った。一九九八年には北海道青年音楽祭が開催される。これ以降、多くの学会員が練習を積んだ上でステージに立つ大規模な芸術祭や文化祭、音楽祭は開かれていない。この間も北海道の組織は拡大を続け、組織編成は次々と変わっている。

小樽問答や夕張炭労問題は、創価学会の組織全体にとっての語り継がれるべき歴史とされる重要な事件である。また、池田にとっては初期の中心的な活躍の場でもあった。ホワイトは、戸田の戦略の典型的な行動主義の二つの例としてこの「小樽問答」と「炭労問題」を挙げ、「北海道は学会で第二の勢力中心地のひとつになっており、この炭労の事件は、宗教抑圧に対して学会は抵抗するという自己宣言の記録として広く引用される先例となった」と述べている（ホワイト 一九七一：七三）。北海道は華々しい創価学会の「仏敵との戦い」の場であった。現在の北海道の創価学会もその伝統を引き継いで、活動に励むモチベーションとしている。

信仰継承の観点からみると、日本国内には一つしかない創価幼稚園が札幌にあることが着目される。[75] 創価大学は東京に、創価小学校、中学校、高校は東京と大阪にある。[76] 幼稚園が札幌に作られていることから、北海道が創価学会組織の継承の拠点として捉えられていると推測される。創価学会組織全体からみて、信者の編成や組織活動の内容が典型的な地域であるかどうかについては、十分に判断できる資料を持っていないが、重要な地域の一つであるとはいえそうである。

第二節　札幌市における調査票調査の概要

本節では、本書で使用する札幌市[77]在住の創価学会員に対する調査票調査の概要を述べる。

札幌市に存在する創価学会の地区数は八二二(二〇〇二年現在)、およその会員数は一二万名である。これは、未活動者も含めた名簿上の人数である。四者別の比率については、壮年部は二五・九%(約三万一〇〇〇名[78])、婦人部は四六・六%(約五万六〇〇〇名)、男子部は一六・二%(約一万九〇〇〇名)、女子部は九・三%(約一万一〇〇〇名)、男子学生部が一・四%(約一七〇〇名)、女子学生部が〇・六%(約七〇〇名)である。

札幌市の全人口は二〇〇二年一月現在でおよそ一八三万人、うち男性八七万人(四七・五%)、女性九六万人(五二・五%)である。札幌市の全人口のうち一五人に一人が学会員となる。創価学会の男性は全部で四三・五%(約五万二〇〇〇名)、女性は五六・五%(約六万八〇〇〇名)である。若干ではあるが、札幌市の創価学会員は女性比率が高いようである。

サンプリングの方法として、まず学会側から借り受けた札幌市にある全八二二地区のリストからランダムサンプリングし、四一地区を対象地区として抽出した。その上で、札幌市全体の壮年部、婦人部、男子部、女子部の比率に合わせて人数を割り振り(壮年部八名、婦人部一四名、男子部五名、女子部三名)、一地区三〇名分の調査票を地区の担当者に渡した。したがって、抽出したサンプル数は一二三〇票である。各地区の配布担当者には、多様な方が対象となるよう依頼したが、具体的な対象者への配布方法は、担当された方の人選に依存しているため、任意抽出である。配布された調査票に各自記入してもらい、郵送で返送してもらった。

札幌市の会員数を一二万名、八二二地区とすると一地区に所属する名簿上の人数は、平均しておよそ一四六名となる。しかし、地区の通常の座談会の出席者数などを考慮すると実質的な活動者の人数は多くても五〇名くらいと推測される。[79] したがって、一地区ごとに活動者三〇名の割り当ては、活動者のかなりの部分を抽出できていると思われる。[80] ただし、未活動会員も含めた会員全体の動向については知りえない調査設計となっている。本調査の標本はランダムサンプリングによって得たとはいいがたいが、母集団は札幌市在住の活動的な創価学会員ということになる。

国内において、一都市を網羅する規模の創価学会に関する調査票調査が実施されたのは鈴木広（一九七〇）による福岡市における調査以来である。なお、当時の福岡市の会員は約二万名と推測されている。鈴木は標本の抽出方法にあたって全会員の名簿の閲覧は不可能であったため、福岡・博多支部所属の約六〇地区から四つの地区を任意に抽出し、それぞれの地区会員数に応じて四五〇の標本を比例配分的に割り当て、無作為に取った（鈴木一九七〇：二六九）。しかし、「その場合、対象者は各世帯における「信仰の中心者」である」。つまり、抽出の単位は会員個人ではなく世帯であり、対象世帯のうちの一名の会員と他記式面接で調査票を回収したものである。このように鈴木の調査は、対象となる地域の規模や抽出方法、回収方法、調査目的などの点で本調査とは異なるため、直接的な比較にはなじまない。が、他に類似した調査がみられないことから、戦後から高度経済成長期、そしてそれ以後の生活水準・環境が大きく変化した影響を読み取る参考に利用したい。創価学会の草創期・発展期を支えた第一世代が多くを占めていた時期と安定期に育った第二・三世代が増えてきた現在とでは、おそらく同じ創価学会でも内実が異なっているだろう。

第三節　信者の属性

配布した調査票一二三〇票のうち、回収票は八一四票で、回収率は六六・二%となった。所属部署別の配布数と回収率は表4-1のとおりである。配布票よりも婦人部の人数が多めに、男子部は少なめに回収された。実際の活動状況では婦人部の活動者が多いことを考慮すると、この回収状況は比較的妥当なものといえる。

また、表4-2のとおり回答者の入信第一世代と入信第二世代の別では、第一世代が四八・五%、第二世代以降が五一・五%とほぼ半々に分かれた（総数八一一名）。入信第三世代でも一割を占めるようになっており、第二世代以降の占める割合は高い。

表4-1　所属部署別の配布票数と回収票

所属部署	配布票	回収票
男子部	16.2%	11.5%
女子部	9.3%	9.7%
壮年部	25.9%	27.8%
婦人部	46.6%	51.0%
%基数(票)	1,230	814

注）回収票はほかに男子学生部3名，非回答5名

表4-2　入信世代の割合

一世代目	48.5%
二世代目	38.1%
三世代目	12.8%
四世代目以上	0.6%
総　数(人)	811

表4-2については入信した年齢を考慮せずに一世代目、二世代目を区分した。しかし、これ以降の分析においては、本人の自己申告が二世信者であっても入信年齢が一六歳以上の者は「一世信者」に含め、一五歳未満の入信で入信第二世代以降の者を「二世信者」とする。この理由は、二世信者に対象を限定した設問の中で「中学生時点」の状況を尋ねる問いを設定しているためと、活動的な創価学会員の多くは自分の子どもを百日参り的な感覚で入会させる率が高いためである。二世代目以降の信者はゼロ歳児入会が二八・四%である。

二世代目以降の信者は一五歳未満入会の人で七割を超える。一六歳以上の入会で一世信者と二世信者を区分した場合、「一世信者」は全体(八一一名)のうち六二・一%、「二世信者」は三七・九%である。入信年齢を加味しなかった場合と比べて、一世信者のほうが二世信者よりも多くなっている。また、二世信者に女性が若干多い傾向があるが有意差はみられない。

年齢構成については、表4-3に示したとおり、五〇歳代が最も多くなっている。回答者の三〇歳代以下の割合は二九%だが、四〇歳代、五〇歳代を合わせると四八・八%、六〇歳代以上は二二・三%である。札幌市の創価学会の活動は壮年によって支えられているといえそうである。一九六二年に行われた福岡市での調査では、四〇歳以下は三七・三%、四〇～五〇歳代は四九・二%、六〇歳代以上は一三・五%であった。四〇～五〇歳代が半数を占める傾向に変化はないが、札幌市での調査は福岡市での調査よりも若干若年世代が少なく、高齢世代が多い傾向がある。

表4-3　回答者の年齢構成

年　代	回答者	国勢調査(札幌市)	福岡市(鈴木 1970)	
20歳代以下	12.0%	18.1%	19歳以下	2.6%
30歳代	17.0%	19.8%	20歳以上	11.6%
40歳代	21.2%	18.2%	30歳以上	23.1%
50歳代	27.6%	18.9%	40歳以上	31.7%
60歳代	14.0%	13.3%	50歳以上	17.5%
70歳代	7.2%	8.4%	60歳以上	10.1%
80歳以上	1.1%	3.2%	70歳以上	3.4%
総　数(人)	808	1,416,190		268

出所）国勢調査の数字は，2000年度『国勢調査』より

回答者の職業構成を表4-4に示した。婦人部で離婚・死別・未婚とした回答者八〇名(一九・二%)を除いた有配偶女性三〇五名のうち六二・三%が非就業者であった。総務省統計局「労働力調査」の二〇〇一年度(調査時)の資料によれば有配偶女性の非就業率は五〇・四%であるから、回答者の非就業率は高い傾向にある。福岡市での調査では、無職・専業主婦の項目がないため単純に比較できないが、自営業主の割合の高さが推察される。

回答者の職種(表4-5)は、都市部である札幌市を対象としているためか、専

門・技術系の職種の比率が高く、農林漁業がない点が特徴的だが、おおむね全国平均と類似している。[81] 福岡市での調査の職種は区分が異なるため単純な比較はできないが、技能・単純労働と販売・サービスの比率が非常に高くなっていることが特徴である。この職種等の構造から、鈴木(一九七〇)は創価学会を「都市下層」の宗教集団としたのであるが、二〇〇二年現在の札幌市での調査からは、このような結論は全く導き出せないといえる。回答者の学歴について、表4-6に示した。回答者の学歴は、全国比率(国勢調査)および札幌市比率(国勢調査)を比較すると短大・高専以上の人の割合が高い。だが、四年制大学以上の比率になると若干低い傾向がある。福岡市での調査と比較すると、札幌市での調査では学歴の構造は高い方向に変化している。

札幌市の創価学会員の職業や学歴は、大学卒業者が若干少ない点を除けば、札幌市全体の傾向と大きくは変わらない。調査の限界から、世帯収入について詳しくは聞けなかったが、経済状況についての主観を尋ねた質問(F15(付録参照))では、「非常に裕福で、経済的に余裕がある」が三・一%、「裕福とはいえないが、経済的には困っていない」が三七・九%、「暮らしていくには困らないが、余裕はあまりない」が三九・〇%、「どうにか暮らすことはできるが、余裕が全くない」が一七・七%、「暮らしていくのに困難な経済状況である」が二・四%であった(総数八〇八名)。類似した項目のある調査として、二〇〇二年度の国民生活基礎調査における全国世帯の生活意識の状況を参照すると、「大変ゆとりがある」と「ややゆとりがある」を合わせて五%、「普通」が四一・二%、「やや苦しい」が三一・二%、「大変苦しい」が二二・二%となっている。安易に比較はできないが、創価学会調査の「余裕はあまりない」「全くない」「困難」を合わせると五九・一%、国民生活基礎調査の「やや苦しい」「大変苦しい」を合わせると五三・四%であり、全体と比べて極端に経済的困難層が多いというわけではなさそうである。

健康状態についての質問(F16)では、「非常に良い」と「良い」を合わせて四四・七%、「ふつう」が四七・

表 4-4　回答者の職業構成

札　幌　市		福　岡　市(鈴木 1970)	
雇用労働者	32.8%	雇用労働者	43.7%
専業主婦	24.3%	業主(雇用有・無)・家族従業者	36.2%
派遣社員・パート・アルバイト	17.3%	臨時的	10.1%
無　職	10.2%	不　明	6.2%
自営業・家族従業者	8.4%	有給役員	3.4%
経営者・役員	3.6%		
%基数(人)	775		268

表 4-5　回答者の職種

職　種	回答者	全国調査	福岡市(鈴木 1970)	
技能・労務・作業	27.1%	29.4%	技能・単純労働	34.7%
販売・サービス	23.3%	22.9%	販売・サービス	38.6%
事務・営業	19.9%	20.5%	事　務	7.1%
専門・技術	18.7%	13.7%	専門的技術的	6.0%
管理的職業	6.9%	6.8%	管　理	4.9%
農林漁業	0.0%	5.0%	その他・不明	9.0%
%基数(人)	347	6,985		268

出所）全国調査の数値は，全国家族調査研究会(日本家族社会学会)「家族についての全国調査(1999)」の調査結果より

表 4-6　回答者の学歴

学　歴	回答者	国勢調査(全国)	国勢調査(札幌市)	福岡市(鈴木 1970)	
小学校・中学校	19.1%	25.0%	16.6%	小卒・新中・高小卒	61.2%
高等学校・旧制中学	44.4%	47.2%	45.7%	新高・旧中卒	29.1%
短大・高専	26.2%	12.5%	15.8%	短大・高専卒	7.5%
4 年制大学以上	10.3%	15.4%	14.5%	大学卒	1.9%
				ナシ・不明	2.2%
%基数(人)	779	95,407,246	1,401,370		268

出所）国勢調査の数字は，2000 年度『国勢調査』より卒業者分のみ

一％であり、「良くない」「非常に良くない」と答えた人は合わせて八・二％であった（総数八一八名）。これについても、類似した調査として二〇〇〇年に札幌市で実施された「札幌市健康づくり基本計画に関する市民意識調査」の結果によると、自分の健康状態を「よい」「まあよい」とした人は合わせて三七・三％、「ふつう」が四二・二％、「あまりよくない」「よくない」とした人が合わせて一九・九％であり、創価学会調査のほうが健康に問題を感じている人が少ない結果となっている[82]。

以上をみると、札幌市の活動的創価学会員については、いわゆる「貧」や「病」の状況にある人びとは多くはない。

回答者の婚姻状況を尋ねると（F17）、六九・五％が既婚で配偶者と同居しており（内縁を含む）、二・三％が別居中、既婚で離婚した人が六・八％、死別が五・三％、未婚が一六・一％であった。家族構成については、単独世帯が六・一％、夫婦のみ世帯が二三・二％、核家族世帯（ひとり親世帯等も含む二世代のみの世帯）が五三・八％、三世代以上の世帯が一四・九％、その他の親族世帯が二％であった（総数七五九名）。二〇〇〇年度の国勢調査では、札幌市の核家族世帯の割合は五九・二％（そのうち夫婦のみ世帯の割合は二〇・二％）、単独世帯は三四・一％、その他の親族世帯は六・二％である。札幌市の活動的創価学会員の世帯は、単独世帯が少なく、三世代以上の家族が多い。

表4-7は、回答者の家族の信仰状況である。回答者の創価学会での活動に反対している親族がいる人は二割程度である。一方で、同居する家族に学会員がいない人も二割程度である。活動的創価学会員の八割は、家族に学会員がいるか、あるいは反対者がいない、活動に際して有利な環境で活動を継続している。

表4-8は、同居・別居家族の学会員と反対者の詳細な内訳である。結婚している人にとって配偶者は信仰を同じくする「同志」である割合が高い一方で、創価学会での活動に反対する者である割合も最も高い。また、回

答者の母親が創価学会員である割合は、自身の娘・息子に次いで高いが、反対者となる割合も高い。ここから家族が宗教集団において活動する際には、配偶者と母親との関わりが大きな影響を持つことが推察される。

鈴木広（一九七〇）が、一九六二年に福岡市で実施した標本数四五〇の面接調査の分析結果では、創価学会員の基本属性について、「男女比は大体三対二で女が多く、世代的には四〇歳代が全体の三割以上を占め、ことに三

表 4-7　家族の信仰状況（人数の割合を％で表示）

人　数	同居家族			別居家族	
	家族員	学会員	反対者	学会員	反対者
0 人	11.0%	22.9%	79.0%	15.7%	74.6%
1 人	23.1%	26.9%	10.8%	29.6%	12.5%
2 人	26.4%	29.4%	5.5%	18.2%	7.5%
3 人	22.1%	14.0%	3.2%	13.5%	3.4%
4 人	11.8%	6.0%	1.0%	11.4%	1.3%
5 人	4.1%	0.7%	0.5%	5.2%	0.4%
6 人	1.0%	0.1%	0.1%	3.5%	0.2%
7 人以上	0.5%			2.8%	
総　数（人）	806	822	822	822	822

注 1）家族員数は回答者本人を除いた人数
注 2）反対者とは創価学会への入会に反対している家族

表 4-8　同居・別居家族の学会員と反対者の内訳の割合

	同居学会員	別居学会員	同居反対者	別居反対者
配偶者	68.1%	11.8%	35.6%	2.9%
父	12.1%	17.6%	9.8%	16.2%
母	18.5%	29.3%	26.4%	21.9%
配偶者父	2.1%	7.8%	9.8%	12.9%
配偶者母	4.6%	15.4%	12.1%	14.3%
祖父母	2.2%	5.9%	3.4%	2.9%
義祖父母			0.6%	1.4%
兄　弟	3.5%	26.8%	14.4%	27.6%
姉　妹	6.3%	31.4%	15.5%	23.8%
配偶者きょうだい	0.5%	19.9%	12.1%	20.5%
息　子	36.9%	20.6%	5.2%	4.8%
娘	38.6%	25.4%	2.3%	1.0%
子どもの配偶者	3.8%	8.6%	0.6%	2.4%
孫	3.5%	8.6%	0.0%	0.0%
その他親族	0.3%	33.3%	11.5%	29.5%
親族以外の同居者	0.6%	—	0.0%	—
総　数（人）	634	694	174	210

注）創価学会に反対する同居家族が「いる」と回答した人は 175 名，1 名は付問に回答なし

〇・四〇代の女が目立つ」とし、青年層が多いとはいえないこと、これらの女性は相対的に未亡人・独身者が多いこと、「学歴別にみると六割以上は九年以下程度であるが、旧中程度が約三割」「階層的帰属は、零細商業・サービス業の業主・従業員と、零細工場・建設業の工員・単純労働者などが、その中心で」「都市型旧中間層の下層部分と、各業種の賃金労働者の下級の部分」からなる階層であることを指摘している。これらの調査票調査の結果と、投票行動の分析による「都市型」との見解と合わせ、創価学会を「都市下層民の宗教」と位置づけた。

しかし、二〇〇二年の札幌市の創価学会員の基本属性をみると、女性が多いという点、青年層が多いとはいえない点については共通しているが、それ以外の構成は福岡市での調査とは大きく変わっている。基本属性において現在の非学会員の構成と大きくは変わらない。

第四節　信者の行動

次に、回答者の宗教活動の状況について概観する。なお、一世信者と二世信者の活動状況の違いについては、第五章の後半で検討する。

まず、回答者の役職については表4-9、教学資格については表4-10に示した。役職は支部レベルまでの担当者が七五％以上を占める。教学資格については、青年二級・教授補まで持っている人が半数を占めて一番多くなっており、活動者の多くが教学に積極的に取り組んでいる。教学の頻度を尋ねた質問(問15)への回答では、毎日行うと答えた人が一八・一％を占め、一週間に一度行うとした人は二六・三％であった。しかし、御書講義の際や教学試験のときのみに取り組むと回答した人が三二・五％で割合としては最も大きく、恒常的に教学に取り組む人とイベント的に取り組む人の二極に分かれているようだ(総数七九五名)。

回答者の勤行・唱題の取り組みをみると(表4-11、表4-12)、八割の人が毎日取り組んでおり、唱題時間は三〇分から一時間程度のものが六割近くを占めている。全体として非常に熱心に取り組んでいる。表は割愛したが、性別でクロス集計してみると、勤行・唱題頻度、唱題時間ともに女性のほうが多く実践していた(χ^2検定では、五%水準で有意)。

表4-13は回答者の学会活動の頻度を尋ねた質問への回答結果である。ほぼ毎日のように活動している者が三割程度いる一方で、月に数日しか活動しない人も一割を占める。活動的信者であってもその活動頻度には幅がある。大半は、週に一日から四日、一日二~三時間を学会活動に費やしている。熱心な活動者であれば、自分の自由時間の大半を創価学会での活動に充てているとみられる。表は割愛したが、活動頻度について性別でクロス表分析を行うと、男性よりも女性のほうが多く活動している(χ^2検定では、五%水準で有意)。このほか、四三・

表4-9　回答者の役職

役職なし	6.3%
ブロック	19.3%
地　区	33.3%
支　部	23.1%
本　部	10.0%
区・圏	6.4%
県	0.9%
方　面	0.8%
総　数(人)	799

表4-10　回答者の教学資格

非教学部員	5.5%
助師・講師	15.1%
青年3級・助教授・助教授補	9.5%
青年2級・教授補	48.9%
青年1級・教授	21.0%
総　数(人)	781

表4-11　回答者の勤行・唱題の頻度

毎　日	79.9%
週に数日	11.6%
毎日題目三唱だけ	4.2%
1カ月に数回	1.4%
1年に数回	1.4%
ほとんどしない	1.5%
総　数(人)	807

表4-12　回答者の唱題時間

2時間以上	5.5%
2時間程度	6.3%
1時間程度	30.6%
30分程度	27.3%
15分程度	17.7%
5分程度	8.6%
ほとんどしない	4.1%
総　数(人)	807

表 4-13　回答者の学会活動の頻度

		1カ月の活動日数		1日の活動時間	
ほぼ毎日	30.4%	3日以内	11.3%	1時間以内	13.2%
週に 3〜4 日	29.9%	4〜7 日	15.5%	2時間程度	49.8%
週に 1〜2 日	24.4%	8〜14 日	20.8%	3時間程度	20.5%
月に 1〜3 日	12.6%	15〜21 日	32.9%	4時間程度	6.9%
年に数回	2.2%	22 日以上	19.5%	5時間以上	9.6%
活動していない	0.5%				
総　数(人)	812	総　数(人)	711	総　数(人)	665

五%(総数八一一名)に『聖教新聞』の配達員の経験があった(問24)。女性(四八七名)の六一・六%が配達経験者だが、男性(三二〇名)は一五・九%しか経験していない。

回答者の八六・一%が折伏をしたことがあると答えている(問17、総数八一二名)。折伏経験のある人に、折伏した相手を創価学会への入会まで導けた人数を尋ねたところ(付問17)、ゼロ名が一五・一%、一～三名が五〇・一%、四～九名が二二・五%、一〇名以上が一二・四%であった(総数七〇三名)。活動的創価学会員は布教活動を行っているが、成果をあげられない場合も少なくないと思われる。折伏経験については、性別による有意差はみられない。

創価学会への寄付(「財務」)は、九二・八%が毎年行っている(問21、総数八一六名)。また、公明党を支持する者は九九・三%を占める(問26、総数八一五名)。ほぼ全員が公明党支持を表明しており、非常に高い支持率となっている。回答者のうち、公明党員の経験がある人は六割を占める(問25、総数八一二名)。活動的学会員であることは公明党支持者であることとほぼ一致している。

創価学会の信心や活動から離れた経験のある人は三五・八%である(問20、総数七九〇名)。離れた理由(付問20-1)としては、仕事などでの多忙を挙げる人が三割を占める。遊びを優先した人も一割おり、合わせれば四割が創価学会活動以外の活動を優先したため離れたと考えられる。教団内にトラブルを抱えたり、活動に意味を見出せなくなるなどして活動を離れた人も三割程度いる。表は割愛するが、活動から離れた経験がある人は、男性のほうが女性よりも多く、一世信者に比べて二世信者に多い(χ^2検定では、五%水準で有意)。

福岡市での調査（鈴木 一九七〇）では、最小の地域単位である組長・組担当者以上の役員、文化部等専門別組織の成員が会員全体の三四・三％であることを示した上で、役員と無役会員との宗教的行動を比較している。その結果、役員以外の無役者は座談会への出席や学会関連の書籍の読書、登山回数、公明政治連盟の認知度の点でいずれも明白に創価学会への同調度が低い結果を示している。しかし、札幌市での調査では、役職のない会員はわずか六・三％であった。札幌市での調査は活動的信者のみを対象にしたというバイアスはあるが、この点のほかに役職の付与の仕方が一九六〇年代当時と異なっていることが推測される。

第五節　信者の信仰動機

回答者の入信動機（問9）について一番多いのは、男女とも「親が創価学会員だった」であり、男性（三一四名）の三五・四％、女性（四八三名）の三九・八％が選んでいる。次に多いのは男女とも「悩み・問題（病気、経済、人間関係）があった」でともに二〇％程度である。三番目は男性が「人生に哲学・目標がほしかった」で一〇・五％、女性は「配偶者が創価学会員だった」で一〇・一％となっている。また、二世信者（三〇四名）の八六・九％、一世信者（四九〇名）の八・六％が「親が創価学会員だった」を選んでいる。一世信者で最も多いのは「悩み・問題があった」で三一・二％である。一世信者では「配偶者が創価学会員だった」が一五・三％で二番目に多く、「人生に哲学・目標がほしかった」一一・四％、「熱心な折伏を受けて断りきれなかった」一〇・四％が続いている。

「悩み・問題」の内訳（付問9）については、「自分の病気・怪我」が四分の一を占め、経済的困難が二割を占める。家族の病気は合わせて一五％程度となっている（総数一八三名）。男女の違いでは、「仕事上の問題」を挙げる人が男性（六九名）では一七％なのに対して、女性（一一二名）は三・六％である点が大きく異なっている。また、「自分の問題行動」を挙げる男性は一〇・一％なのに対し、女性は五・四％である。また、「配偶者の問題行動」を挙げる人は男性で四・三％なのに対し、女性は八・九％であった。一世信者と二世信者では、「自分の病気・怪我」を挙げたのは一世信者（一五九名）の二三・九％、二世信者（一八名）の四四・四％であり、「悩み・問題」のある二世信者は自分の病気を入会動機に挙げる割合が高かった。

入会後に変化を感じたかどうかを尋ねる設問（問10）については、肯定的な効果を回答する人が圧倒的に多かった。最も重要に感じられた変化として否定的な回答を寄せたのは、五七一名中九名のみである。入会後の変化について個別の選択肢についても一つずつ当てはまるかどうか尋ねた結果、最も回答が多かったのは、「他人を思いやれるようになった」七一・三％（総数八二二名）であり、「人生に目標ができ、生活に張りが出た」六九・一％が続いている。否定的な評価では「束縛が増えて自分の時間がなくなった」四・七％が最も多い(83)。

創価学会に入信した後にすぐ熱心に活動する人ばかりではない。創価学会員になっても全く活動しない人も少なくない。特に二世信者は、活動的でない期間を経ている例も多い。また、たまに座談会に出るなど最低限の活動しかしていないという人も多くいる。創価学会では、特にきっかけを得て信仰に目覚め、学会活動に熱心になることを「発心《ほっしん》」という。発心は、創価学会員が信仰活動に活発となる契機であるため、組織的にも、あまり活動に熱心でない創価学会員の発心を促進することは重要な課題である。

発心経験の有無（問11）については、全体（七八二名）のうち九〇・七％があると答えている。男女および一世／二世では差がなく、活動的会員はほぼ発心経験者である。発心したときの部署（付問11-2）について尋ねたところ、三二・七％が婦人部、二四・八％が男子部、一八・九％が女子部、八・九％が壮年部となっていて（総数六八九名)、女性は婦人部になってからのほうが発心する可能性が高いが、男性の場合は青年部時代に発心している例が多い[84]。発心動機(付問11-4)については、「悩み・問題(病気、経済、人間関係など)ができた」が四四%(総数六七二名)で最も多く、「池田名誉会長の人柄・思想・行動・書物などに惹かれた」が一五・六%でそれに続いている。「悩み・問題」の内訳については、入会動機の場合とほぼ同様である。

発心後に感じた変化(付問11-5)では、最も重要な変化については全回答者四四八名のうち「人生に目標ができ、生活に張りが出た」二七・二%、「抱えていた悩み・問題が解決した」二二・三%、「他人を思いやれるようになった」一八・一%となっている。またそれぞれの変化に個別に当てはまるかどうか尋ねた結果は、「人生に目標ができ、生活に張りが出た」五六・一%、「他人を思いやれるようになった」五六・〇%、「抱えていた悩み・問題が解決した」四九・五%、「信頼できる同志ができ、安心感を得た」四六・八%、「知識・教養を得て、視野が広くなった」三九・七%となっている(総数八二二名)。否定的な評価では、「束縛が増えて自分の時間がなくなった」一・七%が最も多い[85]。

悩みを動機とした入信や発心が多いことが明らかになったが、もしそのような現世利益的な理由で入信したのち、悩みが解決してしまったら創価学会活動を続ける意義がなくなる可能性もある。この点について、創価学会活動を続けている最も重要な理由(問22)について尋ねた結果を世代別に示した(表4-14)。

一世信者、二世信者ともに最も多かったのは、「世界を平和にし、より多くの人を幸せにするため」であった。これは布教や創価学会組織の発展を願う教理的理由なので、これらと合わせれば、一世信者では六一・二%、二世信者では五五・四%と半数以上の人が創価学会組織の発展を最も重要な活動理由としている。次に多いのは、「自分の悩み・問題(病気、経済など)を解決したい」である。二世信者では一九・五%、一世信者では一四・〇%がこれに当たる。次いで「池田名誉会長の思想・行動などを学ぶため」であり、一世信者、二世信者ともに

表 4-14　世代別にみた活動をしている最も重要な理由

	一世信者	二世信者	合　計
世界を平和にし，より多くの人を幸せにするため	34.5%	33.1%	33.9%
創価学会の信仰をたくさんの人に伝えるため	24.9%	19.5%	22.8%
自分の悩み・問題(病気，経済など)を解決したい	14.0%	19.5%	16.2%
池田名誉会長の思想・行動などを学ぶため	13.0%	11.2%	12.2%
人生に哲学・目標を持つため	7.8%	8.8%	8.2%
創価学会の組織を守り，よりいっそう発展させるため	1.8%	2.8%	2.2%
創価学会会合参加，創価学会員との交流を持つ	0.5%	1.2%	0.8%
日蓮の教え(御書など)を学ぶため	0.8%	1.2%	0.9%
家族が創価学会員であるため	0.5%	1.2%	0.8%
知人の多くが創価学会員であるため	0.5%	0.0%	0.3%
特に理由はない	0.3%	0.4%	0.3%
その他	1.6%	1.2%	1.4%
総　数(人)	386	251	637

一〇%以上を占める。

それぞれの理由について当てはまるか否かを尋ねた結果、当てはまる率について世代間で有意差がみられたのは、「自分の悩み・問題(病気、経済など)を解決したい」に一世信者五三・八%、二世信者六九・八%、「人生に哲学・目標を持つため」に一世信者五九・二%、二世信者六七・九%が「当てはまる」と回答しており、いずれも二世信者のほうが多い傾向があった。なお、当てはまるという回答が多かった選択肢は順に、「世界を平和にし、より多くの人を幸せにするため」七五・四%、「創価学会の信仰をたくさんの人に伝えるため」七四・九%、「池田名誉会長の思想・行動などを学ぶため」七二・三%、「人生に哲学・目標を持つため」六一・七%、「日蓮の教え(御書など)を学ぶため」六〇・七%、「自分の悩み・問題(病気、経済など)を解決したい」五八・九%、「創価学会の組織を守り、よりいっそう発展させるため」四九・四%、「創価学会会合参加、創価学会員との交流を持つ」三八・八%となっている。「家族が創価学会員であるため」に当てはまると答えているのは一三・六%であった(総数八二二名)。

活動理由に関する回答結果からは、全体的に創価学会の教理やその存在意義を肯定的に受け止め、積極的に活動する動機としている信者が多いことがうかがえる。

一方で、活動的会員でも全体（七八七名）の三五％（二七六名）が創価学会に「不満がある」と答えている（問31）。男女、一世／二世のクロス表分析では有意差はない。不満の理由を尋ねたところ（付問31）、「幹部の中で人間性に問題のある人がいる」が二一・三％（五九名）で最も多く、次いで「時間的に負担を感じる」が一四・二％（三九名）、「組織中心主義的な傾向が強い」が七・三％（二一名）、「新聞啓蒙活動に問題を感じる」五・七％（一六名）、「公明党関係の活動（選挙活動など）に問題を感じる」が四・四％（一二名）となっている。創価学会員の組織内での人間関係が最も大きい不満の源泉となっている一方で、数は少ないものの、組織活動自体のあり方に疑問を持っている人も一定数いる。

入会動機、発心動機をみてみると、全体として三割から四割が「悩み・問題」を動機に入会・発心しているが、強い「悩み・問題」がなくとも人生の目標を得ることを目的とする例や配偶者や親などの家族が創価学会員であることを理由に入信している場合も少なくない。「悩み・問題」の内容は男女とも「病気」が最も多く、「経済的困難」がそれに続くが、「仕事」を悩みにする人は男性のほうに偏りがあった。活動を継続している理由としては、創価学会組織の発展が重要視されていた。

第六節　まとめ

本章では、北海道の創価学会の歴史と札幌市での調査票調査の概要について解説した。北海道は、創価学会の中でも歴史的に重要な位置を占めてきた土地の一つである。二世代目以降の信者育成という点でも、日本国内で唯一の創価幼稚園が置かれており、拠点の一つとみなされているといえよう。この点で、創価学会における信仰継承というテーマについて信仰継承の拠点の一つである札幌市の創価学会を調査することには一定の意義があろう。

また、第五章以降の分析の理解を促すために、札幌市の活動的創価学会員の調査票調査から抜粋してその属性・行動・意識の観点から概要を示した。札幌市の活動的創価学会員の組織構成は、二〇、三〇歳代がやや少なく、女性がやや多い。また、これらの活動的会員の社会的状況については、創価学会外の社会状況と大きな違いはみられなかった。

創価学会を民衆宗教として捉えた中野毅は、各種の全国規模の統計データを利用して、創価学会員の社会階層について検討している(中野二〇一〇)。鈴木(一九七〇)など一九六〇年代の調査から、創価学会員や公明党の支持者の大半が「都市下層民」であったことを確認し、その担い手から「民衆宗教」として位置づけた上で、それ以降に行われた調査データから見える創価学会員像を割り出している。地域分布としては、東京関東、大阪近畿、福岡九州が圧倒的に多く、居住地区は中・大都市に集中しており、女性が六割以上を占め、現在はやや老齢化していること、学歴については大卒者も増加しているが創価学会全体としては大卒者は少数であること、職業については上場企業や官庁、教育機関等への就職が増加しているが、多数派は無職主婦であることを概要としてまとめている。全体としてやや上昇した傾向がみられるが、「圧倒的大多数の会員が、いまだ下層から中間層の下あたりに集中している」という結論となっている(中野二〇一〇：一二〇)。

この点について、中野は、圧倒的多数が主婦を含む無職であるということを根拠にしているのであるが、会員の六割を女性が占め、高齢化している中で、それらの女性のうちの多くが、性別役割分業の意識と制度が根強い日本において専業主婦となっている可能性は高く、単純に社会階層を測ることは難しいと思われる。参照された各調査の総数も、『聖教新聞』の体験談をデータとした谷（一九九四）の一九七四年の四六九例を除けば、一九六二年の鈴木による調査データ二六八名が最も多く、せいぜい一〇〇名程度が最大規模である。本書の札幌市での調査のデータも十分なものとはいえないが、これらのデータから創価学会員の社会階層を「下層」にあると推定するというのは困難なようにも思われる。

興味深い指摘は、近年の選挙で公明党支持層が公明党離れを起こしているという指摘である。公明党・自民党政権と共同歩調をとることが創価学会における宗教的理念と乖離する面があり、「支援理由を非会員や一般世間に通じる内容で明瞭に示すことが困難になり、組織的運動が空転し、ひいては支援のため宗教的情熱をも奪う結果になったと言えないだろうか」と述べている（中野二〇一〇：一三二）。二〇〇二年時点での札幌市での調査では、実に九九％以上の活動的信者が公明党支持を表明していたが、一〇年近くを経た現時点で調査した場合、これとは異なった結果が出る可能性もある。今後の調査がまたれる。

次章以降では、札幌市の活動的創価学会員を対象に行った調査を中心として、創価学会における世代間信仰継承の内実を明らかにしていきたい。まず、第五章では、世代間信仰継承が起こる要因と一世信者から二世信者への世代交代が組織に与える効果について、調査票調査の分析から明らかにする。第六章では、面接による聞き取り調査から得られた資料をもとにして、世代間信仰継承をいくつかのパターンに分けて提示する。第七章では、教団組織から第二世代へ働きかける場としての未来部組織の活動実態について明らかにする。

第五章　世代間信仰継承の要因と世代交代の効果

第一節　世代間信仰継承の要因

本章では、札幌市での調査票調査のデータを用いて、信仰継承の要因と世代交代の効果について分析する。本節の信仰継承の要因に関する分析では、信仰継承をした二世信者の中でも信仰が活発な人を信仰継承をする可能性が高かった人とみなし、その要因を検証する。

筆者はこれまで本調査票調査のデータを用いて、信仰継承の要件をテーマとした二つの論文を発表している（猪瀬 二〇〇四、Inose 2005）。これらの論文における各変数の詳細については、表5-5を参照していただきたい。

前者の論文では「現在の信仰態度」が活発な人と、活動から離れた経験がない人を信仰継承をしやすい人と仮定し、これらの従属変数に影響を与える要因を探る分析を行った。具体的には、「現在の信仰態度」を従属変数として重回帰分析を行い、「活動離脱経験（離れた場合1、離れなかった場合0）」を従属変数としてロジスティック回帰分析を用いて、本人の教育年数、中学生時の父親と母親の信仰態度と教化態度および本人の信仰態度と当時の家族関係の良好度、未来部の参加組織数（参加の継続性と活発性を測るもの）、年齢、性別を独立変数として分析を行った（表5-1～表5-3）。その結果、第一に、男性にとっては父親の信仰態度、女性にとっては母親の信仰態度が強いほど現在の信仰態度が高いこと、第二に、親の教化態度が強いほど、現在の信仰態度が弱まること、第三に、影響関係には性別の特性がみられること、第四に、子ども時代の本人の活動程度が強いほど活動から離れる可能性が低くなることが明らかになった。このほか、信仰が同じ者同士の結婚が子どもの信仰態度を高め、中学生当時の家族関係の良好度が女性の活動離脱を抑止させること、男性の場合、きょうだい数が多いほど活動離脱の可能性が高まることが明らかになった。

　後者の論文では、前者の論文の結果から、子ども時代の信仰態度の高い人が現在の信仰態度も高くなる傾向があることを受け、子ども時代の信仰態度に影響を与える要因の解明を目的とした分析を行った。具体的には、「中学生時の信仰態度」を従属変数とする重回帰分析を中学生時の母親の信仰態度、父親の信仰態度および家族関係良好度、未来部参加組織数、年齢、性別を独立変数として行った（表5-4）。

　この結果、中学生時の信仰態度には母親の信仰態度の強さが影響していることが明らかになった。また、男女別での重回帰分析では、両親の信仰態度が影響するのは男性のみであり、特に父親の影響が大きいこと、家族関係の良好度が中学生時の信仰態度に影響を及ぼしているのは女性のみであることが明らかとなった。

表5-1　「現在の信仰態度」に関する重回帰分析の結果(1)

	全体		男性		女性	
	B	β	B	β	B	β
年齢	.18**	.40	.18**	.37	.10**	.24
本人教育年数	.38*	.14	.65*	.26		
父親信仰態度	.17*	.15	.27*	.21		
母親教化態度	−.42**	−.22				
母親信仰態度	.43**	.27				
未来部参加組織数	.51*	.15				
中学生時の本人信仰態度					.17**	.25
定数	5.24†		3.21		15.33**	
R^2	.23		.23		.14	
Adjusted R^2	.20		.20		.13	

**p＜.01，*p＜.05，†p＜.10

表5-2 「現在の信仰態度」に関する重回帰分析の結果(2)

	全体		男性		女性	
	B	β	B	β	B	β
母親教化態度	−.40**	−.22			−.52**	−.32
母親信仰態度	.49**	.31			.71**	.49
父親信仰態度	.18*	.15				
会員配偶者の有無	2.09**	.22	3.16**	.31		
本人教育年数			.69*	.27		
子どもの有無					1.84**	.21
定　数	16.64**		10.86**		16.77**	
R^2	.13		.14		.17	
Adjusted R^2	.12		.12		.15	

**p<.01, *p<.05

表5-3 「活動離脱経験」に関するロジスティック回帰分析

	全体		男性		女性	
	Model 1	Model 2	Model 1	Model 2	Model 1	Model 2
母親教化態度	.09 (1.10)	.08 (1.08)	.17 (1.19)	.19 (1.21)	.01 (1.01)	−.02 (.98)
父親教化態度	−.07 (.93)	−.07 (.93)	−.03 (.97)	−.05 (.95)	−.14 (.87)	−.15 (.86)
母親信仰態度	−.06 (.94)	−.06 (.94)	.03 (1.03)	−.15 (.86)	.06 (1.06)	.06 (1.06)
父親信仰態度	.01 (1.01)	.02 (1.02)	−.13 (.88)	.06 (1.06)	−.03 (.97)	−.01 (.99)
未来部参加組織数	.05 (1.05)	.07 (1.08)	.06 (.98)	.14 (1.15)	−.03 (.97)	−.02 (.98)
本人教育年数	−.10 (.90)	−.08 (.92)	−.13 (.87)	−.10 (.91)	−.13 (.88)	−.12 (.89)
家族関係良好度	−.11 (.89)	−.10 (.90)	−.02 (.98)	.06 (1.06)	−.22† (.80)	−.20 (.82)
年　齢	.01 (1.01)	.01 (1.01)	.04 (1.04)	.02 (1.02)	−.01 (.99)	−.01 (.99)
中学時の信仰態度	−.13** (.88)	−.13** (.87)	−.13* (.88)	−.12* (.88)	−.13** (.87)	−.14** (.87)
きょうだい数	—	.09 (1.09)	—	.45* (1.56)	—	.02 (1.02)
定　数	4.40** (81.45)	4.1** (60.64)	3.01 (20.32)	1.36 (3.91)	6.40** (604.6)	6.28** (534.7)
N	232	229	87	87	144	141
χ^2	41.19**	41.33**	13.37	19.37*	34.93**	33.79**

**p<.01, *p<.05, †p<.10

表5-4 「中学生時の信仰態度」に関する重回帰分析の結果

	全 体	男 性	女 性
	β	β	β
母親の信仰態度	.287**	.374**	.244**
父親の信仰態度	.102	.230*	.068
家族関係良好度	.092	−.095	.178*
未来部参加組織数	.215***	.210*	.191*
年 齢	.369**	.379**	.361**
性 別(M=1, F=0)	−.149**	—	—
(定 数)	−2.838	−4.979	−2.116
Adjusted R^2	.291**	.364**	.216**
N	208	75	132

***p<.001, **p<.01, *p<.05

これらの分析は、直接的にはそれぞれ「現在の信仰態度」と「中学生時の信仰態度」あるいは「活動離脱経験の有無」に対する、中学生時の両親の信仰態度や家族関係良好度の影響を測っている。信仰継承の可能性の高さを直接的に推測しているものではなく、それぞれ信仰態度が高ければ、活動から離れた経験がなければ、信仰継承の可能性が高いと仮定した分析であった。ここでは、「信仰継承のしやすさ」という潜在的な変数が想定されている。重回帰分析やロジスティック回帰分析では、このような潜在変数を分析のモデルに含めることができない。また、どのような経路でこれらの変数が影響を持っているのかも明らかにはできない。

そこで、本節では潜在変数と変数間の関係をモデルに含めることのできる共分散構造分析(構造方程式モデリング)を用いて、「信仰継承のしやすさ」に及ぼす影響の経路を分析する。「信仰継承のしやすさ」の高い人の背景的要因を明らかにすることを目的とした分析モデルを作成する。まずは、そのために利用する操作的変数から説明しよう。

変数の設定

信仰継承を促進させる要因として分析の際に考慮すべき焦点として、「家族ライフサイクルの段階」「親の影響」「教団の影響」「本人の信仰活動の程度」「本人の社会的地位」「本人の家族の宗教状況」「宗教から得られた効果」といった要素が導き出されている（第一章参照）。そこで、分析において使用する変数を以下のように設定した。

第一に、「家族的状況」に関わる観測変数として、「年齢」「性別」「未婚・既婚の別」「子どもの有無」を用いる。性別については、男性を1、女性を0、既婚・未婚の別については既婚を1、未婚を0としたダミー変数とした。

第二に、親の影響に関わる観測変数として、中学生時の父母の信仰活動と教化程度について尋ねた設問ＧＱ７（付録参照）を用いる。[86] ＧＱ７のＡからＤ（母親の会合参加度や勤行・唱題の頻度を尋ねた設問）を「母親の信仰態度」、ＥからＧ（母親から会合への参加や勤行・唱題などをするように言われた頻度を尋ねた設問）を「母親の教化態度」、ＨからＫ（上記Ａ～Ｄの父親版）を「父親の信仰態度」、ＬからＮ（上記Ｅ～Ｇの父親版）を「父親の教化態度」として、それぞれこれらの観測変数から推定される潜在変数とする。また、当時の「家族関係良好度」に、観測変数として設問ＧＱ８のＡ「家庭は大変温かい雰囲気だった」とＩ「父親と母親は仲が良かった」を利用する。「母親のモデル効果」と「父親のモデル効果」については、設問ＧＱ８のＪ（母のようになりたい）とＬ（母は良き理解者）を母親、ＭとＯ（ＪとＬの父親版）を父親に利用する。

第三に、教団の影響に関わる観測変数として、未来部時代の活動に関する設問であるＧＱ６（参加したことのある未来部組織すべてにマルをつけるもの）を用いる。これらの観測変数は各未来部組織の参加の有無を尋ねるものである。

第四に、「信仰継承のしやすさ」に影響する本人に由来する要因である「中学生時の信仰態度」については、この点を尋ねた設問ＧＱ９のＡからＧ（中学時代の会合参加や勤行・唱題への取り組みについて尋ねた設問）の観測変数を利用する。[87]

また、本節の分析で検討の対象である「信仰継承のしやすさ」に関しては、信仰継承の可能性の高かった人は、「現在の信仰態度」も活発であると仮定する。この観測変数としては、問12の「勤行・唱題の頻度」、問14の「会合参加頻度」、問15の「教学取り組み頻度」、問17の「折伏経験の有無」を使用する。(88)

第五に、「本人の社会的地位」については、学歴を尋ねた設問F4から再計算して作成した観測変数である「本人の教育年数」を利用する。(89)

第六に、「本人の家族の宗教的環境」としては、同居家族と非同居親族の創価学会員数を尋ねた設問F8とF9から集計した観測変数「家族会員数」と、同居家族と非同居親族の創価学会への反対者数を尋ねた設問、問18と問19から集計した観測変数「学会反対親族数」を利用する。なお、二世信者は一世信者よりも家族・親族にいる学会員人数が多く、創価学会活動に反対した家族・親族人数が少ない傾向がある(表5-6参照)。

最後に、宗教的選択が本人と周囲に対してもたらす効果であるが、入信して起きた変化を尋ねた設問である問10の選択肢1から9までの選択した個数を集計したものを「肯定的効果」、10から16までの選択した個数を集計したものを「否定的効果」として作成した観測変数を用いる。

また、創価学会的なジェンダー意識の内面化の程度の「信仰継承のしやすさ」への影響力をみる潜在変数「創価学会ジェンダー意識」として、問29のB、D、E、F、J、K(創価学会でよくきかれる男女観への賛同を尋ねたもの)を利用する。

次に、本節で用いるデータの制限について説明する。本節では、二世信者の「信仰継承のしやすさ」について分析を行うことが目的であるため、回答者のうち一五歳以下で入会した二世信者三〇七名のみのデータを使用する。中学生時代は、部活動や受験勉強などを通して自分自身で意思決定をして行動する局面が多くなり、本人の自立性や自発性が発達する時期に当たる。この点は信仰活動にも影響し、創価学会幹部は「中学生時代に活動か

表5-5　変　数　表

変数名	元の問い	加工方法
現在の信仰態度	問2，問3， 問12〜15， 問23	4件法〜11件法，6項目を加算。高いほど熱心。 Cronbach's α=.75，最小値=6，最大値=35， 平均=22.37，標準偏差=4.57 男性平均=21.69，女性平均=22.47　(p<.10)
中学生時の信仰態度	GQ9のA〜H	4件法，8項目を加算。高いほど熱心。 Cronbach's α=.91，最小値=8，最大値=32， 平均=20.4，標準偏差=6.4 男性平均=18.9，女性平均=21.2　(p<.01)
母親の信仰態度	GQ7のA〜G	4件法，7項目を加算。高いほど熱心。 Cronbach's α=.90，最小値=7，最大値=28， 平均=22.1，標準偏差=5.0
父親の信仰態度	GQ7のH〜N	4件法，7項目を加算。高いほど熱心。 Cronbach's α=.94，最小値=7，最大値=28， 平均=16.7，標準偏差=6.7
家族関係良好度	GQ8のA，I	4件法，2項目を加算。高いほど親密。 Cronbach's α=.86，最小値=2，最大値=8， 平均=5.6，標準偏差=1.7
未来部参加組織数	GQ6	参加したことのある組織数を加算。 最大値=8，平均=2.7，標準偏差=1.2 男性平均=2.51，女性平均=2.81　(p<.10)
入会後のプラス経験	問10	入会により得たプラスの経験数を加算。 最大値=9，平均=4.86，標準偏差=2.7 男性平均=2.57，女性平均=2.75　(p<.05)
性　別	F1	Male=1，Femail=0

注）男女の平均値に有意な差があったもののみ各平均値を表示

表5-6　一世信者・二世信者の家族会員数と学会反対親族数のt検定

	一世信者		二世信者		t値	自由度
	平均値	標準偏差	平均値	標準偏差		
家族会員数	3.36人	2.05人	4.22人	1.86人	4.054*	809
学会反対親族数	1.02人	1.65人	0.58人	1.27人	−5.981*	809

*p<.05

表5-7　15歳以下入信の二世信者の属性

性別		年齢		学歴		発心年齢	
男性	36.0%	20歳代	24.4%	中学	5.1%	10歳未満	11.4%
女性	64.0%	30歳代	25.4%	高校	45.2%	10歳代	38.0%
		40歳代	26.7%	専門学校	13.4%	20歳代	37.3%
		50歳代	23.1%	短大・高専	20.2%	30歳代	10.0%
		60歳代	0.3%	大学	16.1%	40歳代	3.0%
						50歳代	0.4%
総数(人)	303		303		292		271

発心の有無		入会年齢		婚姻状況	
有	92.0%	0歳児	38.4%	未婚	28.8%
無	8.0%	10歳以下	43.0%	既婚	71.2%
		10歳以上	18.7%		
総数(人)	299		305		295

ら離れ始める二世信者は多い」と述べている。そのため、この年齢以降に入会した信者は親の入会をきっかけとしていたとしても、子どものころに宗教的影響を受けて育った二世信者というよりも自ら信仰を選択した一世信者に近い存在と考えられる。また、親の教化態度の影響よりも本人が成人になる過程で宗教的活動に参加したことの影響のほうが宗教転換を抑制するという先行研究(Loveland 2003)の知見からも、便宜的に中学生時代を自我確立の重要な過程として設定する。[90]

一五歳以下で入会した二世信者三〇七名の属性については、表5-7のとおりである。

女性のほうが多く、平均年齢は三九・一歳で比較的若い年齢の人が多い。回答者の学歴は全国比率と比べて大きな差はない。表には載せていないが有配偶女性の専業主婦率が高い(五五・五%)ほかは、就業形態等に目立った特徴はみられない。一〇歳以下での入会が八割以上を占めており、創価学会の中で子ども時代を過ごした人が多い。発心は九割が経験しており、信仰継承をする際には二世信者でも積極的に創価学会の信仰活動を自分に必要なものとして受け入れる契機が必要不可欠であることを意味している。発心経験がある人のうち発心した年齢については、若い世代のうちに発心した人が大半を占める。役職については支部役職までで回答者の七〇%に達する。

信仰継承率

「信仰継承のしやすさ」を分析する前に、調査票調査から得られた活動的創価学会員家族における信仰継承率について確認する（表5-8）。全回答者八二二名のうち、子どもがいると答えた人は六〇二名（有効票の七四・六％）であった。子どもがいると回答した人に対しては、子どもの全人数と一八歳以上の子どもの人数、一八歳以上の子どものうち創価学会員として活動を行っている人の人数をそれぞれ尋ねた[91]。

この設問を利用して一八歳以上の子どもの学会員数の総計を一八歳以上の子どもの人数の総計で割って信仰継承率を求めた。一八歳以上の子どもの人数の総計は八六五名、この中で創価学会員として活動している子どもの人数の総計は五七〇名であった。したがって、一八歳以上の子どもの人数から割り出される回答者家族の信仰継承率は、六五・九％である。

表5-8　信仰継承率

18歳以上の子ども数	865人
18歳以上の子どもの学会員数	570人
信仰継承率	65.9%
きょうだい数	1,200人
きょうだい学会員数	834人
信仰継承率	69.5%

また、二世信者に対してきょうだいの人数と、そのうちで創価学会員として活動している人数について尋ねた。以上と同様にして二世信者家族における信仰継承率を割り出すことができる。二世信者のきょうだいの人数の総計は一二〇〇名、きょうだい学会員数の総計は八三四名であった。したがって、二世信者家族における信仰継承率は六九・五％である。

調査票調査の回答から得られた信仰継承率はいずれもおよそ七割近い。この結果については、「実感よりも高いが、親があまり熱心に活動していない家庭も含めての実感なので、活動者だけだとこのくらいになるのかもしれない」（北海道の創価学会幹部）という。この結果を即座に一般化することはできないが、少なくとも札幌市の活動的創価学会員

家族においては六割以上の比較的高い信仰継承率が見込まれるといえそうである。(92)

分析モデル

「信仰継承のしやすさ」に影響を与える要因を探るモデルを作成する。分析した結果を示した図5-1では有意でないパスについては記載を省略しているが、ここでは、それぞれの変数間の基本的な関係性について述べる。

前述のとおり、本節の分析では信仰継承の可能性の高かった人は、「現在の信仰態度」が活発であると仮定し、「信仰継承のしやすさ」を推測している。

「母親の信仰態度」「母親の教化態度」は「母親のモデル効果」に影響し、「父親の信仰態度」「父親の教化態度」は「父親のモデル効果」に影響する。

父母の「信仰態度」「教化態度」「モデル効果」はそれぞれ、「家族関係良好度」「中学生時の信仰態度」「未来部参加組織数」「家族学会員数」「学会反対親族数」「肯定的効果」「否定的効果」「創価学会ジェンダー意識」「信仰継承のしやすさ(現在の信仰態度)」に影響を与えると考えられる。「母親のモデル効果」「父親のモデル効果」「家族関係良好度」は、「中学生時の信仰態度」「未来部参加組織数」「肯定的効果」「否定的効果」「創価学会ジェンダー意識」「信仰継承のしやすさ(現在の信仰態度)」に影響を与えると考える。

「未来部参加組織数」「家族学会員数」「学会反対親族数」「肯定的効果」「否定的効果」は「創価学会ジェンダー意識」「信仰継承のしやすさ(現在の信仰態度)」に影響を与える。また、「家族学会員数」は「肯定的効果」に影響を与え、「学会反対親族数」は「否定的効果」に影響を与えると考える。

基本的な枠組みとしては、父母の信仰態度や教化態度から親を信仰のモデルと捉える見方が形成され、それが中学生時の信仰態度や未来部組織への参加の程度、周囲の家族・親族の学会への対応などに影響し、それらを媒介として、創価学会内のジェンダー意識が内面化されるときに、信仰継承のしやすさが高まると想定している。また、これらの教団活動への接触から「肯定的効果」が得られれば信仰継承の可能性は高まり、「否定的効果」が得られれば信仰継承の可能性は低くなるとみたモデルである。

最後に、家族ライフサイクルの段階に関わる「年齢」「性別」「未婚・既婚の別」「子どもの有無」や本人の社会的地位である「教育年数」は、「信仰継承のしやすさ（現在の信仰態度）」に影響するとともに、その前提となる教団の価値観、「創価学会ジェンダー意識」の内面化にも影響するとみなした。

分析結果

モデル1（図5-1）の分析では、分析で使用する変数に欠損値のない一九九名のデータを用いた。[93] 図5-1では、一〇%水準で有意であったパスと推定値の標準化係数のみを表示しているほか、「信仰継承のしやすさ（現在の信仰態度）」以外の潜在変数から観測変数へのパスを省略している。[94] なお、五%水準で有意だったパスについては星印をつけている。

モデルの適合度指標は、GFI＝〇・七三四、AGFI＝〇・六八三、CFI＝〇・八三九、RMSEA＝〇・〇六五であった。GFI、AGFI、CFIは一般的には〇・九以上、RMSEAは〇・〇五以下の場合が当てはまりの良いモデルと一般に考えられているため、モデル1は十分に説明力のあるパス図とはいえない。しかし、モデル1は、本節で設定した世代間信仰継承を説明する仮説的枠組みの基本構造を持っているため、参考としてこのモデルの特徴をみておきたい。

「信仰継承のしやすさ（現在の信仰態度）」に最も大きな影響を持っているのは、「肯定的効果」であり、創価学会の活動から良い結果が得られたと考えている人ほど活動が活発である。また、「否定的効果」が多い人ほど活

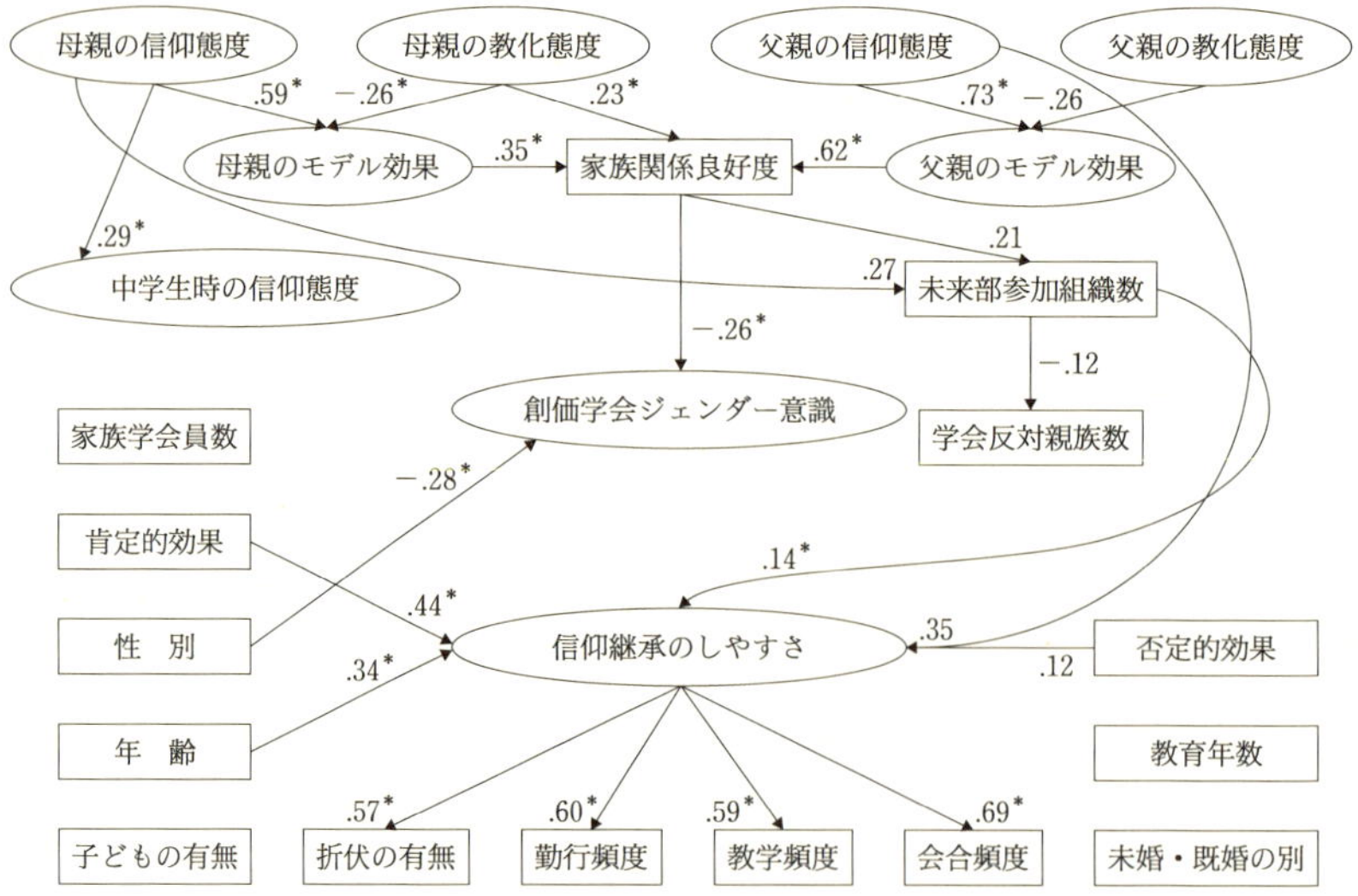

図5-1　モデル1「信仰継承のしやすさ(現在の信仰態度)」

*p＜.05

動が活発である。次に影響が大きいのは、「年齢」であり、年齢が高い人ほど信仰継承のしやすさが高まる。活動に使える時間の量に左右される点があったのではないかと推測される。[95] ほかに「信仰継承のしやすさ(現在の信仰態度)」に影響を与えているのは、「父親の信仰態度」「未来部参加組織数」であり、父親の信仰が強く、未来部に多く参加している人ほど活発に活動していた。それ以外の変数は、「信仰継承のしやすさ(現在の信仰態度)」に影響を与えていない。

モデル1では、男性が女性よりも創価学会ジェンダー意識を内面化している傾向があった。男女によって、信仰継承の可能性を規定する要因が異なる可能性もある。そこで、「性別」を除いた同様のモデルで男女別のデータ(男性七七名、女性一二二名)で分析を行ったところ、双方ともモデルの適合度が下がり、考察に耐える結果ではなかった。しかし、男女で有意となる変数に違いがみられた。女性は「信仰継承のしやすさ(現在の信仰態度)」に対して「肯定的効果」「学会反対親族数」「年齢」が五%水準で有意なプラスの影響を与えていたほか、全体的に父親の影響が弱まっていた。男性は、「信仰継承のしやすさ(現在の信仰態度)」に対して、「未来部参加組織数」「否定的効果」「肯定的効果」「年齢」について五%水準で、「学会反対親族数」「父親の信仰態度」について一〇%水準で、それぞれこれらの値が高いほど活動が活発であり、「父親の教化態度」が高いほど活動が低調になる傾向がみられた。また、全体的に父親の影響が強まっていたほか、父母の信仰・教化態度や家族状況が創価学会ジェンダー意識の内面化の程度に影響を与えていた。

以上から、男性と女性では異なった要因が「信仰継承のしやすさ(現在の信仰態度)」を左右していることが推測される。そのため、男女で異なったモデルを作成する必要性があるといえよう。そこで、上記の結果をもとに、男女別に「信仰継承のしやすさ(現在の信仰態度)」を推測するモデルを作成して分析を行った。

図5-2は男性のみのデータに基づくモデル1-1の分析結果、図5-3は女性のみのデータに基づくモデル1-2の分析結果である。モデル1-1(男性)のモデル適合度は、GFIが〇・七八八、AGFIが〇・七一〇、CFIが〇・八六一、RMSEAが〇・一〇五であり、当てはまりは良くない。モデル1-2(女性)についても、GFIが〇・八六三、AGFIが〇・七九九、CFIが〇・九二一、RMSEAが〇・〇八五で、モデル1-1と比較すれば良好であったが、適合度は良くなかった。

いずれも十分ではないモデルであるため、結果を解釈するのは慎まねばならないが、男性と女性の全体的な相違の傾向を読み取る参考にしてみたい。モデル1-1によれば、男性は母親の教化態度と父親の信仰態度から直接的な影響を受けている。肯定的な効果を学会活動から得ている人ほど、年齢が高い人ほど、母親の教化態度が弱いほど、父親の信仰態度が強いほど、未来部への参加が多いほど、中学生時の家庭の雰囲気が良くなかった人ほど「信仰継承のしやすさ(現在の信仰態度)」は高まっている。(96) また、父親のモデル効果や母親の教化態度が高いほど家庭の雰囲気が良い傾向がある。結果として、総合的には父親をモデルとしていた人ほど、「信仰継承のしやすさ(現在の信仰態度)」が低い。

対して、女性の場合は、父親の影響は重要ではなく、年齢と肯定的効果のほかには、母親の信仰態度と教化態度が直接的に「信仰継承のしやすさ(現在の信仰態度)」に影響を与えている。特に、母親の信仰態度が強いほど「信仰継承のしやすさ(現在の信仰態度)」を高めるが、母親の教化態度は逆にこれを弱める効果がある。

このように男女に違いがみられるが、共通点もみられた。双方ともに肯定的効果と年齢が高いほど「信仰継承のしやすさ(現在の信仰態度)」を高めている。

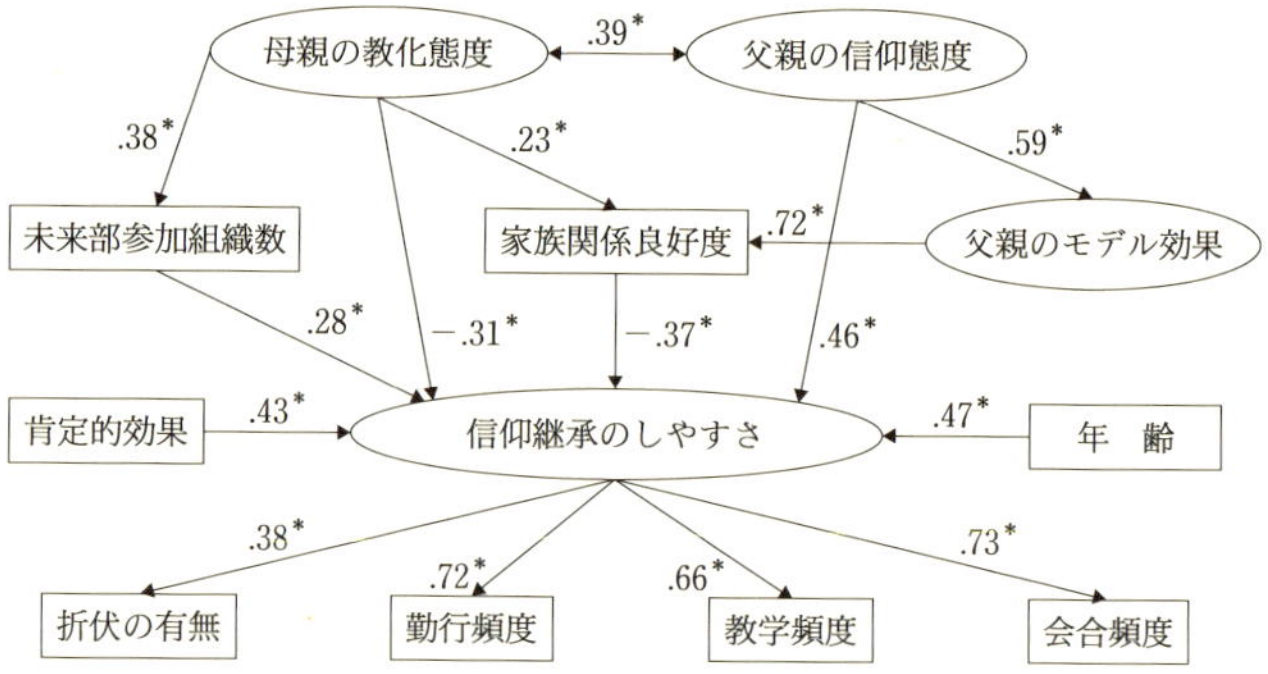

図5-2　モデル1-1 男性の「信仰継承のしやすさ(現在の信仰態度)」

*p＜.05

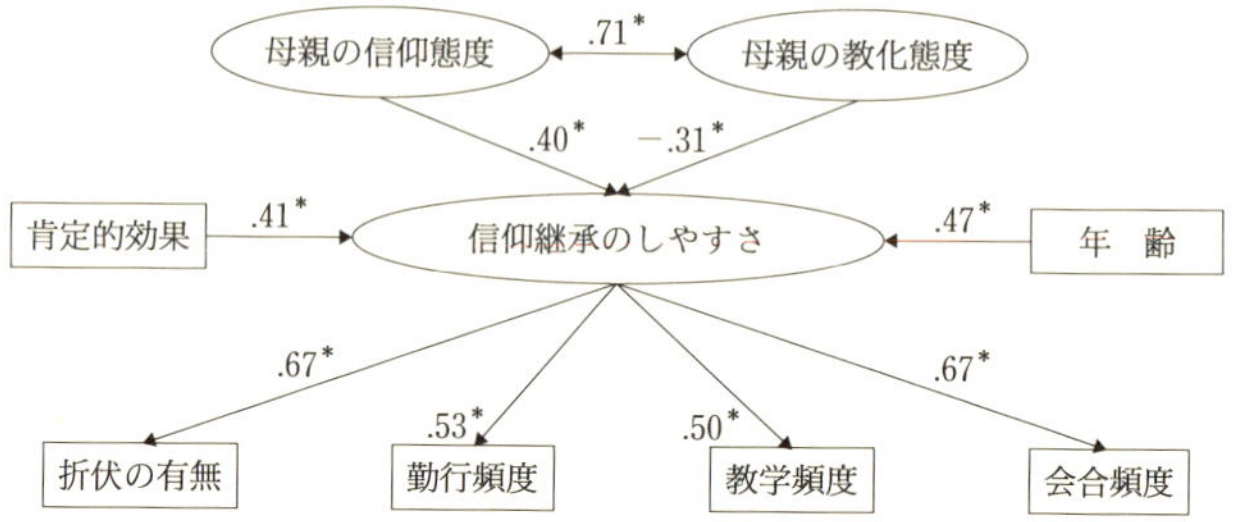

図5-3　モデル1-2 女性の「信仰継承のしやすさ(現在の信仰態度)」

*p＜.05

モデル1では男女とも「中学生時の信仰態度」が、現在の信仰の活発さを指標とした「信仰継承のしやすさ(現在の信仰態度)」に対して有意に働いていないほか、肯定的効果と年齢が高いほど信仰継承のしやすさが高まるという結果となった。このうち、年齢については、理論的に「年齢が高い人ほど信仰継承が高まる」という解釈は妥当ではないため、検討の余地がある。今回の分析で「信仰継承のしやすさ」として設定した「現在の信仰態度」、すなわち現在の活動量は活動に使える時間が多いかどうかに左右される。このため、年齢が高く比較的時間が自由になる人が高い数値となった可能性が指摘できる。この影響が、中学生時代の信仰態度との関連を見えにくくしてしまったのかもしれない。

そこで、「肯定的効果」について着目することにしたい。ここでは、中学生時代の家族や本人の活動状況などの要因が「肯定的効果」の多寡に与える影響をみる。なお、「年齢」と「肯定的効果」の間には相関はない。そのため、「肯定的効果」を学会活動から感じ取る要因を探ることが、信仰継承の要因を探るもう一つの検討の経路となる可能性がある[97]。

そこで、「肯定的効果」を従属変数として重回帰分析を行い、これを左右する要因について検討する。重回帰分析では、肯定的な効果を数多く挙げる人の中学生時代の状況と価値観、家族状況について検討するため、「肯定的効果」と中学生時代に関する設問と価値観に関する設問、そして「折伏経験の有無」と「発心の有無」との相関係数を検討した。男女では相関係数が有意となる変数に違いがあったため、男女別に「肯定的効果」との相関係数の検討の結果などを参考にして独立変数を選択した。使用した変数に欠損値のない男性のデータ(九四名)と女性のデータ(一四二名)について重回帰分析を行った(表5-9、表5-10)。

回帰式には、統制変数として「年齢」と「本人の教育年数」「母親の教育年数」について男女ともに投入した。また、独立変数として「きょうだい数」「未来部参加組織数」「離れた経験の有無」「折伏経験の有無」「発心の有無」と、GQ10「あなたは現在、親御さんが創価学会員だったことをどのように感じていますか」に対する答えが肯定的であるほど高い数値となるように割り振り直した変数(「親の入会評価」)を投入している。

これらに加えて、男性については、問29のC「女性は男性よりも平和を願う心が強い」(「女性は平和」)、問33

のA「母親が働いていても正常な母子関係が作れる」(「働く母親肯定」)、GQ9のH「成人しても学会活動をしたいと思った」(「成人後の活動意思」)に対して賛成であるほど高い数値になるように割り振り直した変数を投入した。女性については、問29のJ「子どもの成長は最終的に母親に責任がある」(「母親責任重視」)、GQ7のC「母親は勤行・唱題をよくしていた」(「母親勤行・唱題」)、GQ7のD「母親は池田名誉会長についてよく話した」(「母親池田」)、GQ8のB「あまり叱られることはなかった」(「叱られず」)に対して賛成あるいは当てはまるほど高い数値になるように割り振り直した変数を投入した。

男性については、表5-9に示した独立変数によって得られた回帰式によって「肯定的効果」の値の五四・四%が説明できる。統制変数として投入した「年齢」と「本人の教育年数」以外の独立変数が有意水準一〇%以上で有意となっている。標準化係数(β)を参照するとこのうち特に影響力が強い変数は、「親の入会評価」と「折伏経験の有無」である。親の入会評価が高く、折伏をしたことがある人が肯定的効果をより多く感じている。このほか本人の活動状況に関する変数としては、「発心の有無」と「離れた経験の有無」および「成人後の活動意思」があるが、発心した経験があり、離れた経験がない人のほうが肯定的効果をより多く感じている。しかし、「成人後の活動意思」についてはむしろ活動を続ける意思がなかった人のほうが肯定的効果をより多く感じる傾向がみられた。男性の場合は、物理的に組織を離れてしまった人は肯定的効果もより少なく受け取っており、信仰継承の可能性が低かった人と推測できる。しかし、中学生時代から継続して学会活動をしようとしていた人よりも、消極的だった人のほうが発心後活発に活動する可能性が示唆される。

また、男性については「きょうだい数」も影響力の大きな変数であり、きょうだいが多い人ほど肯定的効果をより多く感じる傾向があった。この結果は、離れた経験がない人ほど肯定的効果をより多く感じるという分析結果、きょうだい数が多いほど活動を離れた経験があるという結果と矛盾する(猪瀬 二〇〇四)。活動から離れた経験がなく、きょうだい数の多い人ほど肯定的効果が多くなるはずである。

この点について検討するため、「きょうだい数」と「肯定的効果」の単相関をとると〇・二六であり、一%水準で有意であった[98]。また、「離れた経験の有無」を統制した「きょうだい数」と「肯定的効果」の数の偏相関係数は〇・二七であり、一%水準で有意な正の相関関係がみられた。一方、「離れた経験の有無」と「肯定的効果」との関連を「きょうだい数」で統制した偏相関係数はマイナス〇・〇五六であり、有意ではない。さらに、「離れた経験の有無」により「きょうだい数」と「肯定的効果」の平均値について一元配置の分散分析を行ってみたところ、「きょうだい数」は離れた経験のない人が一・八九名、ある人が二・六二名であり、五%水準の有意差で活動から離れたことのある人のきょうだい数が多かった。「肯定的効果」については、離れたことのある人が四・四一個、ない人が四・四七個で有意差はみられなかった。

したがって、男性の基本傾向は活動から離れたか否かに関係なく、きょうだい数が多いほど肯定的効果の申告数が多くなるといえそうである。同時に、きょうだい数が多いほうが活動から離れる可能性が高い傾向がみられる。活動から離れた経験の有無で肯定的効果の申告数には違いがないが、きょうだい数が同程度であれば、活動から離れたことのない人のほうが肯定的効果を感じる傾向がある。きょうだい数が多いと自分が信仰継承をしな

表5-9　男性の「肯定的効果」に関する重回帰分析の結果

	B	β
年　齢	0.022	0.091
本人の教育年数	−0.132	−0.106
母親の教育年数	0.195†	0.146
きょうだい数	0.469**	0.278
未来部参加組織数	0.578**	0.290
離れた経験の有無	−0.786†	−0.154
折伏経験の有無	2.402**	0.364
発心の有無	1.344†	0.148
親の入会評価	1.741**	0.382
成人後の活動意思	−0.440*	−0.176
女性は平和	0.710**	0.216
働く母親肯定	0.939**	0.252
定　数	−15.936**	
F　値	10.236**	
調整済み R^2	0.544	

**p<.01, *p<.05, †p<.10

くてもいいと考え、活動から離れやすい傾向を生み出しているのかもしれない。同時に同じ信仰を持つきょうだいがいることは、信仰を肯定的にみる機会も増やすのだろう。

このほか、「母親の教育年数」が高いほうが多くの肯定的効果を感じている。また、「未来部参加組織数」が多い人ほど肯定的効果を多く感じており、未来部時代の創価学会組織との接触が男性にとっては信仰継承に対しても肯定的な効果を及ぼす影響が推測される。

男性のみの分析では親の影響が関連の高い有意な変数として採用されなかった。価値観については、「女性は男性よりも平和を願う心が強い」ことを肯定し、「働く母親」を肯定する人ほど肯定的効果をより多く感じている傾向がみられた。推測になるが、母親をはじめとする女性の学会活動を肯定的に受け止める見方が、創価学会活動から受け取る肯定的効果をより多く感じる傾向を生み出している可能性もある。

一方、女性については、表5-10の回帰式で「肯定的効果」の数を推測する要因の二六%を説明できる。男性の回帰式よりも説明力が低く、女性については今回の分析で取り上げた以外の要因があるものと推測される。

発心した経験があり、「親の入会評価」が肯定的な人ほど肯定的効果をより多く感じている傾向は男性と同様である。しかし、「きょうだい数」と「未来部参加組織数」については、男性とは逆の傾向がみられた。きょうだい数が多い人ほど、未来部参加組織数が多い人ほど肯定的効果をより少なく感じる傾向が示されている。女性の場合は、きょうだいが少ないほうが信仰継承を促進される可能性があり、創価学会組織との幼少からの接触はかえって信仰継承を抑制する可能性がある。また、男性は親の影響が有意ではなかったが、女性は特に母親の影響が有意である。しかし、母親が勤行・唱題を熱心にやっていた人ほど肯定的効果をより少なく感じ、母親が池田名誉会長について語る機会が多いほど肯定的効果をより多く感じるという矛盾した結果となっている。勤行・唱題など活動の熱心さが、逆に創価学会への否定的感情を生み出すことがあるのかもしれない。

「叱られず」と「母親責任重視」については、中学時代により多く叱られたと感じており、母親の子育て責任を重く考えている人ほど肯定的効果の申告数が多かった。親が子どもに対して「叱る」ことを「親がしっかりしたしつけ」をしていたとみなし、母親等から叱られた経験を肯定的に受け止め、これが母親の責務として重要であると考えている可能性がある。つまり、子育てにおける母親の役割に肯定的な人ほど、肯定的効果を多く受け取っており、信仰継承の可能性も高い人であると推測される。

なお、「離れた経験の有無」「折伏経験の有無」については有意ではなかったが、傾向としては男性と同様に離れた経験がない人ほど、また折伏経験がある人ほど肯定的効果をより多く受け取っている傾向があった。

表 5-10　女性の「肯定的効果」に関する重回帰分析の結果

	B	β
年　齢	−0.008	−0.032
本人の教育年数	−0.002	−0.001
母親の教育年数	−0.540	−0.035
きょうだい数	−0.302*	−0.209
未来部参加組織数	−0.361*	−0.197
離れた経験の有無	−0.465	−0.086
折伏経験の有無	0.357	0.047
発心の有無	1.989*	0.207
親の入会評価	0.876**	0.229
母親勤行・唱題	−0.985**	−0.295
母親池田	0.853**	0.291
叱られず	−0.775**	−0.248
母親責任重視	0.760**	0.268
定　数	1.553	
F　値	4.803**	
調整済み R^2	0.260	

**p＜.01，*p＜.05

以上から明らかになったことは、男性と女性とでは信仰継承の可能性を左右する背景的要因が異なるということである。特に、親の信仰態度や教化態度は、男性にとっては、直接的な影響ばかりではなく、他の要素を経由して信仰態度のあり方に影響を及ぼすものであることが示唆された。一方で、女性にとっては、特に母親の影響が大きいことが推測される。親の信仰態度と教化態度については、先行研究でも指摘されてきたように信仰熱心な態度は子どもの信仰継承を促進させ、熱心な教化態度は逆に信仰継承を阻害する可能性が指摘できる。口うるさく言うよりは、身をもって示すことが肝要のようである。また、創価学会の入会から肯定的な効果を受け取っている人ほど現在の信仰態度が熱心であったことから、肯定的効果の量に影響を及ぼす要因を検討したところ、こちらにも男女差がみられた。「きょうだいの数」については、女性については分散分析では有意な差はみられず、相関も有意ではなかったのに対して、男性についてはその解釈には難しさがあるものの、信仰継承の可能性に影響力が強い要素であることが明らかになった。(99)

肯定的効果をより多く感じる人の価値観については、女性の場合は母親の子育て役割を重視する傾向があると推測され、男性の場合は母親をはじめとする女性の子育て以外の活動にも肯定的である傾向がみられた。

また、ジェンダーに関わる意識の持ち方が、信仰継承の可能性にも影響することが示唆される。女性については性別役割分業を維持する方向性のほうが信仰継承には有利であり、男性の場合は逆に性別役割分業にとらわれないほうが信仰継承には有利である可能性がある。ただし、男性の分析において、「女性のほうが平和を好む」というような男女の特性論を支持する傾向が影響しているところからみて、完全に性別役割分業を否定するということではないようにも思われる。また、肯定的効果への影響に関する分析では、教団組織の影響と考えられる「未来部参加組織数」については、男性と女性では反対の結果が出ている。そのメカニズムの詳細については検討できなかったが、創価学会組織の子どもたちへの働きかけの影響についても男女で異なる影響があることが推測されよう。

本節の最後に、一世信者を含めて信仰継承にとって重要な要素が何であるかを尋ねた設問である問30と、二世信者に自分自身の信仰継承にとって重要な機能を果たしたと思われる要因を尋ねた設問GQ11に対する答えの結果を示して分析結果と比較する。

表5-11は一世信者と二世信者に分けて信仰継承において大切と考えることの項目を示したものである。この結果、親が子どもに教育することを重視する人が全体では最も多かった。次に親が子どもに信仰活動に取り組む

姿を見せることであった。一世信者の場合は、この割合が高い。分析結果では親の教化態度に対して否定的な傾向を示していた二世信者のほうが一世信者よりも、親が子どもに積極的に教育することを肯定しているのは、興味深い結果である。表5-11の結果からは、活動的信者の間では世代にかかわらず、親の影響が重視されており、親以外の学会員や組織の影響については十分に意識されていない。

表5-11　一世信者と二世信者が信仰継承において大切と考えること

	一世信者	二世信者	全　体
親が子どもに信仰の大切さを教育	43.3%	49.3%	45.6%
親の活動状況の背中を見せる	45.9%	41.4%	44.1%
家族以外の学会員が子どもに接触	3.3%	3.8%	3.5%
家族以外の学会員が手本を見せる	3.3%	2.1%	2.8%
成人後に親が教育	1.1%	1.0%	1.1%
成人後に地域の学会員が接触	0.4%	0.0%	0.3%
特別なことはいらない	2.6%	2.4%	2.5%
信仰を子どもに伝える必要はない	0.2%	0.0%	0.1%
総　数（人）	460	292	752

表5-12　性別でみた信仰継承の要因

信仰継承の要因	女　性	男　性	全　体
母親の信仰の強さ	38.1%	28.0%	34.4%
父親の信仰の強さ	4.0%	6.0%	4.7%
反対者なし	2.3%	1.0%	1.8%
反対者あり	0.6%	0.0%	0.4%
良い女子部員・男子部員	4.5%	1.0%	3.3%
未来部の会合参加	0.6%	1.0%	0.7%
勤行・唱題の習慣	1.1%	1.0%	1.1%
地域の家庭訪問	2.3%	9.0%	4.7%
成人後の会合参加	3.4%	4.0%	3.6%
親が信仰を教えてくれた	11.9%	16.0%	13.4%
自分が信仰の大切さに気づいた	29.0%	28.0%	28.6%
特になし	0.0%	1.0%	0.4%
その他	2.3%	4.0%	2.9%
総　数（人）	176	100	276

表5-12は、二世信者本人が信仰継承をした要因と考えることを性別に示したものである。最多は、男女ともに「母親の信仰の強さ」であり、父親を挙げる人は少ない。その次は、「自分が信仰の大切さに気づいた」であり、信仰継承のためには自覚的に信仰を捉え直すことが重要であるといえる。この点は「肯定的効果」の申告数に関する重回帰分析において、「発心の有

無」が男女とも正方向で有意であったことでも裏づけられる。親の重要性が高く評価されており、未来部活動への参加や未来部担当者の影響は重要視されていない。

以上、「現在の信仰態度」が活発であるほど信仰継承の可能性が高いと仮定して信仰継承の可能性に影響を与える要因について検討してきた。ところで先行研究では、二世信者の増加は信仰の停滞を招き、教団全体の宗教的活力を低下させるとされてきた。この点について、創価学会でも妥当するのだろうか。次節で検討してみよう。

第二節　世代交代の効果

二世信者の増加が教団組織に与える影響について、先行研究では二世信者の増加は制度化・既成宗教化、「家の宗教」化を促し、教団の活力を衰退させるとされてきた(渡辺 一九九四：二〇八)。創価学会もその活動者の半数を二世信者が占める。本節では、二世信者と一世信者の活動の違いを検証することで二世信者増加の影響について考察する。

日本では従来、檀家制度や氏子組織のように家族や地域社会といった第一次集団が重要な社会的帰属の単位であった。一方で、個人の私的信仰の余地も認められており、檀家や氏子としての集団的な信仰と並列する形で個人を単位とする信仰が行われてきた。前者は既成仏教や神社神道などの既成宗教、後者は民俗宗教が関与しており、「近代に発生・発展した新宗教は個人の信仰を組織化するもの」と把握されている(対馬 一九八九：四八九)。しかし、たとえば大本に関する調査研究では、二世信者たちが「家の宗教」として捉えているとの知見が得られている(飯田・芦田 一九八〇：九八)。また、新宗教の「家の宗教」化を促す二世信者の増加は、「信仰が中身を欠き、形骸化していく危険性を常に持っている」とも認識されている（渡辺一九九四：二〇八）。

しかし、二世信者に関する実証的研究は少なく、実態については明らかではない。日本の新宗教は、家族的な問題を解決する手段として有効な機能を果たすことが報告されてきており、新宗教集団と家族は基本的には対立しない（渡辺一九七九など）。ただし、既存の社会的価値からの逸脱的な行動様式や教理体系を持つ新宗教集団では、家族と新宗教集団とは対立的になり、信仰は個人的かつ家族との葛藤を生み出す可能性も高い（塩谷一九八六、Wright and Piper 1986など）。

しかし、信者の宗教に対する意識形成には、個々の信者の性格、家族の特徴なども関連がある（Wright and D'Antonio 1993）。同じ教団内にいる信者と家族の関係でも調和と葛藤の両方がみられるのが現状である。特に、二世信者の増加が進み、制度化段階にある新宗教集団においては、内部に多様な家族と宗教との関係がみられるのではないだろうか。

本節の課題は、創価学会でも二世信者によって「家の宗教」と捉えられる比率が高まっているか否かについての検証、および、二世信者の存在が教団組織の活力を低下させるか否かについての検証である。ここでは、「個人の宗教」意識を自分だけで信仰を維持しようとする意識、「家族の宗教」意識を、「親から子へと受け継いでいく宗教」という意識として捉える。[100] 検討する仮説は以下の三つである。

仮説一　二世信者は自分の信仰を「家族の宗教」と捉える傾向がある（飯田・芦田一九八〇）。
仮説二　信仰を個人／家族と捉える意識の違いは、本人の社会的地位を要因として生じる。
仮説三　「家族の宗教」と捉えている人は、信仰態度の活発度が低い（渡辺一九九四）。

なお、本節の分析には一世信者、二世信者を合わせた全員分のデータを使用する。

創価学会の信仰が個人の信仰か、家族の信仰かを尋ねた問28を利用し、「宗教帰属意識」変数を作成、信者の宗教の捉え方を分類する。[101]「宗教帰属意識」は「家族の宗教」「家族・個人、両方の宗教」(以下、両方の宗教)「個人の宗教」の三段階とする。

まず、仮説一に関して一世信者と二世信者の宗教帰属意識の持ち方に違いがあるか、クロス表集計によって確認した(表5-13)。「家族の宗教」と答える比率については、二世信者は一世信者とほぼ同数であるが、二世信者の「個人の宗教」を選択する比率は、一世信者に比べて二〇%も低い。二世信者は一世信者よりも創価学会の信仰を「家族の宗教」と捉えるという傾向は強くは見出せないが、少なくとも「個人の宗教」とは捉えない傾向が確認された。

仮説二に関連して、年齢、学歴、墓管理の状態、家族形態、婚姻状態、子どもの有無の六つの要因に関して宗教帰属意識との関連をクロス表集計で分析する。

家族を基盤とする集団的な意識は年齢によって変化する可能性も高い(表5-14)。「家族の宗教」と答える人に関しては、年齢が高くなるに従って増える傾向があり、「個人の宗教」と答える人の比率に関しては、中年層の比率が低いU字型の傾向を持っている。[102]

学歴については、高くなるほど「家族の宗教」という選択肢を選ぶ比率が低くなっていき、「両方の宗教」を選ぶ比率が高まる。[103] 学歴が高まるにつれ、個人主義的な傾向が高まると予測できる(表5-15)。

宗教を「家族」のものと考えるか、「個人」のものと考えるかは、「家」意識に関わるものでもある。本調査では、一つの目安として、管理するべき「墓」を持っているか否かを軸に検討した(表5-16)。ここでは、管理するべき墓のない人、創価学会関連の墓を持っている人、創価学会以外の墓を持っている人とに区分した。学会関連

表 5-13　入信世代別にみた宗教帰属意識

	家族の宗教	両方の宗教	個人の宗教	総　数(人)
一世信者	27.0%	37.9%	35.1%	370
二世信者	28.5%	55.7%	15.8%	400
全　体	27.8%	47.1%	25.1%	770

χ^2=42.048，Cramer の V=.234，p<.001

表 5-14　年齢別にみた宗教帰属意識

	家族の宗教	両方の宗教	個人の宗教	総　数(人)
20 歳代	14.8%	52.3%	33.0%	88
30 歳代	16.5%	51.2%	32.3%	127
40 歳代	26.1%	51.5%	22.4%	165
50 歳代	34.6%	48.8%	16.6%	217
60 歳代	36.2%	34.3%	29.5%	105
70 歳代	36.4%	29.1%	34.5%	55
全　体	27.7%	46.8%	25.5%	757

χ^2=42.347，Cramer の V=.167，p<.001

表 5-15　本人の学歴別にみた宗教帰属意識

	家族の宗教	両方の宗教	個人の宗教	総　数(人)
中学卒	41.3%	34.3%	24.5%	143
高校卒	27.7%	48.2%	24.1%	328
短大・専門学校卒	24.1%	51.8%	24.1%	191
4 年制大学卒	16.7%	53.8%	29.5%	78
全　体	28.2%	47.0%	24.7%	740

χ^2=21.035，Cramer の V=.119，p<.05

表 5-16　墓管理別にみた宗教帰属意識

	家族の宗教	両方の宗教	個人の宗教	総　数(人)
管理する墓なし	19.4%	42.4%	38.1%	139
学会以外の墓あり	18.9%	35.1%	45.7%	35
学会関連の墓あり	31.3%	48.8%	19.9%	572
全　体	28.6%	46.9%	24.5%	746

χ^2=30.479，Cramer の V=.143，p<.001

の墓を管理する必要のある人がかなりの割合を占めている。創価学会関連の墓を管理している人が目立って「家族の宗教」を選択する比率が高く、かつ「個人の宗教」を選択する比率が低い。人数は少ないものの、創価学会以外の墓を管理する必要のある人は、創価学会の信仰を「個人の宗教」だと考える比率が高い。創価学会関連の墓を所有していることが「家族の宗教」意識を高めることが確認できた(104)。

次に、回答者の世帯構成と宗教帰属意識との関連をみた(表5-17)。単独世帯において、「家族の宗教」を選択する比率が一三・三%と低く、「個人の宗教」を選択する比率が五一・一%と高い傾向がみられる。その他の複数人員で構成されている世帯では共通する傾向がみられ、半数近くが「両方の宗教」を選択し、三〇%程度が「家族の宗教」、二〇%が「個人の宗教」を選択していた。

結婚の有無と宗教帰属意識との関連では(表5-18)、未婚者のみが特徴的に「家族の宗教」を選択する比率が低く、「個人の宗教」を選択する比率が高い。

さらに、子どもがいるか否かで宗教帰属意識に違いが出るかどうかを分析した(表5-19)。子どもがいない人は、「家族の宗教」と考える人の比率が低く、「個人の宗教」と答える比率が高い。信仰を継承するべき子どもがいることが、「家族の宗教」という捉え方を促進することが確認できる。

以上から、仮説一については、二世信者について「家族の宗教」意識は特に高くないが、「両方の宗教」と捉える人が多く、「個人の宗教」と考える人は一世信者とは有意に少なかったため、「二世信者は「個人の宗教」として捉える傾向が低い」という、仮説一が若干弱められた形で検証された。

仮説二については、年齢、学歴、婚姻状態、子どもの有無、墓の管理の必要性などの社会的地位が宗教帰属意識に影響を与える要因といえる。なお、性別の違いについては、男性の場合のみ「個人の宗教」と「家族の宗教」とを選ぶ人で二極化している傾向がみられたものの、χ^2検定では五%水準で有意ではなく、性別が宗教帰

表 5-17　世帯構成別にみた宗教帰属意識

	家族の宗教	両方の宗教	個人の宗教	総　数(人)
単独世帯	13.3%	35.6%	51.1%	45
夫婦のみの世帯	30.7%	43.6%	25.8%	163
夫婦と子どものみの世帯	28.9%	51.1%	20.0%	280
ひとり親と子どものみの世帯	28.6%	48.4%	23.1%	91
その他の親族世帯	28.1%	49.6%	22.3%	139
全　体	28.1%	47.8%	24.1%	718

$\chi^2=22.699$，Cramer の V=.126，$p<.01$

表 5-18　婚姻状態別にみた宗教帰属意識

	家族の宗教	両方の宗教	個人の宗教	総　数(人)
有配偶者	30.9%	47.2%	22.0%	528
離死別	33.0%	45.1%	22.0%	91
未　婚	14.9%	48.7%	36.4%	121
全　体	28.5%	47.2%	24.3%	740

$\chi^2=18.325$，Cramer の V=.111，$p<.01$

表 5-19　子どもの有無別にみた宗教帰属意識

	家族の宗教	両方の宗教	個人の宗教	総　数(人)
子どもあり	32.6%	45.3%	22.1%	574
子どもなし	14.1%	53.1%	32.8%	192
全　体	27.9%	47.3%	24.8%	766

$\chi^2=26.147$，Cramer の V=.185，$p<.001$

属意識に影響があるとはいえなかった。

次に、仮説三の宗教帰属意識と信仰態度の活発度との関連をみてみたい。「現在の信仰態度」変数は、問12から問15の勤行・唱題や会合参加などの活動頻度を尋ねた設問を高いほうが活発な活動をしているように振り直した合成得点とする。(105) これまでの分析でこの活動得点が年齢に大きく影響されることが分かっているため、年齢を五〇歳以下(三七八名)と五一歳以上(三四六名)で分け、宗教帰属意識との二元配置の分散分析を行った。表5-20から、交互作用効果はみられず、年齢の主効果だけが有意であった。(106) 平均値をみると

表 5-20 「現在の信仰態度」についての二元配置の分散分析表と平均値

変動因	平方和	自由度	平均平方	F 値	有意確率
級間（モデル）	446	5	89.105	8.388	0.000
級内（誤差）	7,628	718	10.623		
合　計	237,743	724			
50 歳以下ダミー	406	1	405.731	38.192	0.000
宗教帰属意識	4	2	1.852	0.174	0.840
交互作用効果	39	2	19.349	1.821	0.163

平均値

50 歳以下	17.04	家族の宗教	17.89
51 歳以上	18.62	個人の宗教	17.87
		両方の宗教	17.73

年齢が高いほど、活動が活発である。宗教帰属意識の違いでは、差はみられなかった。同様に年齢で統制した上で、一世信者と二世信者の平均値の差について分散分析を行ったところ、交互作用効果は有意ではなく、一世信者と二世信者に大きな差はみられなかった(107)。

したがって、家の宗教意識が高まることや二世信者の増加が一概に教団の活力を衰退させるとはいえないことが確認される。

仮説一「二世信者の宗教帰属意識は集団的な傾向が強い」について、二世信者の「家族の宗教」回答率が高いわけではなかった。二世信者の個人帰属意識が弱い傾向にあるとはいえるが、宗教における集団的帰属意識を強く持っているとはいえない。

仮説二「宗教帰属意識の集団性の程度は、同一教団内においても、本人の社会的地位(性、年齢、管理するべき墓があるかどうか)などによって異なる」について、性による違いはみられないが中年世代や子どもがいる人、管理すべき墓を持っている人は「家族の宗教」という意識が高まり、学歴が高いほど「個人の宗教」傾向が高まるなど、宗教帰属意識の持ち方に差異が現れることが明らかになった。

仮説三「宗教帰属意識の集団性の程度が強い場合は、活動の活発さの程度は低くなる」については、宗教帰属意識によって、「現在の信仰態度」にとりたてて差異がなかった。一世信者と二世信者の「現在の信仰態度」

得点の比較においても、有意な結果は見出されない。

本節の分析結果から二世信者の増加が教団の活力を失わせるという結論は出せない。活動的な信者に限ってみれば、一世信者と二世信者の信仰力の差は見出されないのである。

補足資料として、創価学会について不満を持っているか否かを尋ねた設問(問31)の回答結果を一世信者と二世信者に分けて示した(表5-21)。全体として、活動的学会員でも四割近くの人が創価学会に何らかの不満を抱いているが世代間の差はなく、二世信者だからといって創価学会に対する不満を持ちやすいということはいえない。だが、不満を持つ理由については世代間で若干の差異が見受けられた。二世信者が不満の内容として「あてはまる」と答えた比率は、「幹部の中で人間性に問題のある人がいる」(五五・八%)が圧倒的に高く、次に「時間的に負担を感じる」(四〇・七%)、「組織中心主義的な傾向が強い」(一五・五%)、「新聞啓蒙活動に問題を感じる」(一四・二%)、「公明党関係の活動(選挙活動など)に問題を感じる」(一三・三%)が続いている。最も比率が低かったのは「池田名誉会長が特別視されすぎている」(一・八%)である。一世信者の不満内容も二世信者と同様の傾向を持っているが、「池田名誉会長の特別視」と「組織中心主義的傾向」に不満を持つ比率については、一世信者のほうがそれぞれ七・五%、二四・七%と二世信者よりも五%水準で有意に多い(クロス表は割愛)。ちなみに、一世信者で不満を持つ比率が最も低かったのは「組織における女性の地位のあり方に問題を感じる」で四・六%であった(二世信者は五・三%)。創価学会の大きな特異性として組織活動や池田名誉会長の存在があり、二世信者はこれらに子どものころから親しんでいるため抵抗を持ちにくいが、一世信者の場合は他の集団の価値観と照らして違和感を持つ可能性が高いものと推測される。

表5-21　世代別にみた創価学会への不満の有無

世　代	創価学会への不満 なし	あり	総　数(人)
一世信者	63.8%	36.2%	481
二世信者	62.3%	37.7%	297
全　体	63.2%	36.8%	778

$\chi^2=0.186$，Cramer の V＝.666，$p<.05$

第三節　まとめ

信仰継承の要因と二世信者の増加が教団の活力に与える影響について検証した。

信仰継承の要因については、本書で使用する資料が信仰継承をしていると定義される活動的会員に限定されているため、「現在の信仰態度」の活発さを「信仰継承のしやすさ」を測る指標として用いた。共分散構造分析の結果、十分な説明力のあるモデルは得られなかったが、信仰継承のあり方には男女で違いがみられること、また、信仰活動が活発な人は創価学会の信仰から肯定的な効果をより多く受け取っている傾向が見出された。

信仰継承に影響を与える担い手としては、親と教団が重要な位置を占める。この点については、本章の分析では強い影響は見出せなかったが、男性には母親とともに父親の影響が、女性には母親の影響が特に大きい傾向が指摘できる。直接的に信仰継承に影響するかどうかは推測の域を出ないが、父親は信仰に不熱心だったり、反対したりする傾向がある中で、父親が母親とともに信仰熱心であることは、家族的な関係を良好にする効果があるように思われる。父母本人が信仰や活動に熱心な場合は、信仰継承を促進する効果があるが、信仰を教化する程度が高いと信仰継承には不利に働く可能性も示唆できる。教団の影響については、おおむね未来部への参加組織数が多いほど信仰継承に有利に働くと推測されるが、肯定的効果をより多く持つ人の特徴を検討した結果では、男女で正反対の結果が出ているため注意が必要である。

肯定的効果の多寡を決める要因についても男性と女性では異なる特徴がみられた。特に先の未来部参加組織数とともに、きょうだい数の多寡で正反対の効果がみられた。男性にとってはきょうだい数が多いことは肯定的効果を高めるのに対し、女性の場合は逆にきょうだいが少ないほうが肯定的効果をより多く感じる傾向があった。ただ、男性の場合、きょうだいが多いほうが活動から離れる経験を高める一方で（猪瀬 二〇〇四）、活動から離れた経験がないほうが肯定的効果を感じる数が多いという一見矛盾した結果が出ている。信仰継承のしやすさを確認するには、活動から離れた経験であるとか、現在の信仰態度、肯定的効果を感じる数だけでは容易には推測しえない複雑なプロセスがあるように思われる。

一世信者を含めた学会員に一般的な信仰継承の要因について尋ねた設問や二世信者自身の信仰継承の要因を尋ねた設問への答えでは、親の影響と役割が最重要視されており、教団の影響と役割は優先度が低かった。しかし、明確な結果は出せなかったものの、本章の分析からは、親の影響や役割も直接的な効果をもたらしているというよりは、何らかの媒介要因を経て信仰継承へと導かれているように思われる。特に本章の分析からは、男女の違いとともに、創価学会に対して肯定的な見方が形成されていることが信仰継承の可能性を高める大きな要因であるように推測される。これらの過程の内実については、事例分析をもとに第六章でその一端について検討してみたい。

また、本章ではこれら二世信者の増加が及ぼす影響、二世信者が一世信者よりも創価学会の信仰を家の宗教と捉える比率が高いかどうか、高いとしたらそのことが教団全体の活動力を低下させる要因になりうるかどうかについて検証した。結果として、二世信者は一世信者よりも創価学会との関わりを個人のみに基づくものとは捉えていない。しかし、家族にのみ基づくものとも捉えておらず、バランスを保っている状態にあることが分かった。少なくとも活動的信者については一世信者と二世信者の信仰態度には大きな差異はみられない。つまり、先行研究による「二世信者の増加による教団の活力低下」という問題提起は、少なくとも、創価学会の活動的な二世信者には適用できない。

日本における宗教と家族の関係について論じた先行研究では、世代間の相互依存の縮小、たとえば家産継承の喪失といった社会的変化、都市化の進展などの影響により、家族形態が直系制家族から夫婦制家族へ変化することによって、単系的・系譜的な「家」の宗教性は双系的なものに変化したり、遠い祖先への観念が薄れて直接的に見知った故人との関係に結びついた祭祀が増加し、系譜的な祭祀はやがて消失していくという見方が定説化している（森岡 一九八四など）。新宗教集団についても、霊友会系教団で同様の傾向が指摘されている（孝本 一九七八）。

これらの先行研究では、先祖祭祀など宗教儀礼の変化と「家」制度から夫婦家族制度へという家族の変化を通して、「家」制度や共同体の変容・解体を捉えることが一義的課題であった。しかし、制度や共同体が変容・解体したとしても、家族は国家・社会を構成する基本単位として重視され続けている。新宗教集団における信仰は既成宗教に比べて個人が選択し実践する側面が強いが、新宗教集団の多くは家族を重視しており、家族ぐるみで信仰を行っている例は少なくない（渡辺 一九八六）。家族の個人化が進んでいるといわれる現代社会において、新宗教への家族での入信は、「家」制度に代わる形での家族の形態・結束・共同性を維持する機能を果たしている可能性もある。

一方で、二世信者にとっては、親が用意した宗教環境が子どものころからあるため、「個人の宗教」よりも「家族の宗教」という認識を持ちやすいはずである。それにもかかわらず、「両方の宗教」を選択する比率が高いということは、家族から与えられた宗教であるにもかかわらず、個人のものとして受け止める人が多いことを意味しているとも考えられる。

本章の分析結果で、親や教団からの直接的な影響よりも創価学会から肯定的な効果を受け取ったかどうかという点が現在の信仰活動の程度に影響している点から考えても、二世信者の信仰継承のプロセスに与える教団内外の影響を検討する必要があるだろう。男女で異なる特徴がみられたことも、信仰継承のあり方に多様な過程がある可能性を示唆している。次章では、このような信仰継承の内実を探るべく、面接調査の資料を用いて信仰継承をいくつかのパターンに分けて考えてみたい。

第六章　世代間信仰継承のパターン

第一節　信仰継承の具体相

本章では、主に筆者が一九九七年から二〇〇四年までに断続的に行った創価学会信者へのインタビュー調査をもとに、創価学会における世代間信仰継承のパターンを取り出す。なお、本章で事例として出てくる名前はすべて仮名であり、提示した年齢はすべてインタビュー当時のものである。

表6-1と表6-2はそれぞれ、活動から離れた経験の有無(問20)と発心経験の有無(問11)を二世信者の男女別に示したものである。活動から離れた経験のある人は男性に多い。男性の五七・九%が活動から離れたことがあるが、女性は四四・六%にとどまっている。全体として、活動的二世信者の半数が活動から離れた経験を持っている。一方で、活動的二世信者は男女ともに九割以上が信仰を自ら選びとる発心の経験を持っており、活動を離れた人も離れていない人も、活動的信者になるには何らかの発心が必要であることが推測される。

発心の経験があると答えた人に、その動機を尋ねたところ、「悩み・問題(病気、経済、人間関係など)ができたから」が最も多く、四八・七%と半数を占めた(表6-3)。一世信者の傾向と比較した際、二世信者に特有の傾

表6-1　性別でみた活動から離れた経験の有無

性　別	活動から離れた経験		総　数(人)
	なし	あり	
女　性	55.4%	44.6%	193
男　性	42.1%	57.9%	107
全　体	50.7%	49.3%	300

χ^2＝4.933，Cramer の V＝.128，p＜.05

表6-2　性別でみた発心経験の有無

性　別	発心の経験		総　数(人)
	なし	あり	
女　性	8.5%	91.5%	188
男　性	7.4%	92.6%	108
全　体	8.1%	91.9%	296

χ^2＝0.112，Cramer の V＝.019，p＜.05

表6-3　発心動機

悩み・問題の解決	48.7%
池田名誉会長の魅力	15.8%
会合の良さ・学会員の良さ	10.6%
熱心な家庭訪問	8.3%
配偶者が創価学会員	6.8%
人生の哲学・目標を求めて	4.9%
親のすすめ	3.4%
日蓮の教えの魅力	1.5%
総　数(人)	265

向はみられない。[108]次に来るのは「池田名誉会長の人柄・思想・行動・書物などに惹かれたから」（一五・八％）だが、「創価学会の会合、あるいは創価学会員の良さに気づいた」（一〇・六％）と「熱心な家庭訪問を受けたから」（八・三％）を合わせると一八・九％となり、「池田名誉会長の魅力」もさることながら、活動的会員による潜在的会員の掘り起こしの活動が効果を発揮していることが推察される。発心のきっかけとなった学会員について尋ねた結果、全体の九割以上が他の学会員を「きっかけ」として答えている。具体的には、四六・一％が学会員の家族・親族、二八・五％が友人や近隣の学会員と答えており、「特にいない」との回答は九名（三・四％）のみであった。最多は母親の六〇名（二二・五％）である。

表6-4は、発心動機となった「悩み・問題」の内訳を示したものである。自分や家族の病気や怪我をきっかけとしたものが最も多く三九・三％となっている。また、経済的困難がそれに次いで一六・三％、仕事・学業上の問題解決が一四・八％、職場や家族を合わせれば二三・七％が人間関係のトラブルを発心の理由として挙げている。

表6-4　発心動機となった「悩み・問題」の内容

自分・家族の病気・怪我	39.3%
経済的困難	16.3%
仕事・学業上の問題解決	14.8%
職場・地域・学校の人間関係のトラブル	12.6%
自分・家族の人間関係のトラブル	11.1%
その他	5.9%
総　数(人)	135

表6-5　活動から離れた理由

多忙，遊び	39.5%
会合・勤行・唱題・教学が面倒	18.6%
組織内部のトラブル	11.6%
結婚，家族の反対	8.1%
宗教の不要，教理不信	7.0%
特に理由はない	7.0%
親・学会員への反発	4.7%
その他	3.5%
総　数(人)	86

活動的学会員の半数に「活動から離れた経験」があったが、これらの学会員は特に周囲の学会員からの働きかけによって発心に導かれる可能性が高い。しかし、二世信者が活動から離れた理由によっては、組織に戻りにくくなる可能性もある。活動的二世信者の活動から離れた理由については、「仕事や学校が忙しかった」「信心するよりも遊びたかった」といった個人的な理由が三九・五％を占めて最も多い（表6-5）。会合参加や勤行・唱題を面倒に思った人も個人的に信心よりも優先したいことがあったためと考えると、五八・一％と半数以上の二世信者が曖昧な理由で活動から離れたものと考えられる。本調査では創価学会の教理や学会員・親への反発・不信、組織活動のトラブル、家族の反対や結婚など明確な理由をもって離れた人は三一・四％にとどまっている。

本調査は活動的二世信者のみを対象としたものであったため、活動から離れたまま信仰継承をしなかった元二世信者が活動を離れた理由については推測するしかない。だが、仮に脱会者がこの設問に回答するのだとしたら、反発やトラブル、不信を理由とする人の割合が今回の結果よりも増えるのではないかとも推測できる。

以上の検討から、信仰継承のパターンとして、大きく三つを設定する。第一に、創価学会の組織活動から離れることなく継続的に信仰継承をする場合、第二に、創価学会の組織活動から一度離れた後で、活動を再開して信仰継承をする場合、第三に、組織活動から離れたまま活動を再開せず信仰継承をしない場合である。

このうち、第一の継続的に信仰継承がなされたケースについては、「悩み解決目的」「人生の指針目的」「家族関係維持目的」という三つのパターンに分けて検討してみたい。また、第二の離脱後再開したケースについては、組織活動への積極的参加を行うパターンと依然として組織活動からは距離を置こうとするパターンに分ける。第三の信仰継承をしないケースについては、創価学会には反発心を持っていないものの活動をする気がないパターン、表立っては反発しないが実は批判的にみているパターン、明確に反発し、脱会者の立場をとるパターンに分けて示す。

これらのパターンの具体例を紹介したのち、親および組織からの影響、家族的要因による影響について整理し、最後に本章のまとめを述べる。

第二節　信仰継承のパターン

〈パターン1〉　継続的な信仰継承

1-1　悩み解決目的

二世信者でも九〇％以上が何らかの発心の経験を持っており、悩み・問題をきっかけとして信仰活動を活発にする人が多い。悩みが重層している例も多いが、経済的問題、病気、人間関係の悩み、進路選択の悩みのそれぞれについて典型的と思われるケースをみる。

経済的問題

三七歳の男性、佐田さんは、一〇歳年上の兄の入信をきっかけに両親とともに一〇歳のときに入会した(109)。入会以来、疑問もなく男子部として牙城会(活動的な男子部の人材グループ。夜間・休日の創価学会の文化会館警備等を交代制で担う)に入り会館や寺の警備、財務の管理などの活動を継続してきた。しかし、そのころは「親がやっているから勤行もしたし、やらなければ罰が当たる」と思い行っていた。結婚を機に妻を折伏し、夫婦ともに学会活動を行っても信心が「いま一歩分からなかった」が、経済的問題を乗り越えて「やっと分かってきた」。「いまでも忘れない」体験は、失業し、「お金もない、お米もないというときに必死になって」題目をあげたら、夜一一時ごろ同じアパートの住人が「三〇キロの米を置いてくれた」ことである。しばらく仕事が見つからず、「夫婦で題目しかないと唱題して決まったのがいまの仕事」で、その後も、「働く割に給料がよくないので願」ったところ、希望どおりの転勤となった上、昇進するなど「功徳」を得た。この体験から、佐田夫妻に「諸天善神が祈りを挙げれば叶えてくれる」確信が生まれ、それが信仰の核になっている。

また、佐田夫妻には二人の子どもがおり、信仰継承が課題となっている。長男が進学で本州に行くのに際して、夫妻は息子に御本尊を持たせることを重要視していた。

「(息子は御本尊を持っていくことを)はじめは拒否していたが、自分自身の生命のことなのだと教えてあげたら納得して、やると決意した。会合もたまに出て、題目もたまにはしているようだ。親として、自分の境涯、自分の生命の器を大きくしていってほしいと願っている、夢を現実のものにしていきなさいと言ったら、やるといった」

信仰継承をしていくことが、子どもの将来を良い方向に向けると信じるからこそ、御本尊を息子に持たせることが重要なのである。そして、息子もそれを受け止めているようである。この事例からは、信仰熱心な親からみて子どもの成長や幸せな将来が信仰継承と結びついていることが確認できる。

病　気

三一歳の女性、楠木さんは、祖父母を学会員に持つ三世代目の創価学会員である。(110)「小さいころは、分からないから言われたままに、はいはいって、素直に聞いていた」が、「自分に必要だなと思うようになったのが、一九歳のとき」だった。「池田先生」の入信も一九歳であり、同じ年齢で発心したことに運命的なものを感じている。

楠木さんは、六歳のときに難病に冒された。完治は困難であり、学校へも満足には通えなかった。両親はあらゆる民間療法などを試してみたが、徒労に終わった。中学時代の途中までは何とか自力歩行ができていたが、骨折をきっかけにリハビリしても歩行不可能という診断を下され、その後、三年半も入院生活を余儀なくされた。一七歳のとき、足を水平に固定する手術を受け、松葉杖歩行はできるが階段昇降はできない状態で退院する。しかし、辛い現実が待っていた。日中の無人の家での孤独感。創価学会の女子部の会合も他者の助けがなければ自由には参加できない。将来の不安、「家族のお荷物」という認識で「死んだほうがまし」と思うまでに追い詰められ、「自殺の方法とか本気で考え」、「家庭内暴力に走って」いた。母親が陰で泣いていたのを知っていたが、どうすることもできなかった。

ある日、母親が「登山(大石寺)に行こう」と言い出した。自由に動けない自分に向かって「どういうつもり」かと怒ったが、一年後の登山を目標にして唱題を一日五時間、一年間やろうと言う。「治るわけねえんだよ」と毒つくほど素直には受け取れなかった。しかし、母は「一年経って何も変わってなかったら信心しなくていい。騙されたと思って一緒に唱題しよう」と負けない。その言葉を聞いて、「何も変わらなかったら、何て言ってお母さんを責めてやろうか」と考えながらも、仏壇の前に座って唱題を始めた。すると、一五分もしないうちに涙がとめどなく出てきた。

「頭のてっぺんからきれいな水でね、いままでの濁った気持ちとかがきれいな水でバケツ一杯で流されたというか、全身が、生命が洗い流されるという思いで本当に実感した。御本尊様が見えないくらいの号泣で、その瞬間に自分は一八〇度、なんか、革命されていた」

どれだけ両親が自分のために題目をあげていてくれたのかと思い至り、両親への謝罪の思いでいっぱいになった。その一五分間ですっかりと「何が変わるとか、足が治るとかそういうことじゃなくて、要するに自分の命次第、気持ち次第」なのだと確信し、御本尊を信じたのである。そして、一日五時間の唱題を一年間毎日続けた。「その日が発心した日なんだよね。自分からこの信心しかないんだって気づいて、それが一九のときだった」のである。以来、歩行練習、入院時代の友人への仏法対話を積み重ね、一年後に家族と大石寺登山を達成した。多くの会合で体験発表をしており、信心を伝えることを自分の使命と感じている。その後、松葉杖なしでの歩行が可能になり、自動車運転免許も取得し、会合に自分で行けるようになったのである。楠木さんが自身の体験をつづった手紙を、女子部の先輩の勧めで「池田先生」に送ったところ、袱紗と「お手紙ありがとう」とのメッセージが「池田先生から」送られてきた。袱紗には「健康」という文字が書いてあり、「先生、ちゃんと見てくれているんだって思って」「先生は遠い存在じゃないんだって」「いかに私が池田先生に直結しているかってことが」

分かったと涙ながらに語っている。

　楠木さんの七歳下の弟も熱心な活動的学会員である。彼自身にはとりたてて大きな体験はないが、姉と両親の信心を見ていて、信心の大切さと御本尊の力に確信を持っている。楠木さんの弟もまた、家族の病気を契機に信仰継承を果たしている一例である。

人間関係

三〇歳代の女性、原口さんの両親は二人とも創価学会員であったが、父のほうは創価学会への反発心を持ち、信仰心は全くなかった[三]。一方、母は父との縁で創価学会員と知り合い、素直に信心し、言われたとおりに勤行・唱題する中で発心し、「信心を支えに何かあると祈って乗り越えてきた」。

　母はしっかり者だったが、いい加減な父はあまり働かず、酒を飲んでは暴れた。警察の厄介になることもたびたびあった。父の暴力から逃れるために母子で隠れたら、狂言自殺を図られたこともあった。しかし、母は、ここで父を見捨てても自分の宿命を転換しない限り同じことを繰り返すと信じ、離婚はせずに父のために祈り続けていた。原口さん自身は全く父を尊敬できず、二〇歳のころ父のために祈りたいと思いながらも、心から祈ることはできなかった。あるとき、父に「出て行け」と言われたため、家を出ようとしたが母から宿命転換の重要性を説かれ、その言葉に納得して、女子部の活動に専念し始めた。すると、だんだん父よりも「部員さん」のことを思う時間が多くなり、父を嫌う気持ちが和らいできた。父親の良い面が見えてくるようになり、尊敬できる面が現れてきた。きっぱりとそれ以降は、父のことで悩むことはなくなり、父が暴れることもなくなってきた。

「本当に不思議で、自分が変われば周りも変わるというのはそうだし、人間革命によって世界が変わるというのも本当のことだな、とそのとき思った」

原口さんは高校卒業後の三年間、親元を離れていた時期にわざと御本尊を持っていかなかった経験を持っている。「心の片隅に、でも根深く、ちょっとの時期でいいから、信心から離れてみたい」「自分は信心がなくてもちゃんとやっていける」という気持ちがあったからである。が、会合には参加していたため、活動から離れてはいない。「信心がなかったらとはいつも考えることだけれど、たぶん自分の家族全員、まともな暮らしはできてなかったと思う。信心があるからこそ、最後の一線を踏みとどまれる。信心がなければ、自分の家族には希望がないといってもいい」。親元を離れていた間に結婚を考える男性とも出会ったが、親元に戻り信心を鍛え直すために別れた。家族を結びつける紐帯として創価学会の信仰が機能している事例であろう。

進路選択

特に家庭内に問題がなく過ごしてきた二世信者にとっては、進学や就職などの進路選択が初めての大きな悩みとなる例が多い。

四三歳の男性、円山さんは、学会員だった祖母への親孝行になればと入会した両親とともに三歳のときに入会した(112)。両親の活動は活発で、円山さんの家は座談会の拠点になっていた。円山さん自身も少年部で小学校六年生のときには春休み登山(大石寺)に参加、中等部ではグループ長を務めるなど継続的に活動していた。しかし、勤行や会合参加は「親がうるさいから、形だけ」やっていたようなもので、心の中では「何でやらなきゃならないのか」と疑問を抱いていた。だが、中学三年生のときに進路で悩んだことをきっかけに「自分でやってみよう」と発心し、勤行のやり方の基本からやり直し始めて、気持ちを込めて勤行・唱題に受験の日まで取り組んだ。志望する高校は、事前の成績では合格が危ぶまれる難関だったが、勤行・唱題に取り組めたことも自信につながり、「合格を勝ち取れた」。そこから、「報恩感謝の気持ちで、自分の心から活動」をするようになった。高等部では、中学時代からの先輩とともに中心的活動者として部員会を運営してきた。高等部総会の運営や高等部誌の編纂を任された。全国の高等部長が高等部総会に来て「その道の第一人者になりなさい」と言ってくれたことは、その後の進路に大きな励みになったという。

進路選択をきっかけに発心する事例は、「貧・病・争」の悩みが解決したときほどの劇的な体験にはなりにくいが、それゆえに、その後の継続的な活動のためには、他の活動的学会員との肯定的な交流の維持が必要である。進路選択のケースは、次の人生の指針やモデルを創価学会活動から得ることが発心のきっかけとなった事例とも類似した点がある。

1-2　人生の指針目的

創価学会の教理や活動を人生の指針や人生修行の場として捉え、そこに意義を見出したことにより信仰継承を決意している二世信者もいる。

生き方の指針を得る

二三歳の男性、戸倉さんは、両親ともに創価学会員で、赤ん坊のときの入会である。(113) 家は座談会の拠点であった。本部幹部会の同時中継などには母親に連れられての出席、題目三唱も親からせかされてやる受け身の態度ではあったが、中学・高校生向けの学会機関紙『中学生文化新聞』や『高校新報』などの記事を読むときもあったし、活動から完全に離れたことはない。受験のときに合格を願って唱題しようという気持ちが起きたことはなく、たまに唱題をするときには親の唱題に祈り返したい気持ちだった。本格的に活動するようになったきっかけは、教学部の任用試験を受験したことである。試験対策の勉強の中で学会の教理に面白さを感じた。また、その任用試験に誘ってくれた男子部の先輩は明るくいい人で、その人の言うことは聞こうと思っていた。「その人との出会いから、自分を成長させようという思いが出てきた」。自分を成長させるには信仰活動をするとともに教学、御書を読むことが大事だと感じている。「池田先生」のことも「本当の師と思っているかどうかは分からない」が、「自分が成長する過程の中で、そのための励まし、生きる指針を与えてくれる」存在だとは感じている。また、学会活動をするようになってから、特に「信心することが親孝行」なのだと感じる。

戸倉さんのように教学の任用試験などをきっかけに、教理や組織の歴史に触れたことでその内容に感激し、活動に意義を見出していく人は、その「仏法哲学」を自らの生き方の指針と考えている人が多い。ただ、創価学会の信仰活動は教理を学ぶだけではなく、活動的会員との会合、未活動の会員への家庭訪問、未入会の知人との仏法対話など、他者との交流を中心とした活動が多い。この点に重点的な価値を見出す人もいる。

人生修行の場を得る

二一歳の男性、浜村さんも両親が学会員で、赤ん坊のころの入会である。(114) 小、中、高と継続的に部員会に参加しており、高校は創価高校を出て、学生部で活動もしている。創価学会二世信者としてはエリート的な歩みである。しかし、本心は「ずっと中途半端にしていた」。創価学園に入ったのも信仰心からではなく、剣道を続けたいだけで周囲に勧められて選んだものである。会合に出ていたのも、実家が座談会の拠点、朝晩の勤行を家族全員で行う家庭環境であり、また、大学に入って親元を離れても担当者から連絡が来るので、「行かなければならないもの」と思い込んでいたからである。しかし、大学に入ってからは創価学園出身のため周囲の学会員から「信仰熱心」という目で見られ、本心とのギャップに苦しんだ。活動するのが嫌になり、大学に入ってから数カ月、会合に出ない時期があった。そのとき家庭訪問をしてくれた学生部の先輩から激励を受けて、「あったかいなと感じた」。胸に刺さる「自分が変わらないとだめだ」という言葉をもらった。そこで、自分に対して「逆境を作っていこう」「訓練しよう」と思ったとき、周囲の創価学会員が苦しみながらも希望を失わずにいる姿を見た。「学会の中に自分を鍛える場があったので、自主的に始めた。いままでは義務感でやっていたのが変わった」。浜村さんは、「自分が変わるとは自分の持っている力を出していくことだし、自分の力に気づくこと。それには南無妙法蓮華経を唱えるしかない」という。学生部員との議論も、自分の自覚を促進する重要な場である。また、特に鍛えられるのは本人に自覚もなく名簿に名前があるだけの会員への家庭訪問である。これは苦手だがもっと楽しく活動できる方法を探している。折伏も友人と互いに「生き方」をぶつけ合うことだと考えれば、その人が入会するかしないかは問題ではない。学会活動をするようになってから友達が多くなった。創価学会員として責任を持って結果を出そうと自覚も出た。現段階では人生の指針として創価学会が最適と考えてはいるが、今後もし翻されるようなことがあればそれについて行こうと考えている。

模範的な創価学会家族(座談会の拠点、家族で朝晩の勤行、創価学園への進学促進等)の中で成長した二世信者が、自らの信仰として意義を見出す一つの典型であろう。

先の戸倉さんのように教団から提供される行事が契機となることもある。教団側から二世信者など潜在的・活動的信者に発心の機会として提供される行事としては、教学試験のほかに、世界平和文化祭などの大規模な会合があった。これらの会合でマスゲームや組み体操に参加したことで「創価学会はすごい」「池田先生はすごい」

と実感して、学会活動に励むようになった人もいる。[115] もう一つのパターンは、創価学会員の姿に自分の将来像、生き方のモデルを見出していくケースである。

生き方のモデルを得る

三五歳の女性、佐藤さんの両親もともに学会員である。[116] 少年少女部から会合に出ているが、親に言われるから、誘いに来てくれる担当者がいるから、と受け身であった。しかし、中学になると「信仰を続けていっていいのかと自我が目覚め」た。考えた結果、「成績のこととかで題目をあげてみると生命力が湧くのを感じたり、苦手なことにも挑戦できるという経験」から、「御本尊はすごいなと実感して自発的にやるようになった」。もう一つ重要だったのが、月一、二回程度の「女子部のお姉さん」との接触である。「人柄に憧れるような、こういう人になりたいと思わせる人がたくさんいた」し、「学校生活で悩んでいることとかでも励ましを受けたり、学会のことや池田先生のことを話してくれた」ので、「こういうお姉さんになりたいと思った」。こうして、学会活動に取り組み始めたのである。その一方で、「当時は活動のことはあまりはまりすぎるのも嫌だなあと思った。活動一本ということにはなれないな」と思っていた。だが、その後、創価大学での四年間で創立者の慈愛を感じたことで、信仰活動に打ち込む決意ができたのである。

モデルとなりうる人物を創価学会内で見つけたときに「こんな素晴らしい人になれるのは、創価学会の信心をしているから」と解釈することは、創価学会活動を肯定的に捉え、自ら主体的に始める契機になる。

いずれのケースも、自分の人生の目標・指針・モデルを得る場として、創価学会活動を捉えている。このような創価学会組織が提供するモデルの重要なシンボルとして「師匠」である池田大作に言及する人も多い。特に、直接会合などで池田に会ったことがある人は、自分の信仰の転機や深まりと結びつけて「池田先生との出会い」を語る。

鼓笛隊や合唱団などに所属していた人の中には、文化祭等で「池田先生が参加するかどうかは、みんなの信心次第」と言われた経験を持っており、一つの目に見える「成功」「達成」「成果」として「池田先生との出会い」を語る人もみられた。

しかし、二世信者には、上記に挙げたように、創価学会の中に強くモデルを見出しているわけでもなく強い体験があるわけでもないが当たり前の環境として受け入れている人や、特に熱心に活動するわけでも勤行・唱題をするわけでもないが創価学会の信心の大切さを疑わない心性を身につけている人もいる。たとえば、浜村さんが積極的ではなかった時期にも「義務として」「出なきゃいけない」という心性を持っていたような状態である。

1-3 家族関係維持目的

学会員である親は子の成長を信心への取り組みの程度と結びつけて解釈する枠組みを内面化している場合がある。このような場合、親は子どもが信心していない限り、子どもの姿を「成長」したとはみなしきれない。このような価値観のもとで育つ二世信者は、本人には積極的に活動する意思は強くなくとも、活動に参加することが「親孝行」であり、また「良いこと」であると考え、家族関係が維持されるためにも創価学会活動を続ける。信仰活動を肯定的に受容している例と、否定的に受容している例を挙げる。

肯定的な受容の例

二八歳の女性、大国さんは、両親ともに学会員であり、創価幼稚園に通った経験もあり、比較的熱心に創価学会との関わりを持っている二世信者である。[117] しかし、当時でも信心は「迷う気持ちもないままに、親がやるもの（だから自分も）ってやっている」との認識であった。特に母が熱心であり、父はそう積極的でもない状況である。しかし、母の影響は強く、腹痛のときには「南無する」「勤行しないと地下鉄に乗り遅れる」「勤行すると周りの人がちやほやしてくれる」など、幼少のころから日常生活の中に勤行・唱題が溶け込んでいる子ども時代を過ごした。高校受験のときには、「百万遍の題目あげると何でも願いが叶うっていうから、勉強はしなかったけど題目はあげた」が、第一志望の東京創価高校をはじめ、ことごとく落ちて、地元のキリスト教系の高校に行くことになった。「女子部のお姉さん」に相談して、そのときの悩みが解決したこともある。希望が叶わなかったことについては、地元の高校に行ったおかげで寮費などの費用がかからずに済み、「高校のときに一年間アメリカ留学に行けた」ことから、「御本尊様がそっちがいいんだって」言ったものと解釈している。日々の生活で御本尊の功徳を感じており、学会組織への信頼感もあるが、確信はない。だが、「自分のこういう家庭が、私が築いていく上でやっぱり理想の家庭で、こういう家庭になるには、やっぱり家族がならないと。信心しないと」と感じている。「幸福な家族」を成立させる不可欠な要素として信心を受け止めている。

否定的な受容の例

二八歳の女性、西川さんは、創価学会二世の両親を持つ創価学会三世である。[118] 父は創価学会関連会社の職員をしている。西川さん自身、中学時代には創価学会の合唱団に所属し、創価高校を卒業し、有名大学に進学し、卒業後も一流企業に就職している。そして、一度も創価学会の組織から離れたことはない。客観的には模範的に信仰継承をしたエリート的二世信者である。しかし、彼女には明確な発心経験はなく活動意欲も高くはない。

実は創価高校にも「行きたくて行ったというわけでもない」。級友には創価高校への憧れを持って入学し、結果として幻滅していた人もいたが、西川さんは憧れもなく幻滅もなかった代わりに、中学から持ち上がりの級友たちの信心に熱心な雰囲気になじめないでいた。「学園時代の友人には信心が入ってきちゃって、本当の友情というのがなかった」。

また、大学時代の女子学生部の活動も活動者が少ないため、無理して後輩を引っ張らなければならないプレッシャーで「辛かった」。先輩や後輩には、のちに幹部になるような人もいて、「すごいと思う反面、自分ができない劣等感があった」。

白蓮グループ（活動的な女子部を育成するための人材グループ。創価学会の文化会館で行われる会合の受付等を担当する）は、「普通は一年間で終わるのに」三年間やった。しかし、与えられた課題をやらなかったり、大学の試験の前の任務には参加したくないと思ったり、創価学会活動を第一優先に「できない自分」を感じる「辛い」日々だった。先輩からは「喜んでできないのが問題だ」と責められた。創価学会活動は「楽しいからやっているんじゃない」。しかし、「私にでも役に立てることがあれば」との思いで、学会活動に参加し続けている。

親の信心については、父親は夜間の唱題を禁止するなど、西川さんの目からみると信仰熱心でないようにみえる。専業主婦である母親が熱心に活動しているのは認めるが、「多少は何でそんなに帰りが遅くなるのかと思うこともあるし、ご飯とかとなると、メニューはかなり偏りがあり、手を抜いている」と批判的な視線でもみていた。

西川さんは客観的には模範的な二世信者だが、その内面は必ずしも創価学会の活動を肯定的にみていなかった。むしろ「辛さ」が先に立ち、否定的な受容といえる。学会活動をするのは「当たり前」であっても、義務的なものとなっている。西川さんのような状態にある二世信者も少なくないと推測される。この状態がさらに進んで、創価学会組織や信仰への疑問として固まっていくと、二世信者は創価学会活動に参加しなくなり、組織や活動から離れていくようになるだろう。

〈パターン2〉 離脱後の信仰継承

活動的二世信者の半数が、創価学会活動から離れた経験を持っている。そのまま活動から離れ、信仰継承をしない可能性もあった人びとである。かれらが活動に復帰するきっかけには、活動を継続的に行っていた人の発心の契機とほぼ同様の傾向がみられる。ところで、「活動から離れた経験」をどう定義するかは個人の主観による面がある。二世信者の場合は多かれ少なかれ、一時期は活動に疑問を持ったり、活動の必要性を見出せなくなったりして、活動から後退する時期がある。

あるとき、二世信者三名と集団インタビューをしていた際、四〇歳代の女性二世信者が「福子(二世信者)は自分から求めてないから、結局寝る(活動を休む)時期は来る」としながら、その場にいた二〇歳代の女性二世信者に「〇〇ちゃんは、(活動を休んだ時期は)なかったよね」と確認した。[119] 客観的にみれば信仰活動から離れたことがないようにみえる熱心な二世信者だったからだ。しかし、彼女は「いやあるよ。高校のとき、部員会とかほとんど行ってなかった」と答えている。ある二世信者が、活動から離れているか否かは主観的判断にゆだねられる。その意味では、前項と本項で取り上げる事例には本質的な違いはない。そこで本項では、組織活動を離れた後の活動程度の違いに着目して事例を紹介する。

2-1　組織活動を重視する

四〇歳の女性、下山さんが五歳のときに両親が入信した。[120] 以来、両親ともに熱心な活動者となった。入信した一九六三年当時の活動は、夜遅くに山道を登って学会員の自宅を訪問するなど過酷だったため、両親は子どもを連れていくのは可哀想だと五歳の下山さんに八カ月の弟を任せて留守番をさせていた。下山さん曰く、「信じられないね。自分の子が五歳のときにね、「うっそ」と思ったもの」。下山さんの両親は息子から「ママとパパは学会員と僕たちとどっちが大事なの」と責められたことがあるが、現在では、下山さんも娘から同じことを言われるほどの活動者である。

下山さんが学会の会合に出始めたのは、小学校四年生のとき、少年部が作られたことがきっかけである。中学校のときには御書学習の会などで率先して活動した。けれども、家で行われる座談会に出入りしている人の様子を見ていて、「なんかああいう大人になりたくないな」と考えるようになる。そして、高校二年生のときに、創価学会の組織活動には一切関わらなくなった。ただし、「創価学会の組織にはつきたくない」だけであり、「この御本尊様は素晴らしいけれども、一人で信仰していきたい」との考えである。現在ではこの考えは間違いと考えており、道場としての組織の必要性を認めている。

その後、学校の成績は落ち、家の経済状況も悪くなり、「自分の思う方向と全部逆の方向に行く」状態となる。一八歳の年に専門学校を中退して就職したが、望ましい職場ではなく、辞めたかったが辞められる状況ではなかった。転機は一九歳のときに訪れた。冷たい態度をとるのにもかかわらず、足しげく通ってくれる「女子部のお姉さんの祈り」にほだされ、「一回くらい」という気持ちで会合に参加した。すると、「結構、居心地良かった」。気に入らない先輩部員はいたが会合自体には感動し、会合に参加するようになった。夜間大学に通うようになり、大学内の創価学会活動に触発されて、信仰活動に励む。そのおかげで充実した学生生活になった。いまでは、「創価学会の中で生きていかないとね、私の良さが活かされないんじゃないか」と考えている。そして、組織から一回きっぱりと離れた経験を持っている人のほうが苦労をしているため、それ以降の信仰活動に頑張れる強さが持てるのではないかという。一度も離れずにいる人は、「ぬるま湯につかっているような感じで、ここ一番ってときに頑張らない」と映るのである。嫌なときや辛いこともあるが、反発していた人が会合に出てきてくれるなど嬉しいこともあるので、続けている。

自主的にやめた人でも熱心な先輩信者からの家庭訪問や自身の悩みなどをきっかけに発心することがある。一回やめたときに苦労をしたという実感があるため、学会活動に充実感を感じてその良さを再認識するというパターンの語りをすることが多い。だが、離脱した事実を肯定的に受け止める人ばかりではない。

2-2　組織活動からは距離を置く

下山さんの五歳年下の弟、田森さんは、創価学会の教理や御本尊に対する信仰は持っているが、創価学会の活動については「あまり熱心じゃない[121]」。姉の下山さんは「親は強制しなかった」というが、弟の田森さんは「うちの親はうるさかった。勤行しなさいって。反発っていうよりは、ただうるさかった」と語る。進学で一人暮らしをするようになって勤行・唱題をしないで済むことが嬉しかった。以来、学会活動からは離れた。職を転々としたり、離婚・再婚という経過を歩む。創価学会活動をやらなかった理由は、「創価学会の男子部も強烈だったからね。極端な人たちの集まりで、熱心といえば熱心なんだけど、狂信といえば狂信に近いかな。何となく昔の創価学会を引きずっているというような」ところがあり、嫌な思いをしたことがあったからである。しかし、あるとき、教学試験を受験することになり、勉強し始めたら御書が面白かった。選挙活動にも、信仰に「関係ない」と批判的だったが、立正安国論を読んで教理的にも意味のある活動だと納得した。「やってみようかなと思って、それでも男子部にはつきたくなくて」、独自に御書を読み進めていたが、一人ではできないと感じた。それで男子部に行ってみたのである。だが、「組織はあってないような」地域で男子部は「活動者ゼロ」という状態であった。

そんな中でも、熱心に活動していたら功徳が「すごかった」という。当時、転職直後だったが、死にかけたところを助かったほか、仕事上でも不景気の中で就職できたり、上司に気に入られたりなどの体験を得た。この体験をもとに田森さんは「証文より現証」、状況が好転しないのなら信心する意味がないと考えている。御書の面白さから信心・活動を再開した田森さんだが、創価学会の組織自体には疑念を抱き続けている。会合に魅力がない、「創価学会は全体的に形式的になってきている」と感じている。二世信者、三世信者は体験がないために組織から離れていくし、幹部の語ることも『聖教新聞』などの受け売りでつまらない。このような疑問から、再び創価学会の組織活動からは距離を置くようになった。組織にいる創価学会員に対しても、「思い描いていたものとなんかちょっと違う。なんか相談事もできそうにない。信用もできない」という。教理や御本尊への信心の確信はつかみつつも、創価学会活動には不熱心な状態である。

信心を再開した後、継続して創価学会活動に熱心に取り組むとは限らない。下山さん・田森さんきょうだいの創価学会員評は活動から離れる前も活動を再開してからも、いずれも芳しくないものであるため、可能性としては一旦活動から離れて二度と戻らない可能性も高かったように思われる。

先にみたように、創価学会員の人柄にひかれ、モデルを求めて信仰熱心になる人がいる一方で、創価学会活動から離れるきっかけとして、創価学会員との人間的な関係がうまく築けなかったことが原因となることは少なくないと推測される。

進学や就職などで親元を離れたことをきっかけにして自然と活動から離れてしまうことも多いだろう。いずれの場合にしても、下山さんのように活動的な創価学会員の家庭訪問が再開のきっかけになることが多いようである。しかし、その後の対応については、創価学会活動への肯定的な意識が醸成されれば積極的に活動を継続できるが、結果として創価学会への疑問が払拭しきれない場合は御本尊は信じるが組織活動からは距離をとるという方向に向かうだろう。後者の場合、最終的には組織から離れて信仰継承をしない可能性もある。

〈パターン3〉 信仰継承をしない場合

信仰継承の過程を明らかにするには、信仰継承をしなかった人びとの情報が必要不可欠である。だが、残念ながら活動的信者を対象に調査したため、信仰継承が成立していないパターンについては十分な資料がそろっていないのが現状である。

一度離脱して復帰した人びとの話などから推測すると、離れる理由としては、創価学会組織での人間関係のトラブルや学会員への不信、就職や進学などで生活環境が変わったことなどが創価学会組織から足が遠のく理由としては大きいようである。また、宗門問題のころには、寺との関係が切りがたく創価学会を離れた人もいただろう。創価学会の説く教義・教理に不信を抱くケースもあると思われる。本項では、創価学会への反発を持っている程度、組織からの正式な脱会か否かという点から三つのパターンに分けた。

3-1　学会員ではあるが活動していない

三九歳の男性、新谷さんは、母が創価学会員だったため、子ども時代は未来部活動の中で男子部や女子部の人たちに面倒をみられながら育った[122]。が、高校のときに両親が離婚したことを契機に、また別のことが楽しくなったこともあり、創価学会活動から反発して離れた。とはいえ、母親が信心していたので、創価学会自体を批判するほどの気持ちではなかった。「学会員という自覚はあるけど、活動はしない」という状態で、宗教は心の弱い人が頼るものという感覚を結婚するまで持ち続けていた。高校から就職するまでの間にも創価学会員が家庭訪問に来て会合に誘ったりするのは「うっとうしい」と感じていたし、就職先が建設業界だったので、「神社の世界、宮大工の伝統もあるのでしきたりにはうるさい」ということで、「誘いが来ても冷たく追い返す生活」をしていた。その後、創価学会員の一世信者である妻と知り合い、そのつながりを不思議に思った。しかし、結婚後も「いろんな人がやってきたが、自分は追い返していた。自分のところに来る人は帰していた」という。

その後、たまたま読んだ『聖教新聞』に載っていた「池田先生のスピーチ」に、自分が当時たくさんの本を読んで求めていた「仕事で成功するにはどうしたらよいか」に関する話が書かれていた。「こんなに身近に自分の求めていたものがあったのか」と思い、「先生の話をもうちょっと読んでみよう」と思い始めて、自主的に読み進めるうち、座談会に参加して「頑張ります」と宣言した。それ以降、活動的な男子部員として活動している。

新谷さんの場合、結婚した相手が創価学会員でなければ、再び『聖教新聞』を目にすることや信仰活動に復帰する可能性は低かった。創価学会を批判的にみているわけでもないが、煩わしさなどで創価学会のことを深く知らない状態で離れたまま、創価学会に再び触れる機会もなく、活動者にならなかった可能性が高い。このような二世信者は相当数いると推測される。

たとえば、両親ともに熱心な一世信者である四一歳の女性、相模さんも親の信心に反発はないものの自分自身にとっての必要性は全く感じず、高校時代から就職後しばらくの期間は一切活動していなかった[123]。二〇歳のとき、交通事故に遭って入院した際に、女子部の先輩が激励してくれたことをきっかけとして活動を始めると、友達もできるので楽しくなった。だが、もしこの訪問がなかったら信心していなかったし、結婚相手がたまたま創価学会の二世信者だったからそのまま信心を継続しているが、仮に夫が信仰に反対していたら、信心はやめただろうと話す。

特に明確な反対理由を持たずに煩わしさや必要性を感じないという理由で信仰から離れた場合は、創価学会員の地域の名簿上に名前が残っているため何かのきっかけがあったときに家庭訪問での活動的会員との接触を通じて、信仰生活に戻る可能性も高い。特に、親が活動的会員であれば、子どもが転居したときにも地域に連絡先を伝えるなどして組織からの接触が継続する。逆にいえば、親がそれほど熱心でなく、転居の際に手続きをしない等で、定期的な家庭訪問が途切れてしまえば、信仰活動を再開する可能性は低くなる。また、創価学会に対して否定的なイメージが強くなれば、活動から離れていく可能性も高くなるだろう。名簿上に名前を残しつつも信仰活動をしない人の中には、すでに創価学会に対して批判的な考えを内に秘めている人もいる。

3-2　正式な脱会はしないが否定的にみている

創価学会では、この信心のみが幸福を実現する宗教であるとされているから、信者は大切な家族にこそ信心をしてほしいと願う。したがって、一族・一家が創価学会員であるのが望ましい状態である。家族・親族の多数が活動的な創価学会員である場合、たとえ二世信者が創価学会に対して明らかに批判的な意見を持っていたとしても、家族・親族関係を考慮して、その意見や立場を明確に表明することは難しくなる。

二五歳の男性、木村さんの家族は母方の親族全員が創価学会員である。(124) 両親の離婚後母に引き取られたので、非学会員の父方の親族とは関わりが薄い。母方の親戚との関係から、創価学会を脱会することはできないと感じているが、彼自身は創価学会を嫌い、批判的にみている。一番許せないのは学会員を酷使することである。母親は長年、やれる人が他にいないという理由で体の調子が良くないのに『聖教新聞』の配達員をしていた。断っても断っても、何度も幹部が頼みに来るため、木村さんが玄関先で「どういうつもりなのか」と怒り、追い返したこともある。「会員を大事にする組織」というが、本当に会員を大事にするつもりがあるのか疑問を持っている。だが、母方の親族全員が創価学会員なので、母親の立場を考慮して、自分が創価学会をやめるとは言えない状況である。

また、パターン1の悩み解決目的・進路選択の箇所で取り上げた円山さんの一歳下の弟は、創価学会活動で不在がちだった両親にマイナスの感情を強く抱いており、創価学会に対しては批判的で、活動からは遠ざかっているという話であった。

組織を批判的にみているが脱会はできない状態にある二世信者は少なくないだろう。強い動機がない場合、学会活動は「辛い」ものにもなる。熱心に活動している下山さんも「何だか嫌になるときも」あり、ときには休みたいこともある。地区部長などを務める熱心な壮年部員の佐田さんも「活動は好きだが、体力が続かない。正直、疲れて嫌なときがある。このへんはお互いに同じなので、気を遣っている。男子部時代は会合が遅いんじゃないかなと思っていた」。活動的会員が少ない地域の場合、休んでいては活動が止まってしまうため、活動し続けてもらわねばならず、結果として酷使するケースもあるようである。また、「幹部の人間性」への不満も一定数あり、人間関係で創価学会に対する印象が悪くなる可能性も推察される。このような根本的な創価学会組織への不信感がある場合には、頻繁な家庭訪問をすると「しつこい」等の解釈をされ、逆効果になってしまう可能性も高い。このように創価学会への不信感が高まると、名簿上だけでの会員であることもできなくなり、正式に脱会するという方向に向かう。

3-3　正式に組織を離れ反対する立場をとる

二世信者の中には、親の信仰する宗教に対して明確に反意を示し、その教団を脱会する人びとがいる。上の二つのパターンが親の教団からのメンバーシップまでは放棄していないのに対し、明確な脱会の姿勢を示すパターンである。しかし、残念ながら、現在のところ、このパターンの二世信者には直接取材できていない。

参考として、筆者が行ったエホバの証人を脱会した二世信者に関する調査結果からは、親の信仰が極端なものになるほど、親と宗教集団との関わりは子どもに何らかのダメージを与える可能性も高いことが推測される（猪瀬二〇〇二、二〇〇九）。創価学会とエホバの証人の教理や組織には大きな違いもあるが、二世信者が親と教団との間に置かれている点については原理的には違いはない。創価学会は社会的にも多様な評価がある教団であり、二世信者の中に、創価学会に反対する意見を持つ人が出てくる可能性は高い。

大幹部の経験を持つ二世信者にも脱会者が出ており、創価学会を批判する手記が出版されている（原島二〇〇二、二〇〇七）。ただし、脱会した二世信者全員が教団に対して積極的に反対活動をするとは限らない。脱会してから一定期間は、自分自身と自分の家族が信じ生きてきた宗教を相対化し、自らの脱会の意味づけを安定させるために、すでに脱会した経験を持つ人などとの交流や書物などの検討を通して、新たな価値観・世界観を構築する不安定な時期を過ごす人も多いだろう。これは必要な期間でもある。だが、その新たな価値基盤が構築されていけば静かに組織を離れて、教団との関わりを一切断つ選択をする人もいるのではないかと推測される。

インターネット上では、創価学会の二世信者として育ったとする人びとが、自身の体験をつづりながら、創価学会活動や組織の現状を批判的に指摘するブログやサイトなどが数多くある。親が組織の指導者に言われるがままに多額の財務をしてしまったなどの記述もみられ、創価学会でも親の信仰によって子どもが苦難を背負う可能性が示唆されている。創価学会は巨大な教団であるため、親子関係のあり方も多様であろう。そのため、反対者の立場をとる二世信者も相当数いると推測される。この点を解明することも重要な課題である。しかし、本書においては今後の課題とし、この程度の記述にとどめておきたい(125)。

第三節　親と教団組織の影響

以上までの信仰継承パターンの中に、親からの影響、教団組織からの影響が信仰継承に及ぼす側面を推測することができる。前節までの事例は断片的な紹介であり、信仰継承の全体像をつかむことは難しい。そこで、信仰継承と親子関係および教団との関係を全体的にイメージするため、一例として、青木さん一家の状況を紹介してみたい。

青木さん一家は、調査時点で夫の青木悟さんと妻の青木美佐江さんを中心とする六人家族であった。青木夫妻には長女紀美代さん、次女多恵さん、三女由香里さんの三人の子どもがおり、妻美佐江さんの母親である木下サチさんと同居していた。このうち、由香里さんを除く五名に対して、青木さん一家のご自宅にお邪魔し、日をずらしてそれぞれおよそ二時間程度のインタビューを行った。

建設業を営む夫の悟さんは区男子部長まで経験している。妻の美佐江さんは、ワーキング・ミセス（職業を持つ婦人部）の地区リーダー、地区幹事を担当するほか、『聖教新聞』の配達員の経験も長い。長女紀美代さんは、創価幼稚園に勤務しているほか、支部女子部長など地域の役職を兼任している活動的会員である。次女多恵さんは調査当時は役職についておらず、活動していなかった。木下サチさんは昭和三〇年代からの熱心な信者である。

一家のうちで最初に入信したのは、木下サチさんである。自分の病気と夫の賭けごと、酒癖と暴力といった問題行動に悩んでいたときに折伏された。悩みを御本尊に祈るうちに状況が改善された体験を持っている。子どもは娘が二人おり、次女が美佐江さんである。長女は学会員と結婚したが、悟さんは未入信であった。「私みたいな苦労はさせたくない。それが一番の願いだったから」と、結婚前に悟さんを入会するように説得した。ただし、入会後は「男子部に任せればいい」と強くは何も言わなかった。のちに悟さんも活動者となり、娘たちはしっかりとした家族生活を営んでいる。御本尊に守られていることを実感する日々である。また、近年、孫の紀美代さんが信心をし始めてくれたことを幸せに感じている。

美佐江さんは、父の行動が母の信心によって改善し、家族が安定してきたのを目の当たりにしてきた。強い信心は持っていたが、寮生活だったため女子部時代は活動しなかった。結婚に際し信心は自分だけがすればいいとあきらめかけていたが、母サチさんが譲らなかった。悟さんはサチさんを「安心させるため」に入会後、しばらく未活動だったが人柄のいい男子部員の訪問により、公明党の選挙活動員になるなど創価学会活動に熱心に取り組むようになった。経済的問題や病気のことで祈ることもあるが、信心で守られてきたからこそ幸福な生活ができると功徳を感じている。美佐江さんは三人の娘の結婚については、苦労してほしくないのでできれば信心している人と結婚してほしいとは思っている。が、「何が何でも結婚しなくちゃならない」とは考えていない。信仰についても、娘を三人とも創価幼稚園に通わせることは悟さんと相談して決めたが、基本的には勤行・唱題も会合参加も、連絡だけはするが、強制しないようにしている。悟さんも、「信心は自分自身で気づかないと。押しつけでは意味がない」と考えている。

長女の紀美代さんは創価幼稚園の教員であり、創価学会組織の幹部としても複数の役職を兼任する多忙な状況であった。友人一人の折伏も達成するなど非常に活動的な会員であった。創価幼稚園にはとても良い思い出があり、「信心の根本は創価幼稚園にある」。しかし、ずっと継続的に信心していたわけではない。高校時代は教学部員の任用試験(教学試験)を受けるなどはしたが会合にはほとんど出ず、担当者が来ても追い返すこともあった。活動や勤行を「面倒くさく思い、必要を感じなかった」。だが、幼稚園の教諭資格を取るために学校に通っていたとき、ストレスのあまり病にかかる。幼稚園実習は創価幼稚園に行きたいと考えていたが、学会活動をしていない状態で実習を頼みに行くのは後ろめたかった。しかし、「就職することは無理でも、実習だけでも」と勇気を出して頼みに行くと、園長が非常に温かく迎えてくれた。創価幼稚園の実習を通して、病が治ったという体験をする。「創価幼稚園の先生は理想の先生。このような先生になれるのは(創価学会の)組織で鍛えられているから」と考え、それまで追い返していた女子部の担当者に頭を下げて自ら活動をし始め、創価幼稚園への就職を果たしたのである。紀美代さんは県の少年少女部の担当者だが、「ずっとお姉さんになりたいって」憧れていたので、そのような「憧れのお姉さん」になれるように努力しているところであった。

一方、次女の多恵さんは調査当時ほとんど学会活動はしていなかった。創価幼稚園では「池田先生」との出会いもあり楽しい思い出ばかりだが、座談会はつまらない話ばかりだった。学会活動といえば、父が座談会で司会をしたり、牙城会で「警備しているっていうイメージ」、また、選挙カーに乗った父が手を振っている姿もよく覚えている。中学時代は、人材グループである大河グループに選ばれて札幌各地の中等部員と交流したこともある。しかし、高校に入るとアルバイトに忙しくなり、会合に参加しなくなる。卒業後の就職はうまくいかず、調査当時は正社員での就職を目指しつつもアルバイト生活であった。勤務時間が不規則なこともあり、学会活動は難しいと感じている。けれども、姉や身近な女子部員が活動をするようになってから「変わった」のを見て、「自分もそうなりたい」と毎日の勤行・唱題に取り組み始めたところであった。

多恵さんの創価学会の思い出には、男子部時代の父悟さんの活動の姿が色濃い。活動し始めてからの男子部時代の悟さんは、夜はほぼ家におらず、活動に励んでいた。壮年部に移ってから悟さんが「夜に家にいるので驚いた」と多恵さんはいう。悟さんは「男子部は若く勢いがあり楽しかったが、壮年部はそうはいかない」と感じている。

紀美代さんたちは子どものころ、「会合にばかり行かないで、どこか連れて行ってほしい」と頼んだことがある。そのとき父母は会合を休んで外食に連れて行ってくれた。「悪いな」と思い、それ以降はわがままを言わないようにしたという。紀美代さんも父が「会合のとき、前で指揮をとったりとか、講義をしたりとか、そういうの見たら、うちのお父さんすげえなあって、そこだけ見てる。後はほかの話聞いてない。そういうの見てるから、そういう活動している姿を見てるから、自分もいま女子部になったんだって思える」と話している。青木さん姉妹の事例では、特に父の姿が印象的に語られたが、母が『聖教新聞』の配達員を長年続けている姿や、毎日長時間唱題をしている祖母の姿も「すごい」と尊敬していた。

入信第一世代のサチさんには、夫の暴力や経済苦、自分の病気と「貧・病・争」の悩みを解決してきた体験がある。第二世代の美佐江さんにも、病気や経済的問題がなかったわけではないが、サチさんほどの強い体験はない。しかし、サチさんの信心によって娘を幸福にしたいという思いはその結婚の際に強く表明され、悟さんを信仰に導いた。信仰が一家の幸せをもたらしたと解釈されている。悟さんが熱心に学会活動に励んできたことは、娘たちには肯定的に受け止められており、創価学会への信頼につながっている。一度活動からは離れたものの、紀美代さんは就職などの問題を機に発心し、活動的会員となっている。現在は活動していない多恵さんも将来的には「変わりたい」という思いを発心の動機としていく可能性は高い。この背景には、祖母や父母が信心を通して、功徳の体験を得てきたこととともに、日常の活動の中で創価学会への肯定的イメージを育んできた影響も大きかったと思われる。この一家の信心を強制しないというスタンスも、創価学会とその活動への肯定的なイメージを形成し、信仰継承が起こりやすい環境を生み出したと思われる。

逆に、両親や祖父母が信仰を強制するスタンスだった場合では、創価学会への否定的なイメージが強化される可能性が高い。悟さんと美佐江さんの結婚の際も、信心のことが原因で「別れる寸前」まで行ったことがあり、破談になる可能性もあった。また、結婚後も、美佐江さんやサチさんが活動を悟さんに強制していたら、離婚に至っていた可能性も考えられる。同様に、「会合ばかり行かないで」と懇願する娘たちを活動優先で拒絶し、信仰を強制する態度でいたら、子どもたちが持つ信仰活動に対するマイナスのイメージが強くなり、創価学会への肯定的な構えが醸成されなかった可能性も高い。現段階では、脱会した二世信者へのインタビューはまだ実施していないが、実施した場合には、上記に挙げたような創価学会へのマイナスイメージが醸成されやすい状況が語られるのではないかと推測される。

では、改めて親と教団が信仰継承に与える影響について検討してみよう。

信仰継承における親から子への基本のラインは、「子どもを思う親の心」が、「子に信仰を継がせること」である。創価学会の信心を持つことのみが幸福への道と親が考える限り、完全なる子の幸福は信仰継承をした姿以外にはありえない。発心を「子の成長」とみる親の視線が内面化されている。その具体的な表現として、親が子のために祈る、独り立ちのときに御本尊を持たせる、あるいは転居先の組織に連絡をとって組織につなげることが、子への親心の表現となる。子はその親心を理解している。「信心すること、信仰継承をすることは親孝行」という認識がモデルどおりに内面化されている。ただし、親子関係が良好であれば、親は子を思い、子は親を思う関係となり、信仰継承のされやすい環境が整うのであり、どのような場合でもこのモデルが採用されるわけではないだろう。

創価学会活動や親に対する肯定的なイメージの形成については、活動を絶対視したり、強制したりする権威主義的な傾向があまり強すぎないほうが信仰継承の可能性が高まるものと推測される。また、身近に信心をすることによって明確な功徳の体験を得ている家族がいることや、生き生きと学会活動をしている学会員の姿を見ることも効果的である。創価学会への肯定的な構えが維持されていれば、現時点で創価学会活動をしていなくても、きっかけがあれば親や担当者からの働きかけを拒絶せず、再び組織につく可能性が高まる。

創価学会への肯定的イメージの形成や、発心のきっかけ形成については、親だけではなくむしろ教団からの働きかけが重要である。教団が提供している様々な行事や人材育成組織は、一定程度有効に機能している。任用試験などの教学の勉強、文化祭や高等部総会などの会合運営への関わり、鼓笛隊や合唱団、人材グループ、創価幼稚園、創価学園や創価大学などを通した親密な創価学会組織との接触により、発心する人は多い。

二三歳の男性で、両親ともに学会二世と生粋の学会三世である御木本さんの発心のきっかけは、子どものころからの流れで会合に参加しているうちに役職をもらったことである[126]。活動者が少ない地域で活動するうち、創価学会における自分の使命や責任を感じたゆえに活動に励むようになった。御木本さんは、「宗教教育もしつけの一環ではないか」と語る。

信仰継承の場面では、親から子への影響が大きいことが確認される。一方で、親が信仰活動に熱心でない場合にも、青年部員による家庭訪問などによって二世信者が活動を開始する事例もある。

二〇歳の男性、宮崎さんの両親は入会しているだけで熱心に活動しておらず、家庭訪問をされる側の立場であった[127]。しかし、なぜか子どもたちを未来部の会合に行かせることには積極的で、宮崎さんも弟も少年部員会に参加していた。面倒くさかったが、中等部、高等部にも参加し、「会合で何か言わされるのは嫌だが、行かなきゃ」とは思っており、創価学会批判には反発するほうであった。創価学会から離れるつもりもないが、積極的に飛び込む気もない状態である。しかし、大学受験をきっかけに唱題の力を感じた。「男子部の人に学生部は鍛えられると言われて、すごいビビって、嫌だなー」と思ったが、一回会合に出てみたら「こいつらはすごいなと。アホなことも真面目なことも語れるのはカッケー(格好いい)と思って」「カルチャーショックを受けて、学会のイメージが一新」され、活動に励むようになった。両親の活動状況については、「母親は活動してないし、父親も池田先生嫌い派。信心することに反対はしてないが、それほど熱心ではない」。しかし、宮崎さんの影響を受けて少しずつ母親が座談会に出席するようになってきており、「婦人部の人からは、宮崎君が信心を頑張ってるからだよと言われている」「自分の影響かどうかはわからないけど、(母の信仰状況は)ちょっとは良くなったかな」とみている。

この事例でもみられるように、あまり熱心でない創価学会員の親を持つ二世信者が信仰活動に励むことによって親の活動までをも活性化するというパターンは、活動的信者の中にも内面化されているものと思われる。

いずれにしても、二世信者の活動の活発化の契機として、女子部や男子部の活動的会員からの働きかけが重要な要素である。教学試験や鼓笛隊などの機会があっても情報が得られなければ参加できない。まめな家庭訪問の中で部員の様子を見ながら適切な励ましを与え、尊敬すべき人間モデルを提示する、というのが理想的な形である。これらのすべての要素がそろっていなくても、二世信者本人に創価学会への肯定的なイメージが形成されていれば、信仰継承の可能性は高まる。創価学会への肯定的なイメージの形成についても、親だけが単一の影響要因ではなく、他の信者から受ける影響も少なくないのである。

最後に、信仰継承における親の影響について、もう一点指摘しておきたい。

信仰継承をしないパターン3で紹介した相模さんは[128]、結婚して数年間は子どもができなかった。「このまま子どもがいなくてもいいかな」と母に話したとき、いつも唱題をたくさんあげる母親が「この信心は誰が継ぐんだ」と大声をあげて怒った。これに感化され、不妊治療に踏み切り、二人の子どもに恵まれている。相模さんの母親は長男も長女である相模さんもその配偶者たちや子どもたちも「素直に信心」していることが嬉しいと語っている[129]。

相模さんの事例では非常に明示的に示されているが、特に女性の信者の場合、「後継ぎの子ども」を産み育てるということが、いわば「使命」として受け取られている側面がある。池田が、「母」を熱心に称えるなど、創価学会においては女性の人物モデルとして「母」のイメージが強い（池田大一九九七a、一九九八、二〇〇〇）。ただでさえ、「後継ぎ」を産むことが期待されてきた日本の風土の中で、女性には、創価学会員として「母」となる「使命」も醸成されていると考えられる。家族において世代間信仰継承を重要視する考え方が、子どもの出産を促進する要素ともなっている可能性が指摘できる。

順調に信仰継承をするためには、配偶者選択も重要なポイントである。「信心している異性との結婚」を親が期待することは男性も同様であるが、特に、女性の二世信者には「信心している男性」との結婚が期待されている。結婚・妊娠・出産・子育てといった営みは、本来的には男女の別なく関わりのある事柄であるのだが、一般的に現状としては女性の問題としてみなされやすい。子どもを出産するか否かについて、実の親が口を出しやすいのも、息子よりは娘に対してであろう。

また、一般的に、創価学会では父親よりも母親のほうが信仰熱心である傾向がみられる。中学生時代の母親と父親の信仰態度について尋ねた調査票調査の設問（ＧＱ７）では、点数が高いほど熱心になるように値を振り直した最大値が四のところ、母親の平均値は二・六から三・六なのに対して、父親の平均値は二・〇から二・八の幅になっている。信仰継承に際しては、母親の影響力が強く出てくるものと考えられる。

インタビュー当時二四歳だった女性、篠崎さんは「結婚相手は学会員か学会に入ってくれる人じゃないとダメ」と語り、数年後自ら折伏した男性と結婚した[130]。二世信者である篠崎さんの母親も結婚に際して、夫を折伏している。先に登場した大国さんも、その母親も、結婚相手として信心している人を希望していた。

男性の二世信者やその親には、あまりはっきりとそうした希望を述べる人は多くない。もちろん、「信心しているお嫁さん」は息子の家庭が幸福になる条件であるとは考えられているが、娘の夫が信心することほど重要な要件としては考えられない。

篠崎さんの父親が娘と息子に対する将来の希望を語った言葉を挙げておこう。

「健康でね。娘であれば、優しい旦那さん。息子であれば、良い仕事としっかりした嫁さん。そうですね、周りの人たちと熱心に信心してね」

娘には「良い仕事」は重要視されていないが、息子には「しっかりした嫁さん」とともに、「良い仕事」が望まれている。しかし、調査票調査によると、「配偶者」が発心のきっかけの人物となっている例は、女性が三・六％なのに対し、男性は八・一％であり、むしろ「信心している人との結婚」が信仰継承に結びつきやすいのは男性のほうである。むろん、「娘の結婚相手には信心している人を」との願いは、娘が信仰継承をしていることを前提として、「娘が苦労しないで済むために」親が望むことである。逆にいえば、息子が信仰継承をしていることを前提としても、その妻が信心しているか否かは、息子の苦労とはあまり関係がないと考えられている、ということである。

この点は、創価学会独自の価値観ではなく、女性が家庭役割を重視され、男性が稼得役割を期待される、日本ではいまだ根強い性別役割分業の影響であろう。創価学会では、このような性別役割分業の変革は意図されない。その枠内でいかに幸福を実現するかが問題なのである。

また、創価学会の先輩信者に人生のモデルを意識するのは女性が多い（「憧れのお姉さん」）。もちろん、男性の場合も「男子部の先輩」が重要なモデルとなるが、宮崎さんのように「自分の人生をよりよくするために」選んだという語り方を好む人が多い。この語りの重点の置き方の違いにも、性別役割分業意識の影響が見受けられる。女性にとって「憧れのお姉さん」の先には、婦人部員、すなわち「母」となることが想定されている。この影響で、家族関係の維持目的で強い確信もなく継続的に活動を続ける形の信仰継承が男性よりも女性に多い可能性がある。たとえば、大国さんは三人きょうだいの末っ子で上に二人の兄がいるが、兄は二人とも創価学会活動には熱心ではない。父親がそれほど創価学会の信仰に熱心ではないことが影響している可能性もあるが、母親からの信仰継承の期待が息子に対しては、娘ほどには強く影響していない可能性もある。

全般的に母親の影響は男女ともに強いものの、女性のほうがより強く影響を受けており、父親の影響は男性のほうに強く出る傾向が見受けられる。母親のほうが信仰熱心な家族が多い中で、それほど信仰熱心ではない父親を見ている場合には、男性の信仰継承の可能性が女性よりも低くなることは必然であろう。篠崎さんの父親は、女性は「自分の生活、家族の生活のすべてを背負って根の張った信心をしている」が、男性は「仕事もしていて、知識的に分かっているだけで、生活をどっかに置いておいて革命してやるぞという運動論だけ先に入っちゃってる」と語っている。

第四節　まとめ

信仰継承のパターンとして、第一に継続的な信仰継承、第二に離脱後の信仰継承、第三に信仰継承をしない場合に大きく分けて議論してきた。順調な信仰継承は、悩み解決目的、人生の指針目的、家族関係維持目的に分け、離脱後の信仰継承の構造は順調な信仰継承と似ているが、その後の組織活動へのスタンスの違いが現れることを指摘した。信仰継承をしない事例については、会員であるが活動しない場合、正式な脱会はしないが批判的にみている場合、正式に組織を離れ反対する場合の三つに分けて事例を提示した。

親と教団の影響を総合的にみるために紹介した青木さん一家の場合、美佐江さんは順調な信仰継承で父親の問題を母とともに乗り越えて信仰継承を遂げたパターンであり、紀美代さんは、学会活動からの離脱後、人生目標や訓練の場を得るために信仰継承をしたパターンである。また、多恵さんは、会員ではあるが活動しないパターンから離脱後の信仰継承に移行しようとしている段階とみることができる。

青木さん一家の第一世代である木下サチさんの夫は炭鉱労働者であり、家族関係・経済的問題について苦労しながら、第一世代の親と第二世代の子はともどもに信仰を支えに生きてきた。札幌で年配者に聞き取り調査をしていると、第一世代の信者には炭鉱や開拓のために移住してきた方々が多く、創価学会の信仰と組織が苦労を乗り越える支えになっていた事例も少なくない。このような苦労を子どもとしてともに経験した二世信者は、何か特別な事情がなければ創価学会に対する「肯定的な感情」を継続して持ち続ける場合が多いように思われる。美佐江さんもその一人であろう。また、そうでなくても、楠木さんとその弟のように自分の病気や家族の病気などを乗り越えるために信心によって家族のきずなを深めてきた場合には、信仰継承は確実になるだろう。

しかし、第三世代の信者は、第一世代の生々しい苦労は目にしていないことが多く、紀美代さんのように「中学時代に反発心を持つ」ようになるパターンが男女ともに多い。多恵さんのように「創価学会の信心は良いもの」という基本的姿勢を継続している場合は、きっかけがあれば活発に活動するようになる可能性を秘めているが、田森さんのように創価学会に対する基本的な信頼感が薄い場合には、活動から完全に離れ、活動を再開する可能性は低くなる。下山さんが活動的信者になり、田森さんが創価学会から完全に離れないでいることは両親が創価学会への肯定的イメージを持ち続けているためと考えられる。

また教化や折伏についての考え方も世代によって違いがみられた。第一世代のサチさんが悟さんに信心を半ば「押しつける」ような姿勢を持っているのに対し、第二世代の美佐江さんは強制度が低くなっている。息子が上京するに際して、御本尊を持つよう説得した佐田さんも息子への親の思いを語る形で説得し、本人が納得した上で持たせている。個人的な考え方の違いもあるだろうが、近年、強制的な方法が信仰継承においても功を奏しにくいという感覚が作られつつあるのではないか。

創価学会活動は肯定的イメージを持てなければ、西川さんのように「辛いもの」となる。この場合、母を酷使することに怒りを感じている木村さんのように信仰活動から離れる可能性が高まる。逆に、新谷さんのように「不要」とは思っても、創価学会への肯定的な感情を継続していれば、家庭訪問などをきっかけに信仰活動を再開する可能性も高くなる。

信仰継承が成立した親子関係の事例をみていくと、親子関係のきずなを強くする紐帯の一つとして教団とのつながりが有効に働いている。しかし、田森さんの事例からは、田森さんが「信仰と自分とどちらが大事なのか」と親に迫ったことがあるように、親の信仰活動が親子関係を破綻させる引き金となる可能性が推測された。青木さん一家では火種とはならなかったが、「お父さんがいないのは学会の特徴」(紀美代さん)であることは、場合によっては、親への反発と創価学会への反発が合致してしまい、親子関係を複雑にするかもしれない。創価学会は親子関係を円滑にする要素となりうる可能性も持っているが、同時に危うくする要素でもあり、この点の評価は容易にはできない。

親子関係研究では、これまで主に親と子の二者関係について論じることが主流であった(本田由 二〇〇八)。しかし、親子関係の形成には家族関係以外の社会的集団、たとえば、学校や育児書における価値観も大きな影響を与える。これらの影響も考慮せねばならない。

雇用や労働の状況などの社会のあり方から個々の家庭や個人が被るひずみを研究している分野として、育児不安や育児ネットワーク、育児支援に関する研究があるが、親子関係に生じる問題を家族単位あるいは家族内部で分析するのではなく、家族を取り巻くより広い社会状況や家族外部の集団や個人との関わりから論じる視点を導入する上で大きく貢献してきた(山根 二〇〇〇)。

育児不安には、母親の人間関係の広がりの有無、母親が家庭外に活動する機会を持っているかどうか、母親のアイデンティティ(自分の時間、自己表現の機会)の三つの点が関係していると指摘される(山根 二〇〇〇)。母親の人間関係において、夫は特に重要な位置を占めており、育児に対する「夫の協力の欠如」は母親の育児不安を高める要因となることが明らかにされている。

創価学会の家族では、母親のみが信仰熱心であることも多い。また、両親ともに熱心である場合にはちょうど育児期に当たる男子部時代の父は活動が忙しくて家庭では「不在」である。いずれも「夫の協力の欠如」を促進する方向である。一方で、母親が信仰活動に参加することで、家庭外の活動の機会や自分の時間、自己表現の機会を得てアイデンティティを豊かに持つことを可能にもしている。

一九九〇年代以降、「エンゼル・プラン」など行政主導の育児支援が語られるようになり、行政やマスメディア、研究者が「育児不安の遍在とサポートネットワークの必要性」という解釈枠組みで育児問題をみるようになってきた。育児支援という概念は、少子化対策の一環としての正当な地位も確保しつつある。しかし、企業や集団が性別役割分業を前提としている場合には、制度的整備があっても結局は女性が育児とそれに伴うコストを背負い込んでしまう可能性は高い(萩原 二〇〇六)。創価学会における活動も、女性に育児責任を負わせる方向になっているように思われる。

家族外の集団や個人が親子関係に与える影響については、正の影響(支援)ばかりでなく、負の影響(障害)についても読み取る必要がある。家族外の集団や個人が援助・支援を与えるものと前提して分析することは適切でない。むしろ、社会的・文化的な制限のもとでは、家族外集団が積極的に性別役割分業の正当性を主張するなどして、円滑な育児支援を阻害する可能性も否定できない。創価学会家族の事例においては、根強い性別役割分業が信仰継承のあり方にも男女差を生み出していることが示された。

しかし、同時に子育て支援を求める声が高まっているのにみられるように、家族外の集団の子育てへの働きかけがますます重要になってくることは間違いない。それには、家族によるしつけが困難になっているという認識がある。その要因の一つとして、しつけの準拠となる目指すべき社会集団の不在という問題がある(千葉 一九九九)。現代ではしつけは専ら親が行うものとみなされる傾向にあるが、その親にしつけの基準を与えるのは、専ら家族外にある社会集団である。

社会的・文化的影響のもとにあるしつけ・子育てということを考えてみると、特定の宗教集団で活動を行っている親のもとに育つ子どもたちは、将来的にこの宗教集団の担い手となるべく期待されている点で、子どもがメンバーとなっていくべき具体的な集団や社会を明確に描ける可能性を秘めている。一方で、宗教集団はそれ以外の社会集団からは逸脱した存在としてみられる可能性やあるいは過剰に教団の社会的・文化的影響のもと制限を受ける可能性も秘めており、その結果として、宗教集団に育つ子どもたちが社会的・心理的な困難を抱える可能性もある(猪瀬 二〇〇二)。どちらにしても、その価値基準を提示するのは、親自身ではなく、宗教集団であることに注意が必要である。ここまでは親からの影響が議論の中心であったが、次章では教団組織の子どもたちへの具体的な取り組みについて創価学会未来部を事例に検討しよう。

第七章　未来部組織の変遷

第一節　未来部の歴史的展開

本章では創価学会未来部の状況について検討する。次節以降では、主に北海道の創価学会未来部の取り組みとその変遷についての分析を行うが、本節ではその前提として、創価学会全体の未来部の歴史的展開について明らかにする。

特定教団における二世信者の問題を取り扱う研究として、杉山(二〇〇四)が崇教真光を対象に比較的詳細な調査を行っている。[131] 宗教的社会化とアイデンティティという概念を基軸にすえて、宗教心理学的な視点から二世信者の事例を扱い、インタビュー調査と調査票調査の両方の手法を用いて、宗教的社会化に信念、儀式すなわち宗教的活動、共同体などの複数の側面があり、それらの進み方が一様でないことを確認している。

杉山(二〇〇四)は、「共同体の次元」という宗教の集団としての特性に鋭く着目している。しかし、宗教心理学という個人に焦点を当てたアプローチをとっているため、共同体的な場を提供している当の宗教集団側の組織上の問題については踏み込んでいない。

だが、教団の宗教的社会化、宗教的文化伝達のプロセスを明らかにするためには、教団側からの子どもへのアプローチをできるだけ詳細に明らかにしていくべきだろう。

創価学会は創立以来、八〇年を経過しており、この間に様々な契機を経て活動の方針を変えてきた。創価学会組織自体の規模も拡大・安定し、海外展開も遂げている。国内では支持政党である公明党が政権の一翼を担うようになり、地方政治にも浸透している。

いまでこそ多大な影響力を持つ巨大教団となったが、敗戦後から数年間の創価学会は、壊滅状態となった組織を再度確立させることが第一の課題であった。一九五一年に戸田城聖が第二代会長に就任した後、一九五五年に三〇万世帯、一九五七年に七六万五〇〇〇世帯と世帯数を伸ばし、戸田の逝去後の一九五九年には一三〇万世帯、一九六〇年に池田大作が第三代会長に就任した後、一九六二年には三〇〇万世帯、一九七〇年には七五〇万世帯と順調に拡大・成長した。二〇〇八年現在の公式世帯数は、八二七万世帯となっている。

「折伏大行進」の時代には、何よりも成人の新入会員を増やす布教活動が優先され、次世代育成という課題はあまり重視されていなかったに違いない。しかし、一九七〇年代には組織の拡大・成長の勢いもおさまり、外部への拡大とともに組織内部の引き締めがより大きな課題となってきた[132]。信者の子どもたちを地域組織の一員として位置づける未来部組織の確立は内部引き締め策の一環である。

高校生以下の信者を対象とした組織が正式に作られたのは池田の会長就任後の一九六四年である[133]。全般的に一九六四年以前の段階では、組織として信者の子どもたちに何らかの宗教的教育を施そうという意欲は強くはなく、信仰の問題も家庭教育の範囲として捉えられていたと推測される[134]。第三章でもみたように、子どもを教化しようとする視線は当然ながら存在したが、子どもに特化された信仰モデルは確立されておらず、たとえ小学生であっても大人とそう違わない信仰態度が期待される側面があった。

実際に、高等部ができる以前は中学生、高校生などでも活動的な者は、「男女青年部員として活動し、第一線組織のリーダーとして、十人ほどのメンバーの責任を持つ人も少なくなかった」(池田大二〇〇一b：一〇八)。ある程度の年齢になれば、老若男女にかかわらず「人材」として登用していく柔軟な組織構造であった。[135]

　これに対して、一九六四年以降に確立された未来部組織は、当初は選抜された高校生のみを高等部員とする人材グループ的な組織であった。だが、次第に全国的に信者の子どもたちを把握する地域組織として確立していく。

　一九六四年六月一日、六月度男子部幹部会の席上で、「高等部、中等部を組織する」との発表がなされた。昭和三九(一九六四)年六月四日付けの『聖教新聞』の一面には、「新たに中等部作る：青年部。学生部：高校生対象に「高等部」も」という見出しで、秋谷城栄青年部長(当時)の話が掲載されている。まず「中等部」が小学校五年から中学二年までを対象に青年部の一部門として、東京と大阪の部隊を皮切りに全国に展開する形で作られ、高等部は学生部の一部門として設置する計画であった。これを受けて、一九六四年九月には高等部長が東京で三四名(男女各一七名)、関西で三二名(男女各一六名)が任命され、一〇月には総支部単位にグループ長制が設置され、一一月には「高等部歌」が発表された。

　小説『新・人間革命』の「鳳雛」の章(池田大二〇〇一b：一〇七―二一〇)は、主に高等部の結成、高校生の活躍に物語の焦点が当てられている。これによれば、一九六四年の四月ごろに会長の池田(小説中では山本伸一)が青年部の首脳幹部と活動について協議した際、学生部長から「学生部の強化のために、浪人生や高校三年生なども、学生部が激励していくようにしたいとの提案」があり、それを受けた池田が「浪人生は、その方向でよいが、高校生については、三年生だけでなく、全高校生をどうするか、考えていこう」と受けたことが高等部結成の発端となっている(池田大二〇〇一b：一〇八)。

「高校生が男女青年部として活動することは、世代を超えた交流を図り、信心の触発をもたらすうえでは、大きな意味がある。しかし、高校生にとっては、学業の励みになるような組織のあり方が大事であると、伸一は考えていた。それには、高校生だけの独自の組織をつくるべきではないかという、強い思いがあった」のである（池田大二〇〇一b：一〇八）。

これは小説内の記述であるが、『聖教新聞』（昭和三九（一九六四）年九月二四日付け）にも、「高等部は折伏や学会活動のための組織ではなく、本分は学業」という記述があり、結成当初の高等部組織は「勉強」（大学受験）に重点を置いて作られていたことがうかがえる。

結成当初の高等部は全員加入ではなく選抜式であり、地域組織というよりも幹部候補育成を目的とした組織（人材グループ）に近い性質のものであった。「各本部ごとに、核となるメンバーを、男女五十人ずつ、つくっていく」方針で（池田大二〇〇一b：一一四）、主に大学進学希望者が選ばれる傾向にあった。だが、高等部結成の翌年一九六五年には高等部は学生部から独立した。高等部が学生部にあると高等部員の多くが大学進学者に偏ってしまうが、高等部本来の目的は進学する高校生も就職する高校生も信心第一で勉強に励み、将来の学会を担う人材として成長することにあるので、趣旨に沿わないことを独立の理由としている。その後、高等部員を「一〇万人」「一八万人」に増加させる、といった部員拡大キャンペーンが張られ、高等部は部員拡大の目的を併せ持つ組織となった。

高等部が設立された直後は、高等部の結束・統合を促進するための様々な取り組みが立て続けに行われている。一九六五年に署名活動、同年七月に高等部員一〇万名達成の目標を発表、八月には高等部が学生部から独立し、高等部旗の作製を発表、一〇月には部旗授与式が行われた。同年一一月には池田より高等部に向けた巻頭言が機関誌『大白蓮華』に掲載され、高等部バッジの製作を発表、一二月には各部員に配布されている。

翌一九六六年一月には、一部の高等部員が大石寺で池田とヒマラヤ杉を記念植樹し、これらの部員で「五年会」が結成される。[136] 一部の選ばれた高等部員対象（首都圏）に池田自らが御書講義を行うなどの精鋭の人材育成にも取り組み、同年六月には、会長講義を受けた高等部員を「鳳雛会（男子高等部）」「鳳雛グループ（女子高等部）」として結成した。以後は全国的に少数精鋭が選抜された人材グループが高等部内に作られている。

一方で、一九六七年には高等部員一六万名を達成、すぐに部員一八万名の目標が新たに立てられる。[137] 結成当初は各本部男女各五〇名という選抜人事で組織された高等部も、これらの部員拡大運動の中で、ほぼ全員加入に近い地域組織へと変化していった。

一九六八年八月には、新たに女子高等部長制がしかれる。同時に副高等部長制も作られ、高等部組織の拡充が図られている。

また同年八月には高等部向けの機関紙『鳳雛ジャーナル』（月一回）が発刊される（翌年『高校新報』に改称。現在は月二回発行）。これ以降、『鳳雛ジャーナル』（『高校新報』）は御書講義の教材にも用いられるようになる。つまり、年少者向けの教学教材が準備されるようになったのである。

「五年会」や「鳳雛会」「鳳雛グループ」などの高等部の人材グループに象徴されるように、未来部の組織は池田会長から薫陶を受ける存在として強調されていた。勉学を重視していたことが影響して、創価学会主催で学力コンクールが行われていたこともある。一九六九年二月に行われた第二回学力コンクールからは全国で行われ、各地の高校生が国語・英語・数学の学力を競い合っていた。[138] なお、現在、学力コンクールは行われていない。一九七〇年代以降は、毎月一回日曜日を「高・中・少の日」「未来部の日」として部員会等を開き、年に一回程度『高校新報』や『小学生文化新聞』『中学生文化新聞』など、高等部・中等部・少年少女部向けの機関紙が「読書感想文コンクール」「作文コンクール」「絵画コンクール」などを開催したり、「英語スピーチコンテスト」を開催したりするなどの形で、未来部員自身が創価学会活動の中に「自主的」に参加できるような年間行事が定着した。

初期の一〇年間で高等部の組織作り、指導体制の基本的な形はほぼできあがった。組織化は学会本部側からの計画的な指示のもとにトップダウンの形で行われた。

発足当初は小学校五年生から中学校二年生が所属することになっていた中等部については、間もなく小学生は少年部、中学生は中等部という区分に直された。少年部、中等部も結成当初の各総合本部あるいは各総支部五〇名程度の選抜人事から次第に拡大されていく過程は高等部と同様である。

少年部は一九六五年九月二三日に結成された[139]。発足当初、少年部員になるには「地区部長、地区担当員以上の幹部の子ども」という条件がついていた。この制限は一〇月には「班長、班担当員以上の子弟」にまで拡大、一九六六年には中等部、少年部ともに部員一〇万名の目標を掲げ、「組長、組担当員以上の子弟」からも少年部員を選ぶように拡大されている。少年部員をある程度の幹部以上の子どもに制限することによって、組織基盤を固めることが意図されていたと思われる[140]。

高等部が結成された一九六四年以降の一〇年間は、特に明確に創価学会内において二世信者育成の重要性が意識されるようになった時期である。一九六九年には、高等部統監部が設置され、未成年の信者の人数把握を積極的に行う動きがみられる。

未来部が設置されてからは中学生や高校生が青年部と同じように役職を持って活動することはなくなった。つまり、この時期に創価学会の組織において、青年部と未来部(大人と子ども)の区別が明確になされた。そして、第三章で検討した師匠としての池田、大学や学園の創立者としての池田を慕う「学会っ子」のイメージが作られていった。

なお、一九六〇年代半ば以降は、創価中学・高等学校が東京に開学される(一九六八年)など、教育機関の整備も進められた。その後一九七一年には創価大学が、一九七三年には関西創価女子中学・高等学校（のちに共学化）が開学している。創価大学の設立が発表されたのは一九六四年であり、関西創価女子中学・高等学校の設立が発表されたのは一九六九年であるから、いずれも構想自体は一九七〇年以前に創価学会の会員にも伝えられていたわけである。この時期に、創価学会において会員の子どもたちを将来の会員として育てていく意識が、組織活動の上でも明確になってきたことをうかがわせる。

一九七〇年以降はタテ線からヨコ線への大きな組織改編があったが、少年部については、すでに一九六七年の時点でタテ線（紹介者の縁）でのつながりで部員会を開くことは物理的に困難であり、地縁を重視した地域組織であるブロック組織を拠点として少年部員会を開くようになっていた（『聖教新聞』昭和四二（一九六七）年一一月一九日付け）。当然、中等部、高等部についても同様の問題があった。[141]そのため、一九七〇年からは創価学会の組織全体が地域ブロック組織へ改変され、未来部組織も地域単位の活動となった。

また近年では、「池田先生のもとで学ぶ」という意識から、東京と関西にある創価小学校や中学校、東京にある創価大学への進学希望者の増加を目指す機運も高まっている。その象徴となるのが、一九九九年の高等部教育部長制の設置である。高等部教育部長は、「勉学第一」の目標を青年部が特にバックアップするとのことで設置されたが、その活動の要点は創価大学への進学者を増やすこと、つまり、創価大学のアピール活動にあった。[142]未来部に対する創価学会活動は、創価中学、高校、大学といった創価学会の経営する教育産業への勧誘活動ともリンクしている。

多少の変更はあるが、現在までのところでは、宗門との分裂以降も年間行事、会合など未来部の組織的な活動、構造に大きな変化はみられない。ただし、一九九〇年代後半から、池田から高校生や中学生に向けた指導書が定期的に出版され、未来部における活動で活用されていることは注目される。[143]

会未来部年表

年	月　日	出　　来　　事
	10.1	高等部旗授与式(東京)。
	11.1	『大白蓮華』11月号巻頭言に「鳳雛よ未来へ羽ばたけ」掲載。
	11	少年部はこれまで各総支部男女各25名から結成されていたが，男女各50名に拡大(9.23は予定の数字)。班長，班担当員以上の子どもが対象。
	11.21	地方で初の少年部員会。中等部，少年部の署名活動。
1966	1.3-4	高等部・中等部・少年部の初登山(大石寺)。
		ヒマラヤ杉記念植樹。男女高等部各256部に部旗授与，代表に高等部バッジ授与。
	3.28-29	高等部・中等部・少年部の春登山会。
	5.5	富士少年合唱団・希望少女合唱団の結成式。
	6.11	池田会長の御書講義が終了。講義を受けた高等部メンバーを鳳雛会(男子高等部員)，鳳雛グループ(女子高等部員)として人材グループを結成。
	8.10-12	夏季講習会(大石寺)。
		高等部に対し，池田会長が8指針を発表。常任幹事制設置。
		中等部に隊・区単位でグループ長制を設置。
		少年部歌を発表。
	8.21	第1回定時制高等部員会。
	8.27	中等部，少年部に地方部長を新設。関西，北海道，東北，中部，中国，四国，九州の7地方に中等部長，同副部長，地方少年部長，同副部長。
	8	中等部，少年部の部員各10万名を目標に。
		少年部員は組長，組担当員以上の子どもからも選ぶ。
		9月から中等部の組織にグループ長制を設置(隊・区単位)。
		部員会はこれまで少年部，中等部とも本部単位で開かれていたのを総支部単位で開く(部員が増加したため)。
	10.18	初の女子高等部就職者懇談会。
	11	高等部，中等部，少年部が初のブロック体制での部員会。
	12.28	少年部組織を第一部(小学1～3年生)と第二部(小学4～6年生)に分割。
1967	4.1	『小中学生文化新聞』創刊。
	5.5	全国5都市で「少年少女の集い」開催。
	7.21	高等部員16万名達成。部員18万名の目標発表。
	8.15	第1回中等部教学試験。
	8.26	主任中等部長，主任中等部副部長制を設置。
	9.14	関西鳳雛会第一期(男女各25名)発足。
	11.19	地方高等部に主任地方部長制設置。
1968	1.2	池田会長から少年部旗授与。
	4.2	初の創価学園入学式(創価中学・高等学校)。
	7.30	高等部員18万名達成。
	8.8-10	第4回高等部・中等部・少年部の夏季講習会(大石寺)。
		第1回高等部総会の席上，池田会長が5項目の指針発表。
	8.15	『鳳雛ジャーナル』(現『高校新報』に翌年7月改称)創刊。

表 7-1　創価学

年	月　日	出　来　事
1955		本郷，鶴見，蒲田，足立，堺などの支部において少年部(地域限定的なもので，未来部の前身に当たる)が作られる。
1963	1	初の「少年少女の集い」開催(東京)。
1964	6. 1	中等部・高等部の設置の発表(男子部幹部会にて)。
	6. 7	各本部別に高等部結成式。各本部男女各 50 名を選抜。学生部の一部として設置される。
	9. 20	第 1 回高等部員会(東京)。男女各 17 名の部長任命。
	9. 23	第 1 回関西高等部員会。男女各 16 名の部長任命。
	10. 18	第 2 回高等部員会(東京)。グループ長制設置。男子 77 名，女子 79 名のグループ長任命。
	11. 23	第 3 回高等部員会(東京)。男女別に開催。高等部歌発表。
1965	1. 15	中等部結成式。主要都市の各総合本部で男女各 50 名を選抜。小学 5 年生から中学 2 年生対象。北海道にも中等部結成。
		第 5 回高等部員会(東京)において，現役高等部員を第一期生と命名。
		全国の各本部に高等部設置。全国各地で第 1 回部員会開催(北海道の各本部も)。
	2. 14	高等部第一期生の署名運動。
	3. 21	中等部結成式。男女各 100 名の組織に拡大。
		第 7 回高等部員会(東京)。班長制設置。第二期部長 24 名，グループ長 120 名任命。
	5. 5	高等部第二期生の署名運動。
	5. 16	高等部，中等部，富士希望会(少年部の前身)の夏季講習会への参加が発表される。
		高等部・中等部・富士希望会の会合の開催は月 1～2 回との決定が発表される。
	7. 11	全国高等部長(男子部)が誕生。部員 10 万名達成の目標が発表される。
	8. 10	高等部が学生部より独立。
		高等部，中等部，富士希望会の参加する夏季講習会開催(大石寺)。この中で，池田会長が少年部結成の提案を発表。
	9. 2	地方高等部長(男子部)，副高等部長(女子部)25 名任命。中等部に，指導部長(男子部)，指導委員(女子部)，各部隊に中等部長(中学生)の設置発表。
	9. 12	第 12 回高等部員会(東京)。部が本部単位から総支部単位へ。第三期部長 414 名任命。
	9. 21	全国の高等部長男女各 167 名任命。9 月 12 日の人事とあわせて，男女各 374 名の高等部長。
	9. 23	少年部結成式。全国の地方本部単位。小学 1～4 年生対象。地区部長，地区担当員以上の幹部の子どもから総支部単位に男女各 50 名選抜。本部に少年部指導部長，総支部ごとに 4 名の指導委員を設置。
	9. 25	全国に高等部参与制設置。

年	月　日	出　　来　　事
		女子部長の指導のもとに一体化してはどうかと全員に諮り，採択される。
	9.15	初の全国英語弁論大会。
1976	5.5	未来部勤行会(関西)にて，池田会長が毎年5月5日を「創価学会後継者の日」と決定。
	10.17	創価中等部塾の開塾式。
1977	1.10	全国婦人部長から，少年少女の勤行について指導方針3項目の提案。
	7	夏休み期間を「未来部成長月間」と銘打つ。
	10.2	全国各地に中等部の中核グループ，大河グループが結成される。
1980	2.5	池田名誉会長が創作童話『雪国の王子さま』発刊(以降，数冊の創作童話が発表される)。
1981	7	「未来部躍進月間」に未来部週間を新設(特に強化する)。
	12.15	未来部長制が設置される(現在はない)。
1982	10.23	第2回世界平和文化祭少年部出演者による人材グループ，大樹会・平和会・ビクトリア会の結成式。
1983	7.20	池田名誉会長の創作童話『少年と桜』のアニメーション映画完成(以降，数作の創作童話の映画化・ビデオ化)。
1984	9.2	第1回未来部合唱コンクール。
1985	5	少年部初の絵画展開催。
	12.1	第1回読書感想文発表大会(少年部)。
1990	5	新宿新世紀大学校で全国初の「未来部ふれあいデー」。
1995	2	青年部編『未来部育成のために』が完成。各地の青年部の未来部担当者，地域によっては壮年部・婦人部の未来部育成部長などに配布される。
	7	未来部担当者を21世紀使命会と命名。未来部の新モットーは「勉学第一」「健康第一」，新スローガンは「正義を貫く誓いの人」「ベストを尽くす勇気の獅子」「世界に貢献平和の旗手」。夏休みに未来部塾を開催。
1996		『高校新報』に高校生向けの池田名誉会長の対談「青春対話」が掲載され，冊子として発刊される(以降，1998年には『青春対話II』，2000年には中学生向けの『希望対話』が機関紙掲載後に発刊される)。
1997	4	『高校新報』がカラー印刷に。
1999	7	高等部教育部長制を設置。「勉学第一」を青年部が応援する。
2005	1	未来部のサイト「未来部ネット」が開設される。
2006		未来本部設置。池田博正副会長が本部長となる。

〈表 7-1　続き〉

年	月　日	出　　来　　事
1968	10. 27	定時制鳳雛会発足式。
1969	1. 15	全国各地で第 1 回希望祭(「少年少女の集い」を改称)。
	1. 28	高等部に統監部を設置(部員掌握のため)。
	2. 23	全国で第 2 回学力コンクール(英・国・数)。
	4. 5	『小中学生文化新聞』が分割され，『小学生文化新聞』と『中学生文化新聞』に。
	6. 27	東京未来会第一期を結成(以降，全国各地で未来会を結成)。
	8. 3-5	男子高等部・中等部・少年部の夏季講習会(大石寺)。
	8. 12	第 2 回高等部幹部会(東京)。
		池田会長より 5 つの指針発表。原水爆反対全国高校連盟結成。
	8. 18-20	女子学生部・高等部・中等部の夏季講習会(大石寺)。
1970	2. 28	少年部，北海道など 5 方面で地方指導を実施。
	3. 1	少女部の設置。初代少女部長が誕生。
	4	スポーツ委員会，美術委員会，演劇委員会などが発足。
	6. 28	第 152 回本部幹部会の席上，池田会長が高等部，中等部，少年部が勉学に全力を注ぐため，その活動をさらに縮小させて月 1 回の行事のみとしたいと述べる。
	9	少年部，中等部において第 1 回作文コンクール開催(以降，ほぼ毎年実施)。
1971	2. 16	高等部・中等部・少年部の未来委員会発足。青年部に未来部育成のための委員会設置。
	2. 26	北海道に未来会が結成される。
	5. 5	第 1 回中等部スポーツ大会。
	7. 16	未来会が拡充したことにより鳳雛会・鳳雛グループの拡大停止。
	10	高等部の人材グループ，藍青会が発足(鳳雛会に代わる性格のもの)。
	11. 14	第 1 回中等部音楽祭。
1974	8. 25	第 1 回中等部教学実力試験。全国 1800 会場で。
	12. 8	第 2 回関西英語弁論大会。
1975	6. 5	第 1 回少年部セミナー(東京)開催。
	8. 17	第 2 回中等部教学実力試験。
	8. 24	本部幹部会の席上，池田会長がこれまで単独の組織として歩んできた未来部を，信心の一貫教育を進めるとの観点から，今後はすべて男子部長，

一九九六〜九七年には、高等部員向けに『高校新報』に掲載された池田と高等部長、女子高等部長との対談を収めた『青春対話』全五巻が刊行される。また、引き続き一九九八〜九九年には『青春対話II』全五巻が刊行されている。二〇〇〇〜〇一年には中等部員向けに『中学生文化新聞』に掲載された池田と男女中等部長との対談『希望対話』全五巻が刊行されている。これらの書物は、高等部員・中等部員の活動・指導の中で重要な教材として用いられている。

もう一つ注目されるのは、池田大作の長男博正（SGI副会長）の手記が二〇〇〇年から二〇〇三年にかけて『高校新報』に発表されたことである。この手記は『随筆　青春の道——私の若き日の記録』として鳳書院から二〇〇三年に単行本化されている。池田大作も『私の履歴書』『若き日の日記』などの青年のころの記録を数多く出版している。同様の趣旨の長男による手記が高校生向けの新聞である『高校新報』を媒体として出されていることとは興味深い(144)。若い世代の活動者層に博正の存在を印象づける意図が推測される。その後、二〇〇六年には未来本部が設置され、その本部長に博正が就任している。

とはいえ、未来部において直接的に子どもたちに触れ、影響を与えるのは各地域で「未来部担当者」として任命された活動的信者たちである。創価学会のような大きな組織であると、教団全体が指示することと地域での個別の活動にはズレが生じることもある。各地域での活動実態についても明らかにする必要がある。

第二節　北海道の未来部（一）——モデルを提示する機能

二〇〇四年四月から五月、八月から九月にかけて、北海道の創価学会において、北海道方面の未来部長の経験がある各年代の男女にインタビュー調査を行った。これらの証言をもとに、未来部員の把握、家庭訪問、会合の企画や連絡などを行う役職である未来部担当者[145]からみた北海道の創価学会における未来部の取り組みの変遷や、二世信者の活動の変化について検討する。

インタビュー協力者は、二〇歳代から五〇歳代の男性一五名、女性一一名、計二六名である。それぞれ一時間半から三時間ほどの時間をかけて活動経験のある人には自身の未来部時代の状況と、未来部長を担当していた当時の状況について尋ねた。[146]質問項目については、あらかじめ協力者に提示したが、質問紙には拘束されない形で自由に回答してもらった。インタビューを行った場所は、創価学会関連の施設、レストラン、協力者の自宅などである。協力者の職業については、全対象者二六名のうち一八名が創価学会関係の職場に勤める(公明党、創価幼稚園、民主音楽協会を含む)。それ以外の職業では、小学校教員が二名、公務員一名、一般会社員四名、その他一名である。女性は二二歳前後に、男性は二五〜三五歳の間に未来部長を担当している場合が多い。

未来部活動の頻度・形式・内容

未来部の会合の回数は、少年少女部、中等部、高等部いずれも月一回の部員会が基本である。これに加えて、夏休みなどの長期休暇に合わせて特別行事が組まれる。特に夏休み期間は、長期の研修などが組み込まれることもある。一九七七年ごろからは、「未来部成長月間」「未来部躍進月間」と銘打たれ創価学会全体で未来部に意識を向けるキャンペーン期間となっている。

会合の内容は、題目三唱から始まり、学会歌の合唱、体験発表や学会の歴史などの研究発表、御書学習、幹部指導の後に締めの題目三唱という内容と形式で行われる。少年部員会は楽しく感じてもらうことを重点的に考える傾向が強く、ゲームや出し物などの時間が長くなる。中学生、高校生になると次第にレクリエーション的要素は少なくなっていく。

毎月一回開かれる部員会には未来部担当者や親に促されて受動的に参加する部員がほとんどである。全く会合に参加しない未来部員も少なくない。その場合は、未来部担当の男女青年部による個別の未来部員への家庭訪問が創価学会との唯一の接触のポイントとなる。

一方で、ある程度活動的な未来部員は、会合の内容の決定や司会、発表など、会合を運営する側としての能動的な参加も期待されている。中等部になるとグループ長、高等部になると部長、グループ長という役職がつき、責任者としての役割、自覚を持たされる。未来部では、このような活動的な未来部員の中でも特に学業優秀で、親が学会活動に熱心で家庭のサポートもある子どもを選抜して、人材グループを形成している。[147] たとえば、中等部の大河グループなどである。各地域の実情に合わせた結成もあり、規模や名称も様々であるが、このような人材グループの目的は、現在の未来部活動および「今後の創価学会を担っていく中核メンバーを育てる」ことにある。

これらの人材グループは、子どもたちに対する教団側の意図的な教化の場である。未来部時代に人材グループに登用されても、成人後に創価学会の中核メンバーになるとは限らない。しかし、今回調査した未来部長経験者の多くが、高等部長や中等部グループ長を含めた何らかの意味での人材育成を目的とした未来部組織に所属していた経験を持っていることは確認された。

未来部担当者のモデル提示機能

未来部育成の直接的な担当者は男女青年部である。壮年部・婦人部にも主に小学生を担当する未来部育成部長と呼ばれる人たちがいるが、基本的には男女青年部が中心となって活動する。未来部担当者の仕事は、会合の企画・連絡・運営と部員に対する家庭訪問である。これに人材グループとなる部員の人選などの業務も入ってくる。支部、本部などの小さな単位の担当者は直接的に地域の部員全員と触れ合い、毎月の部員会を担当する。区や県、方面の担当者は、下位の担当者に対する指示を出し、かれらから紹介される「優秀な部員」を人材グループの一員として人選し、これらの活動的なメンバーを中心にして家庭訪問など直接的な接触を行っているほか、会合の指導幹部として呼ばれて話をする。

家庭訪問は創価学会活動の中でも非常に重要な意義を持った活動である。家庭訪問とは、部員の家を訪ねていき、部員と直接顔を合わせて話をすることである。諸事情により、直接部員と会えなかった場合には、手紙を書いたり、電話で連絡をとるなどの活動も含まれる。家庭訪問は、会合の場のような集団的な指導や接触ではなく、創価学会員と子どもたちとの一対一の指導・接触が生まれる場である。

未来部担当者は、未来部人とみなされた一人一人の子ども本人に対して直接的な関心を向けている。これらの未来部担当者は子どもたちに創価学会員としての将来のモデルを提示する。なお以下では、インタビュー回答者のプロフィールについて、「(年齢、方面担当未来部長としての役職名、方面担当開始年)」の順で紹介する。男子未来部長は男性のみ、女子未来部長は女性のみが担当する役職である。

「お姉さんから受ける触発っていうのはすごく大きかったなあと思いますね。人柄というか、そういうところでね、こういう人になりたいなあって思わせる人がたくさんいたというか。(池田先生のことなども話してくれて)お姉さんが言っているとおりにやってみようかなというのがありましたね」(三〇歳代半ば、女子高等部担当、一九九四年)

男性の場合は、女性のようにストレートに未来部担当者をモデルとして「こういう人になりたいと思った」という印象を語る人は少ないが、男子部員の家庭訪問や活動の様子に感銘を受けたことが活動を開始するきっかけとなった例は少なくないと思われる。

「(男子部の先輩が)自分も生活が大変な中、真っ黒いような感じのまんま駆けつけてくれて、信心について激励してくれた。そういうことを何回かそのー、積み重ねていく中で、このお兄ちゃんなら信頼できるな、というか。親から言われてそうだね、というのじゃなくて、この当時の男子部の先輩の方が自分のことを思って何回も何回も激励しに来てくれているんだな、というその真心というか熱心さに心動いて、じゃあ、真剣に(信心に)取り組んでみようかなと」(五〇歳代前半、男子中等部長、一九八〇年代前半)

このように一対一で創価学会員と触れ合う機会となる家庭訪問は、活動的な創価学会員の姿を子どもたちの将来のモデルとして提示する格好の機会である。未来部担当者には、未来部に所属する子どもたちの持つ創価学会へのイメージを肯定的に方向づけることが求められている。特に、未来部担当者は、親よりも年齢が近いため、若い男女の創価学会員モデルを提示する機能を持つ。この未来部担当員の対応や人柄が、二世信者の子ども時代の創価学会員のイメージ形成に及ぼす影響は大きい。逆に、場合によっては創価学会に対するマイナスイメージを子どもたちに植えつける可能性も秘めている。この点でも、家庭訪問でしっかりと創価学会への肯定的イメージを印象づけることは重要なのである。方面担当者の立場からも家庭訪問を非常に大事にする声が聞かれた。

「活動の根幹は家庭訪問をして、とにかく一対一で部員さんを激励するっていうところですね。そこに尽き

ますよ。そこに始まり、そこに終わる、という感じですよ。根本ですよね」（四〇歳代半ば、男子高等部長、一九八七年）

男女の違い

少年少女部の場合は男女合同の活動が基本的であるが、中等部、高等部になると、基本的に組織活動は男女別に行われる。大きな会合以外には男女合同で活動することはあまりない。男性と女性では同じ高等部員でも、教団から与えられる期待にも若干の差がみられる。たとえば、池田大作はかつて、大学進学の必要性について次のように述べていた。

高等部員はできるだけ大学へ進学すべきです。家庭の経済が許さないときには自分で働いて夜学へいけばよい。あるいは通信教育でもいい、自分の力で大学はでなさい。男子高等部員はいまからこの決意でいきなさい。ただし、体の悪い人、また家庭の事情でどうしてもいけない人は、高校を卒業して、あとは自分の信心、教学、努力で大学を卒業した以上の力を示す決心でいけば、それでけっこうであると思います。なお、女子の高等部員の方は必ずしも全員大学にいく必要はありません。いける人はいきなさい。そうでない人は、おのおの両親や先輩のいうことを聞き、福運を積んでいける信心根幹の人生を伸びのびと進みなさい。心配なことは、異性問題で一生を棒にふるようなことだけは、絶対にないように気をつけていただきたいということです（一九六六年）。（『二一世紀のパイオニア』刊行会　一九八〇：三八—三九）

「男子は全員大学へ」との一方で、「女子は全員行く必要がない」というメッセージである。[148]一九六〇年代から一九八〇年ごろまでの池田の指導には明確な男女差があった。

女子の皆さんは、福運豊かな女性になることが最も大切であるということを強調したい。福運は、理屈ではどうしようもないものであります。歴史上の偉人、傑物をみても、その母親が聡明で、しかも福運を持っていた人が大半であります。／この聡明さと福運は、皆さんの場合、学会活動と絶えざる唱題によって、涵養されるものであります。どんなにいいお婿さんをもらい、どんなによさそうな生活に入ったとしても、唱題をやめ、そしてまた、仏道修行をやめた場合には、この世で全部福運を消してしまう場合がある。また子ども、孫までの福運を全部消してしまう原因を作ってしまう。／家庭のなかにおいて、女性のあなたが、つねに〝唱題第一の人〟であり、今も、長い将来も、生涯、家庭での〝唱題第一〟の先駆者であるならば、あなたの人生は必ず勝利に輝くでありましょう。そして生涯、迷わずに学会とともに生き抜くことであります。女性には、女性の分野がある。広宣流布において、あなたが果たすべき任務はそのときどきにおいて明白に与えられていくはずであります。したがって、何があたえられようと、好ききらいで選別などしないで、すなおに、正直に取り組んでいく決心をいまからしっかり固めておくべきでありましょう。／そういう人こそが、ほんとうに聡明な女性なのであります（一九七三年）。（『二一世紀のパイオニア』刊行会 一九八〇：一七四）

女子部には、将来の婦人部として組織の基礎を作ることを期待するだけであり、創価学会組織のリーダーとしての期待は一心に男性に注がれていた。

しかし、このような指導が中心的であった当時でさえ、池田の指導を「女性も大学に行くように」との意味だと受け取った女性もいる。今回のインタビューの中では、五〇歳代前半の女性が、「池田先生は女性でも大学に行きなさいと指導していたので」、夜間の高校、大学を苦学して卒業している。池田も女性の生き方を画一的に語っていたのではなく、上記に続いて次のように述べる。

しかし、五障三従的に、ただ受け身の人生を送るべきだ、というのではけっしてありません。世界へ雄飛するもよし、志を立て、男子に伍して、社会の諸分野に打って出るのもよいでありましょう。現に、女性の博士だってたくさんいる。インド、スリランカ、イスラエル等は女性が一国の首相で、国の命運を一身に背負って立っております。イギリスでは、女性が君主である。／これは特例ではありましょうが、隣の中国では、すべての女性が男性と対等に、国家を担って建設にいそしんでいるといわれる。むしろ、未来の我国は、そういう方向へと進むと考えられる。／してみれば、真の女性解放の革命は、あなた方の出方ひとつにかかっているといっても過言ではない。勇気を持っていただきたい。そういうつもりで、未来を見つめ、女性の人生を考えていってください（一九七三年）。（『二一世紀のパイオニア』刊行会一九八〇：一七四―一七五）

とはいえ、別の四〇歳代後半の女性は、「当時は、世間の風潮としても女性は大学に行かなくてもいい、という感じだったので、自分も最初から行く気持ちはなかった」。池田の指導についても、「女子だから、大学には行かなくてもいい」と受け取った人々もいただろう。

最近では、女性と男性をこのように区別する志向性は薄れている。現在、高等部員のバイブルとなっている『青春対話』では、大学進学に関して次のように述べている。

私としては、高校は出てもらいたいし、できることならば、大学も出てもらいたい。通信教育や専門学校でもいい。大検(大学入学資格検定)もある。しかし、現実にはそうも行かない人もいるでしょう。私の知っている高校生も、どうしても高校がいやになり、自分の好きな職業に就いた。今では、上司からも大事にされるほど頑張っています。いわゆる「その道」で、生きがいを感じて頑張っている人も多い。それでいいと私は思う。大きく見れば、今までの「学歴社会」から「実力社会」へ、そして実力社会から「人道社会」へと時代は移っているのです。(池田大一九九六:六五)

指導の方向性は変わっていないが、「男子は全員大学」から性別を問わず「できることなら大学も」と調子は弱くなっている。これには「学歴社会から実力社会へ」「実力社会から人道社会へ」という認識が理由として挙げられ、自己選択を重視し、それぞれの個性を尊重する価値意識が強められている。「実力社会」という表現からは、女性でも社会で活躍する優秀な人材になることが望まれているともとれる。(149)

かといって、創価学会の未来部の組織や会合に男女の区別がなくなったわけではない。むしろ初期のころと比較すれば、男子未来部員と女子未来部員との交流の機会は減った。

高等部第一期生だった五〇歳代後半の男性は、「月一回の御書講義があった。それは男女合わせて一〇〇人で受けていた」。全員加入となった高等部は男女別になったため、当時の高等部を担当した五〇歳代後半の男性は、「男子は部員会を女子と合同でやりたがった。女子のほうは人数が圧倒的に集まっているので、男子高等部としてはうらやましいようだった。男女合同のときは楽しみにしていた。基本的には別々に活動していた」と語っている。

ただし、個別の事情によって状況は異なっている。たとえば、五〇歳代前半の女性は、定時制高等部で活動していたため、「会合はすべて高等部で運営していた。男女で相談して合同で、部員会も男女一緒にやっていた。

問題は特になかった」という。だが、女子部として高等部を担当するようになってからは、「男女で一緒にやるのは大きな会合くらいになった。ここ一五年くらいは、大きな会合があまりないので、ほとんど別に活動している」(150)。

未来部は、大きな規模の会合は男女合同でやっても、日常的には男女は別々に活動するのが基本方針である。多くの幹部が、「指導としては、男女は一緒にやるべきではないことになっている。実際、同性同士のほうがスムーズだし、都合が良い面が多い」と述べる。

以上は札幌で活動していた人びとの証言である。都市部以外では、活動的会員数の少なさから男女合同の活動もあった。高校生当時は釧路で活動していた三〇歳代半ばの女性は、「担当者抜きでよく高等部員同士で打ち合わせをした。年に一、二回、男女合同で部員会をやることがあった」。また、高校生当時は岩手で活動していた三〇歳代半ばの女性は、「高等部になるとすごく頑張っている部員と出会って、部員会も自分たちで企画していくのは楽しかった。その中で、地域に伝統を作ろうという動きがあって、男女一緒に活動した」。

会員数の多い都市部では男女別の活動が可能だが、会員数自体が少ない地方では男女別の活動が難しい局面もあり、男女の交流が深まりやすい側面があるのかもしれない。

男女の活動の差として、女子に比べて男子の集まりが悪い傾向が指摘されている。未来部長経験者の共通した意見は、「女子部はまじめだが、男子部はいい加減」である。女子部のほうが担当する子どもたちとの関係を密にとろうとする傾向がある。子どもたちの信心の継続状況についても、女性のほうが男子よりも継続性が高いと指摘されている。

「未来部のときは男女差をさほど感じなかったが、(未来部担当者になって感じたのは)男子部より女子部のほうがまじめであるということ。女子のほうが継続的に信心を頑張っている。中学生で頑張っている子はそのまま女子部になっても頑張っている。男子部のほうが単発的な信心の人が多い。未来部、学生部、男子部、壮年部と移っていくのだが、男性はその途中途中で断絶する傾向がある。発心の原因に違うところがあるのではないか」（三〇歳代半ば、女子高等部長、一九九四年）

全般的に、女子部は、子どもたち一人一人に対応した細かな配慮を駆使した活動を未来部に対して行う傾向がある。一方で、男子部は、それぞれの会合を期間限定的に盛り上げることなど、大まかに組織の活動を捉えるため、きめ細やかな対応には欠ける面がある。この差は、創価学会において、男性と女性に求められている活動の差である。なお、発心の違いとは、調査票調査の結果では明確に取り出せないが、男性のほうが勉強や仕事など自分自身の問題で発心することが多く、女性の場合は家族関係や家族の病気・怪我など人との関係性の問題から発心することが多い傾向があることを指しているものと思われる。このような男女に求められるモデルも、女性はきめ細やかな活動、男性は勢いのある活動というように未来部員が受け取るイメージは異なるものとなる。

しかし、現在の女子部は、組織の細分化や若年会員数自体の少なさ、働き方の変化によって、数十年前のようなきめ細かい対応をすることが不可能になっている。また、逆に男子部のほうは、数十年前のような理屈抜きの勢いで学会組織を引っ張っていくというスタンスではなく、細かい配慮をしたソフトな対応も求められてきている。これは、男女差が縮まっていく方向性といえるが、未来部での取り組みの内容が変化していることも反映していると思われる。次節では、未来部の取り組みの変化について検討してみよう。

第三節　北海道の未来部(二)——未来部組織における変化

未来部活動の変化

未来部活動の基本的な形式について変化はないが、子どもたちを取り巻く創価学会内外の環境の変化に伴い、この四〇年間に量的・質的な変化が生じている。

未来部の変化について尋ねると、未来部担当者から「勉学第一」という言葉が返ってきた。「『信心が根本』『勉学が第一』」(池田大一九九七c：八一―八二)という指導自体は、高等部発足当初から現在まで池田により繰り返されてきた言葉であり、新しいものではない。しかし、初期のころは「勉学第一」は実質的な活動指針にはなっていなかった。

「自分の未来部員のときは草創期のため、高等部員自身が男女青年部の役職を持って活動していた時代である。したがって、高等部が結成され部員に選抜されたことは、大変な誇りであり、成長への意欲をもって、部員会の参加、また座談会などに参加していた。自分が担当者になったとき(一九七七年)は、高校卒業以来、一〇年以上経過していたので、未来部自体の意識も変化し、進学率も高まっていた。したがって、私たちの年代の活動中心高校時代(高等部結成後は勉強優先)から、勉学第一の時代に大きく変化していた」(五〇歳代後半、男子高等部長、一九七七年)[151]

一九八〇年代に「部員会に積極的に参加させて信仰を教えよう」というスタンスから、「会合に多くの時間を割くよりも、とにかく勉強しなさい」という方向に変わったと話す声もある（四〇歳代後半、男子中等部長、一九八四年）[152]。

地域差や担当者の人柄・熱意の差などもあるので、一概にはいえないが、「勉学第一」とは、部員会の参加率をあげることよりも部員の学業成績を伸ばしていくこと、学業が振るわない場合は部活動などその他のことで何か一つでも頑張れることを持たせるようにする、という指導の方向性を指す言葉である[153]。現在では、活動の内容自体、参加者に多くの負担を強いるものは避けられるようになってきている。この「勉学第一」という方針が未来部において重視されてきた背景を推察するには、次の意見が参考になる。

「（子どもたちに）少なくとも中盤くらいの成績を目指せと（指導していた）。その理由は、ある程度の成績をとらないと大学に行けないっていう。大学に行くっていうことは、学会の社会的なステイタスも高まっていくということもあるし、やっぱり、解消されつつあるけど、日本ってまだ学歴社会だからね。やっぱり、学会の中で育ってきた、創価学会という家庭の中で育ってきた子どもたちが学校に行って、卒業して、それなりの一流会社だとか公務員だとか、いいポジションにつくことはやっぱり創価学会を発展させることになっていくわけね。なんか、社会を乗っ取っていくとかそういう次元の問題じゃないんだよね[154]。学会の根本的なことって一人の人を大切にするっていう、そういう理念だからさ。〈筆者：高等部時代は折伏とかそういうことじゃなくて、人生の基盤を作ろうと〉そうそう、全くそのとおりだね。高等部ができて、やっぱり初めてそういうのが鮮明になったというかね」（五〇歳代後半、方面高等部長、一九七七年）

二〇〇〇年代に方面男子中等部長を担当した男性は、中等部長を任命されたときに、幹部から「大学への進学率を上げてください」との指示を受けた。単に信心の面だけでなく、進学率の上昇が未来部担当者の任務として期待されているのである。幹部によると、北海道の学会員の大学進学率は、北海道全体の進学率と比べて若干低いとのことで、この点を改善したい意向であろう。高い社会的なステイタス、スポーツ・芸術・学問など多様な分野で活躍する学会員を増やすことによって、創価学会自体の社会的ステイタスを上げていくことが、創価学会の次世代育成の方針なのである。[155]

会合開催状況の量的・質的変化

現在では学会員に多大な負担をかける会合は避けられるようになっている。かつては定期的に「音楽祭」「文化祭」「スポーツ大会」などの大掛かりで事前の準備を必要とする会合が開かれていたが、近年では長期間の練習を必要とするような会合が未来部活動で行われることはほとんどない。[156]このため、基本的な部員会開催の日程が月一回であること、夏休みに大きな会合が予定されていることについて変化はないが、全体的に未来部員が未来部活動に関わる時間は減っている。

部員会も担当者の不足により毎月の会合の確保が危うくなっている地域もある。筆者が未来部担当者の二〇〇四年現在の名簿を閲覧させてもらったところ、札幌市内の区単位でも、担当者が不在である地域が少なくなかった。[157]二〇年前の担当者の話では、札幌市内での担当者の不在は滅多にみられなかったという。また、担当者の不足だけではなく、効率的な選挙活動をにらんだ組織全体の細分化が進んでおり、それに伴い会合の数も増えている。このため、未来部のために会合を行う場所や時間を十分に確保できないという事情もある。特に、選挙活動の時期には、将来を担う未来部の育成という長期的な目標よりも、立候補者を当選させるという目先の目標のほうが切実かつ緊急な課題となるため、未来部の会合や未来部員へのケアはおろそかになりがちである。

また、未来部では「勉学第一」の流れの影響で「無理をさせない」ために会合の頻度を減らす方向に動いている。最も大きな変化は、泊まりがけの研修会が開かれなくなったことである。夏季講習会は日蓮正宗の総本山大石寺の施設を用いて毎年行われていたが、一九九一年に最終的な決裂をしたことから行われなくなった。それ以外にも一九九〇年ごろまで、地域にある学会の文化会館や各地の研修道場[158]で泊まりがけの研修会が行われていた。

「(高等部を担当していた一九七五年当時の)夏なんかは、総会をやるのに夏季講習会へ行ってきた報告を聞いたり、こっち(北海道)でもやろうということで、劇をやろうとしたりね。熱原の三烈士だとか走れメロスだとかね。脚本を作りながら、練習をしながら、夏休み、発表をするとかね。〈筆者:夏休み期間中は何回も集まったり?〉そうです、そうです。集まって。よくありましたね。近くになると毎日練習したり。脚本から何から何からいろんなことやるから、そういう中核メンバーはいましたね。いまはそういうことはなかなかできなくなりましたね。いない、第一。いないというか、みんな塾やったり部活やったりですね。だから、いまは、座談会とか本幹同中(「本部幹部会同時中継」という会合)とか部員会とか月一回どれかこれかに触れさせていこうという。つなぎをしっかりとつけていこうという感覚がありますね。未来部担当者は、高等部なんかは女子部がやっているんだけれども、そういうところまでやれないんですよね。高等部同士でやるというのも難しくて、やはり婦人部のお母さんから女子部に回して女子部から話してもらう形になっていますよね」(五〇歳代前半、女子高等部長、一九七五年)

一九八一年、一九八三年には、未来部も含めた大規模な文化祭が札幌市南区の真駒内屋外競技場で開かれている。このような大掛かりな会合を行うことは、未来部員に高揚感を与え、創価学会員としての連帯意識を形成するのに大きな役割を果たしていた。

「夏休みになるとね、伝統的にね、北海道高等部総会というのを僕の何代も前からやっていたんだね。伝統になってたの。やっぱりまずみんな自主的に取り組むからね。必ず劇が含まれるからね。それがメインになってさ。それが中心になって毎日夏休みに練習してね。ミニ文化祭的なね。それはもう感動だよ。〈筆者：高等部総会後は部員も成長します？〉それはもう、見違えるね」（五〇歳代後半、男子高等部長、一九七七年）

島田裕巳（二〇〇四）はこれらの「世界平和文化祭」などに代表される大規模な祭典の開催が、創価学会に所属する若者のエネルギーを吸収して学会活動へ向けさせる装置であり、これらの装置によって創価学会が世代間信仰継承を成功させてきたと指摘する。

しかし、創価学会は一九九〇年代に入ると日本国内ではこのような大規模な会合を行わなくなった。したがって、大規模な文化祭的会合によって信仰心や帰属意識を鼓舞するようなマス的な掌握の仕方は重要度が下がっている[159]。つまり、島田が指摘する信仰継承の促進方法はもはや過去のものとなっている[160]。

なお、大規模な祭典の開催が行われていたころの未来部長経験者の言葉からは、創価学会組織が対外的な視線を気にしていなかった様子がうかがえる。たとえば、一九六九年から男子高等部長を経験した男性が、当時の会合の準備のために夜の公園で高等部員と演目の練習をしていて警察に通報された経験を語っている。また、世界平和文化祭（一九八三年）で体操の責任者を命じられた男性は、夜ごと、豊平川の河川敷で練習していたとき、不審者として警察に通報されて職務質問を受けた。また、このときに男子中等部長だった男性は、多くの人間が集まっていることから、どさくさにまぎれて万引きする部員や、炎天下の練習のために体の具合を悪くする部員を出して問題となったエピソードを紹介してくれた。したがって、一九七〇年から一九八〇年代までは、多少対外的な問題が生じても、組織内部での結束力を固めるための会合の実施を優先していたと考えられる。いま現在では、このような「事件」が起きることは、創価学会外部に対しても、創価学会内部に対しても、創価学会に対する信用を低下させることにもなりかねないため、厳重に注意されると考えられる。

　大規模な会合や泊まりがけの会合ができなくなった背景には、「勉学第一」「無事故」をスローガンにした、リスクの高い活動自粛の動きがある。このような方針を不満に思う声はあるが、一方で、「一対一の関係を育てることの重要性」を示しているものとして、信仰的に肯定的に捉え直すことも可能である。

「やっぱり勉学第一という流れもあって、（池田）先生が言われたこともあって、みんなで山登りという流れじゃないなあ。やっぱり読書して、勉強してっていうのは先生も強調されてきて。社会的な流れとして、無事故の流れが大きいのかねえ。無事故の時期と勉学第一の流れが同じ時期に出てきたから影響していると思いがちなんだけど、やっぱり無事故が一番大事なことになっているから、重きが置かれているから、だんだんと派手な行動は（控えなければならない）。自分なんかやっぱり、豚汁を作って三・一六（さんてんいちろく）の後継の意味を込めた部員会[161]には家で食べさせるとか（してみたい）。あとは個人的に、地味な動きの中で育てていく。まあ、そういう意味では一対一の関わりができるように仕向けられているのかもしれないね。昔は厚田までバスでみんなで移動したりとかさ、あったみたいだけれど、（自分の時代は）できなかった。いま思えばそれが良かったのかなと思うけれど。担当者のころは、こういうの（制約）があるばっかりにやってあげられない。大きな会合やりたいなと思っていたけれどねえ。いまもやりたいと思うけれどね」（四〇歳代

前半、男子中等部長、一九九六年）

なお、このような制約は一九七七年から三年間男子高等部長を担当した五〇歳代後半の男性には認識されていなかった。現在に近づくにつれ、創価学会の未来部活動は内容的にもあっさりとしたものになり、未来部員と担当者との接触頻度も低下する傾向にある。

一九九六年から少年部長を担当した男性は、自分が担当者になる一〇年くらい前から創価学会の会合における「ルールが厳しくなった」と感じている。一九八〇年代半ば以降、創価学会主催行事の際の事故に、細心の注意を払うようになったようである。一九九一年から四年間方面中等部長を担当した男性も、担当者になったときにはすでに「宿泊研修などの大きなことができない時代背景だった。事件や事故があると主催団体の責任になるので、大きなことはしない、できない方向になっていた」。一九八五年ごろに方面中等部担当をしていた男性が、飛行機で大河グループの中学生たちを大石寺まで引率していたことや、一九八五年に創価学会の北海道本部に就職した女性の「その当時にはまだ宿泊研修はやっていた」という証言から、一九九〇年前後に宿泊研修や練習を必要とする大きな会合ができなくなったと思われる。宿泊研修は、学会員同士が親密な時間を持てるため、未来部員にとっても創価学会員としての仲間意識や自覚が生まれる契機となり、その後の信仰継承にも強い影響を与える。しかし、大規模な会合は事故が起きるリスクが高いことも確かであり、担当者と子どもたち双方の参加者の負担も大きいことがこのような会合が避けられるようになった要因であろう。代替策として、「家庭訪問」という一対一の接触を通した説得が最も確実な信仰継承の手段として重視されるようになっていると考えられる。

この時期に創価学会の活動のスタンスが変化した理由について推測してみたい。

一つには、一九九一年の宗門、日蓮正宗との対立・分裂が挙げられる。一九七〇年ごろの言論出版妨害事件も創価学会が対外的な対応の仕方を変えることになった一つの契機であったが、宗門との分裂もまた、創価学会に大きな影響を与える出来事であった。かつては、総本山である大石寺に集団的に人を集めて研修を開くことで人心掌握を行っていたが、宗教的聖地がなくなったために、このような形式の研修の実施が困難になってきた可能性がある。あるいは、宗門を極悪人のようにして批判している以上、創価学会の組織のほうでは一点の曇りも出さないという意図かもしれない。

また、大企業や官公庁、教育機関などに創価学会員が多く勤めるようになったこととも関係しているかもしれない。それは、創価学会が方針として創価学会の外の社会との融和を重視し、外の社会からの尊敬・賞賛を重視する方向である。

あるいは、公明党の政治活動、政治的影響力の増大との関連も考えられる。二〇〇三年一一月に行われた衆議院選挙では、公明党は過去最高数の八七三万票を獲得した。これを受け、創価学会は二〇〇四年七月に行われた参議院選挙では、一〇〇〇万票を目標に選挙戦を繰り広げた。結果は八六二万票だった。今後も一〇〇〇万票の獲得など得票数拡大の目標は掲げられていくだろう。しかし、創価学会員の努力だけでは一〇〇〇万票を獲得することは難しい。創価学会員以外の公明党の支持者を増加させる必要がある。公明党と創価学会は政教分離の原則により、形としては別組織であるが、その影響関係は大方に周知のところである。公明党の得票率を伸ばすためには、公明党自体への理解を増す必要とともに、その支持母体である創価学会への外部の評判を上げていく必要も強まるだろう。

なお、未来部担当者の活動が近年うまく機能しなくなってきた背景として、元未来部担当者からは、「創価学会組織の細分化」の影響が口々に指摘されている。ある女性の言い方を借りれば、「(組織の細分化は)壮年部や婦人部には都合がいいかもしれないが、女子部や男子部は割りを食った」。組織を小さく区切ることによって指示系統をさらに明確にし、選挙活動などで動きやすい体制をとっているほか、選挙がある時期には選挙活動が優先されるために、未来部への対応が後回しになる。公明党と創価学会の関係は、世代間信仰継承に関しては、マイナスの効果を持っている可能性もある。

内外の評価を高める動きとして、近年目立つのは創価学会の提供番組や、創価学会関連の書籍などの広告の増加である。ジャーナリストの山田直樹は、広告業界の内部資料を用いて、二〇〇一年から二〇〇三年までの二年間の創価学会関係出版社の広告出稿費と新聞広告の段数の変遷をグラフ化している。それによると、二〇〇一年八月の時点でおよそ七億円だった広告費が二〇〇三年七月にはおよそ二五億円へと増加している。特に増加が著しいのは二〇〇三年に入ってからで、一月時点でおよそ八億円、三月には約一四億円、五月には約一九億円という形で増加した。新聞広告の面積を示す段数も同じく二〇〇三年一月時点でおよそ四〇〇段が、七月には一〇〇〇段への増加である(山田直 二〇〇四：三二)。

テレビやラジオなどに出しているコマーシャルは、屋久杉をゆったりとした映像で映し出し、「人間がいます。創価学会」と締めくくるものなど、さわやかでまじめなイメージを強調するものが多い。創価学会が広告等によって創価学会のイメージを良くしようとする意図は明確に出されている。無事故の流れは、外部社会の創価学会イメージを向上させる方向性の一つと考えられる[162]。

最後に、少子化とライフスタイルの変化の影響について簡単に触れておく。

ここ一〇年くらいの間で女子部、男子部の数自体が減り、活動に滞りが生じてきている[163]。創価学会では、この現象は少子化の影響として理解されている[164]。前述のように一九九〇年代前半くらいまでは未来部担当者が不在の地域は少なかったのに対し、その後一〇年ほどは、区レベルの単位でも未来部担当者が配属されていない地域がある。

少子化への創価学会の組織側の懸念は、未来部活動において創価学園や創価大学への進学者を増加させるキャンペーンとも結びついている[165]。一九八〇年代には、創価大学や創価学園へ行くことは現在ほど強調されていなかった。一九八四年から二年間、方面男子中等部長だった四〇歳代後半の男性は、「とりたてて学園に送り込まなきゃいけないとは思っていなかった」と語る。それに対して、一九九六年から三年間方面男子中等部長を務めた男性は、「担当者をしていた当時は、関わった子どもたちの中から、どれだけ学園の中に、池田先生のもとへ送れるかが勝負だと思っていた。池田先生は試験を受けた人は全員私の弟子だと言っているので、どれだけ受けたかということが重要だ」と語っている。この年代の人は「池田先生のもとへ」と語ることが多い。

また、学会活動に時間を割ける活動者が少なくなっている。かつてはきめ細やかな家庭訪問ができていた女子部も、職場で責任の重い仕事を任される人が多くなり、男性と同様の長時間労働である。女子部や男子部自体のライン組織の活動もあり、牙城会や創価班などの役職を兼任していることも多いため、未来部のほうまで十分な時間と労力を割けない[166]。さらに選挙活動などが入ると、ますます未来部への対応は後回しにされていく。未来部に活動を割ける余裕のある女子部、男子部が減ってきている。

さらに、信仰を受け継がせるための最も重要なエージェントである親も変化している。現在の親はかつての親よりも子どもの勉強や子ども自身に関心を持つようになり、親から「試験が近いのに部員会をやるのか」という苦情が出たり、家庭訪問や父母会を設けても、進学の相談が多く持ち上がるようになっている。

「(自分が担当者になったとき)私たちがやっていたころよりも勉学第一になっているんですよ、内容的にね。試験があったり、部活があったりする場合は無理をさせないね。〈筆者：学会のほうで気を遣って？〉昔は気にせず会合をやっていたんだと思いますね。でも、親のほうもね、自分の生活が大変だったから子どもが何やっているか分かんないっていう時代だったでしょう。親も忙しいし、テストがいつなのかなんて分かんないと。本人が大学行きたければ一生懸命勉強するだろうし、とね。高校卒業して就職しても困るものじゃないし、というんじゃなかったかと思うんですよ。だけど、だんだんとそうはいかなくなってきて、試験が近いのに部員会やるのかって親のほうから（苦情が）くる、とかね」（四〇歳代後半、女子中等部長、一九七九年）

これらの変化から総合的に読み取れるのは、創価学会未来部における会員同士の横のつながりの希薄化である。創価学会自体も学会活動に取り組む以上に未来部員が個人的な業績を達成することを希望するようになっている。会員の個人的なステイタスが上がることは創価学会組織全体のステイタスを押し上げる一方で、組織規模の維持という点では脆弱性が高まる。諸刃の剣である。会員個人が創価学会活動を通じて求めることと、組織として達成すべき目標との間に乖離が生じつつあるのかもしれない。

第四節　まとめ

未来部活動は、創価学会組織の維持・存続のための人材を育成するために意図的に組織に組み込まれてきたものである。特に、創価学園や創価大学の出身者は、威信の高い職につき創価学会の社会的地位を高めること、あるいは創価学会職員になるなどして全国各地で創価学会幹部として活躍することが期待されている。

次世代の幹部となる人材育成を期待される未来部の基本的な構造は一九七〇年以来、大きくは変化していない。しかし、北海道未来部への調査から、その内実には質的・量的な変化が生じていることが読み取れる。月一回の会合の原則は変わらないが、未来部担当者の不足や創価学会本体の組織の事情から、実際には月一回行われない場合も多い。年に数回あった大規模な会合も一、二回程度になり、また、内容の点でも未来部員自身が積極的・自主的・主体的に参加する要素は年々減少してきた。学会活動に時間を割くことよりも、学業やスポーツの分野で華々しい成績をあげることを重視する「勉学第一」の流れと、主催団体としての社会的責任に関するリスク回避を意図した「無事故」の流れが大きな要素である。

これらの変化が生じた社会的背景について、本章のまとめとして考察してみたい。

まず、「無事故」の方向性である。会場への集団移動中や、会合に向けた練習中に事故等が生じると、会合の指示を出した組織の管理や責任も当然ある程度問われる。通常の会合でも事故はつきものだが、大規模な移動、練習のための繰り返しの会合は、事故の可能性を高める。このリスクを避けることが大規模会合の開催を避ける理由の一つだろう。

近年、様々な分野で「リスク」に関する議論が盛んである(橘木ほか 二〇〇七)。多くのコストをかければ、多くの見返りが期待されるが、当然ながらそこに生じる望ましくない結果のリスクも高まる。近代社会の高度化によって必然的に生命や社会関係がむしばまれるような様々なリスクが生み出される(ベック 一九九八)とともに、「リスクという概念が、素人の行為者と技術的専門家の両者にとって社会的世界を組織する際に必須のものに」なるというリスク文化を有するようになった(ギデンズ 二〇〇五:四)。

創価学会においても、大規模会合の運営におけるリスクが優先的に考慮されるようになったと推測される。一つには、創価学会の組織自体が安定期に入り、組織拡大よりも組織維持を優先事項と考えるようになったことが、リスク管理につながっている。大規模会合に注ぐ甚大な労力を選挙活動に集中させるという効率の問題も理由の一つだろう。また、大規模な会合の開催によって、一般社会に与えるイメージがプラスのものではなく、むしろマイナスの効果を持っているリスクを考慮してのことかもしれない。[167] 近年、企業においても社会的責任が強く問われるようになっているが（松野ほか 二〇〇六）、創価学会は公共的性格を期待される宗教集団であり、様々な外郭団体を持つ巨大組織でもあり、その社会的責任が問われる立場になってきていることも背景にあるだろう。

また、活発な信仰活動ができるほどの生活上の心身の余裕が学会員の間で十分でなくなっている可能性もある。近年、雇用状況に関する研究業績が数多く積み上げられてきている（宮本 二〇〇二、山田昌 二〇〇四、玄田 二〇〇五、熊沢 二〇〇六、本田由 二〇〇七）。論者によって重点の置き方は異なるが、現代日本社会において若者の置かれた労働環境が不安定化・悪化しているという認識については共有されている。雇用の不安定化は若者のみに限らない傾向であるが、このような雇用状況の悪化の影響は、当然ながら創価学会員にも及んでいるだろう。男女青年部の活動者の生活に余裕がなくなってきている背景には、これらの社会全体の雇用情勢も影響しているはずである。この厳しい情勢の中で教団が過度の負担を学会員に求めることは、反発を招くリスクを高めるであろう。

また、子どもたちの生活世界も社会変動の影響を受けて変化していることが指摘されている（高橋 二〇〇二）。高度経済成長以前には、小さな大人として大人たちの生活の一部を支えていた部分のある子どもたちが、高度経済成長期の活字文化の浸透により大人と子どもは異なるものとして分けられ、「教育を要するヒト」とみなされるようになり、それが学校を通じて制度化される。それが、高度経済成長期以降になると、消費社会化が大人にも子どもにも浸透し、その結果、子どもも大人も一人の自己選択する消費者として行動するようになり、別の形で子どもと大人の区別がなくなってきている（高橋 二〇〇二：四―三八）。この説明図式は、創価学会の子どもたちがたどってきた道にも似ている。[168] 未来部担当者の話でも、子どもたちの生活が学校だけに限られたものではなくなり、塾や習い事、アルバイトなど多様な側面を持つようになってきている。[169] 子どもたちの行動の選択肢が多様化する中で、日曜の午前または午後に開かれる部員会に特に時間を割いて参加することや、創価学会活動に関わることへのモチベーションが低くなるのは必至である。

このような中、未来部の活動は時代が進むごとに「(池田)先生のそばへ」というスローガンのもと、創価学園・大学への進学促進運動とリンクしてきている。少子化の中で、生え抜きの子どもたちを創価学園に送り込み、純粋培養的に育て、創価大学を卒業後は創価学会本部職員になって創価学会内の大幹部として活躍、あるいは大企業や官公庁などの要職につくことを期待する戦略である。

だが、先の精鋭を育てるシステムも、基本的には地域の担当者がめぼしい未来部員を上の幹部に推薦する形で成り立っている。したがって、現時点でこの根幹の部分が揺らぎつつあるということは、第二世代への信仰継承への対応策としては心もとない。宗教集団が自分にとっての所属集団として肯定的に認知されるかどうかが、子どものスムーズな信仰継承の重要な基盤の一つだが、それが成し遂げられにくくなってきているのである。

かつて女子部はこまめに連絡することなどを通して、女子未来部員の継続的な信仰継承にプラスの効果をあげていた。しかし、先に述べたように雇用情勢の悪化などの変化により、女子部でもこのような細かな対応が困難になってきた。女子は継続的な信心、男子は断続的な信心という傾向が指摘されたが、今後は双方とも信心からさらに遠ざかる方向に変化する可能性もある。組織としてこの問題が意識されていないわけではない。ある四〇歳代の男性は未来部担当者がしっかりと活動できるように「できることならば、未来部担当者は独立した人材グループとして他の役職と兼務せず専任にしてほしいと要請したが、不可能と言われて終わった」。組織全体としての余裕がないからであろう。別の四〇歳代の男性によれば、「組織について四者で話し合いをすると必ず未来部のことは話題に出てくる。問題意識は皆共有しているのだが、いつも「どうしようか」と話し合うだけで終わる」。

最後に、本章で用いた資料の限界について述べなければならない。当初のインタビュー予定としては、一九六〇年代、七〇年代、八〇年代、九〇年代、現役とそれぞれの世代ごとに少年部、中等部、高等部を担当していた男女に対して行う計画であったが、時間的な制約もあり、様々な偏りが出てしまった。

また、インタビュー対象者は北海道で活動する人びとに限定されている。創価学会全体の男子高等部長、女子高等部長となった人は、その後、男子部長、女子部長、男性であれば青年部長、副会長として組織の根幹を担う幹部に登用されている。これは、高等部という組織の重要性が認識されている一つの証拠であろう。しかし、地方によってその意識には差があるらしく、北海道はそのような構造になっていないようだ。たとえば、三〇歳代後半の男性は以下のように問題点を指摘する。

「問題点は、未来部長を経験した者は大半がライン（創価学会活動の本流）で活かされていないという現状があるということです。東京では、全国男子部長が全国高等部長出身であったりしますが、北海道では、男子部ラインの長を続けた人が方面の男子部を任されるという仕組みのようです。未来部育成に携わったことのない男子部長では、未来部担当者の重要性も分からないので、未来部育成について真剣に取り組んでいないという現状があります。また、方面や県区圏の未来部長の人事もラインで頑張っている人は外されます。ラインで頑張る人、必要な人こそを未来部長にすべきだと思います。不満点は、私が方面少年部長になってからせっかく築き上げてきた未来部育成の波、また、担当者の意識改革が後退してしまい、また以前の未来部になってしまったことです。もっと、未来部に熱い方、（池田）先生の思いを真剣に受け止めて、誰が何と言おうと未来部育成に全力投球する方の登用をしてほしいものです」

人材がある程度確保できる地域においては、未来部活動も充実できる可能性は高い。このような地域差は、単に創価学会内の差異にのみ影響されているものではなく、学会員を取り巻く地域の職場環境などの外部的な要因からも生じるものと推測される。

以上で本書の調査資料をもとにした詳細な分析は終了する。次章では、第三章から第七章まで検討してきた内容を総括して、考察と結論を述べる。

終章　考察と結論

本書の課題は、世代間信仰継承の過程を明らかにすること、その過程を通して宗教集団における個人と組織の維持・変容のメカニズムについて考察することであった。具体的には創価学会、特に北海道札幌市の活動的学会員を事例として、信仰継承の過程を様々な観点から分析した。まず、これまでの本書の内容を概観しよう。

第一章では、本書で用いる概念や前提となる議論を整理し、本書の分析枠組みと問いを提示した。個々の家族の世代間の宗教的信念や行動の伝達・再生産を明らかにすることは、宗教集団の制度化過程の解明につながる。この過程が持つ意味をより明確に知るためには、その背景にある社会的コンテクストとの対応を考察しなければならない。継承の対象となる宗教性は多層性を持っているが、本書ではそのうち客観的な測定が比較的容易である宗教的活動の「実践」に焦点を合わせた。つまり、信仰活動を入信第二世代以降が継続している場合に「信仰継承をした」とみた。

信仰継承は社会的制約を受けているが強制的に行われるのではなく、あくまで第二世代が「選択」した結果でもある。そこで、信仰継承を促進させる要因として、家族的なライフサイクルの段階、親や教団の影響、本人の社会的な地位、本人の家族の宗教的選択がもたらす効果について着目する必要性を述べた。

具体的な本書の課題として、二世信者たちが教団組織から与えられている世代間信仰継承モデルを明らかにすること（第三章）、信仰継承の要因を明らかにすること（第五章前半）、二世信者の増加が教団組織に与える影響について明らかにすること（第五章後半）、信仰継承の行動選択のパターンを明らかにすること（第六章）、教団組織から二世信者への働きかけの実態を明らかにすること（第七章）を挙げた。このほかに、これらの課題に対して創価学会を選択する妥当性について検討する必要があり（第二章）、また、対象となった地域である北海道札幌市の創価学会員についての注釈をする必要もあった（第四章）。

第二章では、創価学会について概説した。創価学会は、混乱期にあった戦後日本の中で、これに翻弄される人びとを吸収して成長した宗教集団の代表例である。ここまでの成長を可能にしたのは、組織の柔軟性と「体制順応主義」と「成果主義」という基本姿勢である。この基本姿勢によって提案される創価学会の「幸福」のビジョンは、一九六〇年代前後の高度経済成長期の成功イメージと合致している。また、創価学会の信念体系は個々の世俗的な日常生活に関する準拠枠組みには立ち入らないため、信者たちの自由な行動を許容すると同時に、日本における社会変動に対応することが容易であった。

第三章では、創価学会の機関紙誌を資料として、世代間信仰継承のモデルを示した。

戸田時代には、子どもの信心の明確なモデルは十分には作られていなかった。また、その信仰のあり方は、御本尊に祈れば功徳があるというダイレクトな現世利益主義であり、御本尊を信じなければ罰が当たるというダイレクトな厳罰主義であった。

池田時代は教団が安定期に入り、子どもと大人の峻別が必要になったため、教団は未来部組織の設置、創価学園の設立などを通して、子どもたちを「教育する対象」として規定した。これは日本社会全体の近代化の歩みとも重なる過程である(高橋 二〇〇二)。

創価学会における信仰モデルでは、信仰継承の媒介として親子ともに「池田先生」を人物モデルとして用いている。ダイレクトな現世利益主義・厳罰主義は影を潜め、仕事や学業などでは祈るだけではなく自分で努力をして成果をあげるという自力志向を求めるモデルが形成される。成果を出すことは、「池田先生の御構想」を実現することにつながり、その期待に応えるものが真に信仰を継承した姿である。ただし、二世信者が一度創価学会から距離をとるようになる傾向も必要な過程として理解され、その後に活動を再開するモデルも広く認められている。

第四章では、北海道の創価学会の歴史と札幌市の創価学会員の概況について紹介した。北海道は学会の中心地東京から離れてはいるが、歴史的に重要な位置を占めてきた土地である。日本国内で唯一の創価幼稚園が置かれており、二世代目以降の信者育成という点でも拠点の一つとみなされている。この点で、札幌市の創価学会を調査することは一定の意義がある。

札幌市の活動的創価学会員の基本属性は、二〇歳、三〇歳代がやや少なく、女性がやや多いという点では、鈴木(一九七〇)の福岡市での調査と共通していた。しかし、「都市下層民の宗教」と評価した鈴木の調査結果とは異なり、これらの活動的会員の社会的状況は、創価学会外の社会と大きく異なる特徴はなかった。

第五章では、信仰継承の要因と二世信者の増加が教団に与える影響について、調査票調査をもとに検証した。

信仰継承の要因については、回答者が信仰継承をしていると定義される活動的会員に限定されているため、「現在の信仰態度」の活発さを「信仰継承のしやすさ」を測る指標として用いた。共分散構造分析の結果、十分な説明力のあるモデルは得られなかったが、信仰継承のあり方には男女で違いがみられること、また、肯定的な効果をより多く受け取っている人が活発な信仰活動をしている傾向が見出された。信仰継承に影響を与える担い手としては、親と教団が重要な位置を占めることも確認された。また、信仰継承の要因について、男性と女性では異なる特徴がみられた。

二世信者の増加が教団に及ぼす影響については調査結果に基づく限り、活力が低下し、形式化するとは一概にはいえない。少なくとも活動的信者については一世信者と二世信者の信仰態度には大きな差異はみられない。ただし、二世信者は一世信者以上に創価学会との関わりを個人的なものと家族的なものとのバランスを保っている状態にある。

第六章では、信仰継承のパターンとして、第一に継続的な信仰継承、第二に離脱後の信仰継承、第三に信仰継承をしない場合に大きく分けて議論した。順調な信仰継承は、悩み解決目的、人生の指針目的、家族関係維持目的に分けた。一旦、教団組織を離れた後に信仰を再開して継承した事例については、信仰再開後の組織活動に対する積極性の違いで二つに分けた。信仰継承をしない事例については、学会員であるが活動しない場合、正式な脱会はしないが否定的にみている場合、正式に組織を離れ反対する場合の三つに分けた。

第一世代の信者には経済的・社会的苦労をしてきた人が多く、創価学会の信仰と組織が苦労を乗り越える支えになっていた。第二世代の信者も子どもとしてともに苦労を経験しているため、「信仰によって乗り越えた」という「肯定的な感情」を継続して持ち続ける場合が多い。しかし、第三世代の信者は、第一世代の生々しい苦労を目にしていないことが多いため、信仰の必要性を実感できず、一度組織から離脱する人や活動に不熱心な人も多いようである。また、教化や折伏についての考え方も、第一世代は強制的姿勢を持ちやすいが、第二世代、第三世代では強制度が低くなる印象がある。これは、世代の影響だけではなく、創価学会を取り巻く社会における親子関係の変化にもよるものかもしれない。

いずれにせよ、信仰継承には創価学会を肯定的イメージでみることが不可欠である。これが何らかの理由でできなければ、また、逆に否定的イメージが強まれば学会活動は辛いものとなり、活動をしなくなったり、脱会したりする可能性が高まる。肯定的イメージを維持するには、家族関係が良好であること、あるいは教団のメンバーとの関係が良好であることが要件となるようである。

また、男性は仕事や学業での発心が多く、女性は家族的な問題で発心することが多い傾向がみられた。女性の場合は男性に比べて、職業的な達成よりも結婚や出産、育児を通して信仰を深めることが期待されている。女性の信仰上の人生モデルにおいて、未婚女性は過渡期の状態とみなされており、本格的な折伏活動などへの期待が薄い。それに対して、婦人部に所属する既婚女性は、創価学会活動の基盤を支える活動者、および、次世代再生産の担い手となる母としての役割が期待されている。つまり、「男は賃金労働、女は家事・育児」という日本社会を根強く貫く性別役割分業の影響が大きい。この点では、女性というジェンダーを引き受けた人は家族的役割を期待され、家族が創価学会員である場合には、家族関係を良好に保つために、創価学会への信仰を保持せざるをえない側面が出てくる。この点が肯定的イメージをより強く意識する傾向と関連している可能性もあるかもしれない。

第七章では、未来部が創価学会組織の維持・存続に向けた人材を育成するために意図的に組織に組み込まれてきたものであることを確認した。次世代の幹部となる人材を未来部組織を通じて育成していくことが期待されている。特に、創価学園や創価大学の出身者は、様々な職業について創価学会の社会的地位を高めることとともに、創価学会職員になるなどして全国各地に散らばり、創価学会幹部として活躍することが期待されている。

未来部の基本的な構造は一九七〇年以来、大きくは変化していないが、北海道での調査からその内実には質的・量的な変化が生じていることが示された。全体的に学会活動に時間を割くことよりも、学業やスポーツの分野で華々しい成績をあげることを重視する「勉学第一」の流れと、主催団体としての社会的責任を軽くしようとするリスク回避である「無事故」の流れを大きな要因として、未来部活動が停滞している状況が見出された。

第五章では、二世信者の増加は必ずしも教団の活力を低下させないと結論づけたが、子どもの育成を担当する部署では活力が低下している状況も推察された。活動的信者の中に二世信者が増加することは、組織の活力の低下にはつながらない。しかし、本来なら「信仰継承」を期待される名簿上の二世信者が信仰活動をしていない場合、名簿上の会員数に比して「活動者が少ない」という印象を活動的会員の間に作り出す可能性がある。この場合、活動者は名簿上に名前だけ載っている信仰心を持たない未活動会員への家庭訪問を時間的・体力的・精神的な負担と感じることで次第に信仰活動に消極的になる、という悪循環が生じる可能性もありうる。

本書は、社会変動を可能にする社会化のありようを探るため、家族や諸社会集団の世代間で行われる維持と変動の過程に着目してきた[170]。

多くの研究で確認されているように現代日本では離婚率の上昇や、未婚化・晩婚化また少子化・高齢化が進展しており、家族形成の定型を見出すことが困難になっている。単独世帯は年々増加の一途をたどっており、離婚などで世帯単位の把握が難しくなっている中、社会保障制度の多くはいまだ世帯単位である。これは、本書の中でも色濃く姿を現していた日本社会における根深い性別役割分業に基づく意識と制度の影響といえる。

しつけや子育てが話題になるとき、個別の親や家庭の問題ばかりが焦点化されるが、これは問題を矮小化する弊害の多い見方である。実際にはしつけや子育ては、理念的にも物理的にも社会的・文化的影響のもとにある。この点を注視し、雇用や労働の状況など、社会のあり方から個々の家庭や個人が被るひずみについて言及する必要がある。問題を抱えている家族は社会的資源に不足していることも少なくなく、このような社会的コンテクストから受ける影響を、個々の家族が直接解消させるのは至難の業である。このような状況に対して、宗教集団は、局所的に家族的状況や家族観の変化に対して正当性を付与する新しい価値観の基準を提供する共同体として働く機能を持っている。新しい基準は、従来の、あるいは現行の価値規範と大きな隔たりがないほうが多くの人に受け入れられやすい。この点で体制順応的な特徴を持つ創価学会が「選択」しやすい宗教であった可能性がある。

また、家族の個人化が進んでいるといわれる現代社会において、新宗教への家族での入信は、「家」制度に代わる形での家族の形態・結束・共同性を維持する機能を果たしている可能性もある。地域や親族などの共同体的つながりが各所で途切れつつある状況において、親子を中心とする家族は個人化が進んでいるからこそ、最も重要な社会的紐帯となっており、それゆえに家族関係が緊張に満ちたものともなりやすい。

それに対し、信仰を通して「同じ信仰を持つ同志」であるとか、「お預かりしている子ども」と考えることは、親子間に適度な距離をとると同時に、単純な親と子ではない宗教を通したもう一つの社会的紐帯を作り出す契機となり、家族の結束を固める可能性がある。ただし、この関係のつなぎ方に問題がある場合、教団は全く無力であるか、逆に親子関係を阻害する方向に働く場合もあるだろう。

本書で扱った調査票調査では、活動的信者の九九％以上が公明党支持者であった。現在では少し状況が変化している可能性もあるが（中野二〇一〇）、少なくとも二〇〇二年前後では、活動的信者であることは、公明党支持者であることとほぼ同じ意味であった。活動的信者にとっては、教団一丸となって国政、地方政治に影響力を及ぼすために選挙活動に励むことは、間接的な布教活動となっている。国政にも及ぶ影響力を仲間とともに生み出しているという実感は、創価学会全体を一つの大きな共同体と認識させる要因の一つともなっているだろう。「日本全国どこでも学会員がいるから、引っ越しをしても不安はない」「公明党の看板のあるところを探して学会員を見つけ出すことができる」などと語られる意識や経験はそれを象徴している。

選挙活動は、その成功として当選という明確な成果が求められる、成果主義を標榜する教団と親和性が高い活動である。成果主義志向は創価学会に限ったものではなく、日本社会全体を取り巻くイデオロギーの一つであるため、この点も多くの人々に創価学会を受け入れやすくさせる要因の一つであろうと推測される。

ただし、子育てに成果主義が強調されることは、弊害も多いように思われる。右肩上がりの成長を前提にできる社会状況においては、単純な現世利益主義でも何とかなるかもしれないが、目に見える達成が容易に得られなくなった場合には、教団への求心力を失いかねない危険がある。

このため、「成果」に対する解釈を変えることも必要になってくる。たとえば、本書の事例では、信仰活動が熱心な人ほど創価学会から受け取る「肯定的効果」が多かったが、これは、あくまでも主観的な判断であることに注意したい。仮に、客観的な「成果」が得られずとも、「成果」が得られたと本人が受け止められればよいのである。

この点に関して、二世信者の特に男性に多くみられる創価学会活動を「人生修行の場」とみる解釈が注目される。これは、信者が教団組織から提供されるサービスを「お客様」として享受するのではなく、自ら選択して自ら関わろうとする姿勢である。短期的・物質的な「成果」だけでは、活動のモチベーションは維持されにくい。しかし、「人生修行の場」と捉えた場合には、自分が「完全に成長しきった」あるいは「ここにいても成長しない」と思わない限り、継続的に活動に関わる動機づけが維持される。原理的に人間が完全に成長することはないため、信者が創価学会への肯定的イメージを維持し続けていれば、活動へのコミットメントも維持される。人間的成長の「成果」は、主観的なものであるから周囲の学会員や非学会員からの肯定的評価が得られたり、役職を通じて様々な任務をこなす中で、信者本人に自信がつくこと、つまり、活動を行うこと自体が「成果」と直結する。また、この解釈は基本的に自助努力を前提とするものであるから、創価学会の教義とも親和性がある。それだけではなく、近年になって日本で主張されるようになってきている「自己責任論」との親和性も高いように思われる。

「自己責任論」は、新自由主義に基づく資本主義の仕組みを前提に、現代社会ではすべての個人が合理的選択をできる主体性を備えており、その自由な選択が尊重されるという前提のもと、その選択の結果生じた問題については、基本的にその個人が結果の責任を負うという考え方である。

これは、「リスク社会論」とも一種の親和性がある。リスクに対して責任を負うことはコストとなるが、このコストの帰属先を個人に集中すれば、企業等の社会集団はそれを背負った個人を切り捨てることによってコストと社会集団自体が被るリスクを軽減できる。一見して、非情な考え方であるが、日本国内においてはこの考え方への支持は低くない。また、自助努力を強調することによって、教団が提供しているサービスへの信者からのクレームを回避するという手立てにもなりうると思われる。特に、制度化段階に達した教団では、信者は教団からのサービスの受益者的な立場に立ちやすい。

創価学会においても、組織・制度化が進展するとともに、教団からのサービス提供を所与のものとして受け止める二世信者が増加していく。子どもの試験期間には会合を開かないでほしいと要望する保護者の存在は、その象徴である。教団はますますサービスの提供者となり、サービスの受け手である信者からクレームを受けるリスクが高まっていく。このようなクレームについては、創価学会職員として給与を受けている人はまだ職務として受け止めることができても、無給で地域の幹部として活動している人にとっては、無償で行っている行動についてクレームを受けることに理不尽さを感じる場面も増えるのではないかと推測される。創価学会職員の人でも、仕事とプライベートの活動との区別がつきにくく、ディレンマを感じることも多々あると推測される。このようなクレームは、おそらく雇用状況の悪化により、増加する危険がある。地域の格差も大きいだろう。第七章で検討した「無事故」を重視する方向性は、このようなリスク回避を最優先に考える社会への創価学会側からの対応と考えることができるのである。

また、第七章で指摘したとおり、子どもたちの生活世界が変化している側面がある。戦後、日本社会は急速に変貌を遂げたが、その影響が最も強く出るのは、その期間に人間形成をしていく子どもたちである。「団塊の世代」「新人類」「ロスト・ジェネレーション（団塊ジュニア世代）」「ゆとり世代」など様々な新しい世代を表す言葉が生み出された。世代に名前がつけられるのは、たいていはこれらの世代が成人して以降であるが、当然、成人してから急に「新しく」変化したわけではない。子ども時代の環境が、旧世代から「新しい」と見える感性を育てたのである。このような状況を生み出しているのは、個々の親が根本原因なのではなく、その背後にある社会的・文化的環境である。

現代社会は「子どもが忌避される時代」である（本田和 二〇〇七）。しかし同時に、子どもは消費のターゲットでもある（高橋 二〇〇六）。社会的にみて効率性とは相いれない子どもたちが、実存在としては「邪魔」にされながらも、商業的ターゲットや人口学的構成員としては道具的に「必要」とされる矛盾した状況が、子どもたちに不安定さを生み出すであろうことは想像に難くない。

この不安定な状況の中では、「学会っ子」として育つこともアンビバレントな部分を持っているように思われる。家族的にも、またその周辺環境においても創価学会への肯定的イメージが維持され続け、その集団の中で役職を得るなどして自己実現を実感することができれば、「学会っ子」であることは、周囲の大人に期待されることで安定的な感覚を生み出す源泉となりうる。しかし、このバランスが崩れていくとき、学会や学会員である家族からの期待と、外部からの期待とのズレに困難や苦悩を感じる可能性も高い。

現代社会の状況と創価学会における変化は密接に関わっている。したがって、札幌市の創価学会の状況をみるだけでは、二世信者の信仰継承の過程の全容は見えない。他の地域の創価学会の世代間信仰継承の状況について知ると同時に、複数の性質の違う教団の世代間信仰継承の戦略と実態について明らかにしていくことが必要である。

最後に本書の意義と限界、今後の課題について簡単に述べる。

本書は、入信第二世代以降の信仰継承に関する包括的な調査と研究が数少ない中で、日本最大の新宗教である創価学会について検討した報告である。調査票調査、面接調査などの複数の調査手法、親から子へという個人的な信仰継承と教団組織による次世代育成戦略という複数の側面から、事例を多角的にみることによって立体的に信仰継承の過程で現れる世代の影響を分析した。これにより、日本においても、信仰継承の分析から現代社会における宗教動向を推測できる理論的可能性を示した。

また、宗教集団組織の制度化の問題を考える上で、信仰継承に着目する意義も示すことができたと考えている。教団ライフサイクル論を展開した森岡の分析は最大能率の段階までで、第二世代以降の信者が増加してくる制度化の段階までは分析に含めていなかった(森岡 一九八九:三〇三)が、第二世代以降の信者の増加は教団の制度化の指標の一つとみなされている(飯田・芦田 一九八〇)。本書では、教団ライフサイクル論における制度化段階の状況を論じている。本書の知見だけでは不十分だが、このような調査研究を複数重ねていくことにより、「教団ライフコース論」の構築の可能性も示唆される。

また、対象教団である創価学会はその規模と影響力から、非常に重要な新宗教集団である。創価学会に関する書籍は数多く出ているが、その教団の規模に比して学術的な研究については多くはない。本書の分析は、「信仰継承」という課題を中心として、個々の創価学会員の現状の一側面を学術的に明らかにすると同時に、創価学会組織の取り組みについても資料を提供している。本書は、一九六〇年代の鈴木広の福岡市での調査(二六八名)以来行われてこなかった数百名規模の調査票調査を札幌市で行った上での分析である。一地域に限定されたデータとはいえ、より現在に近い創価学会員の姿を知る上で貴重である。しかし、本書は創価学会を扱ったものであるにもかかわらず、公明党の問題、政治との関わりの問題を十分に論じていない。本書の課題は世代間信仰継承の過程の解明であり、政治との関わりについてはまた稿を改めて論じる必要のある問題と考えている。

本書の知見が、主に北海道札幌市という地域的に限定された資料から得られていることも本書の限界である。創価学会は日本全国、全世界に広がっている教団であり、その発展については各地域に即して異なった様相を持っていると考えられる（川端ほか 二〇一〇）。また、本書の分析は、信仰継承をしていない人への調査を欠いている。したがって、今後の課題として、信仰継承をしなかった事例を含めて、札幌市以外の地域においても調査していき、信仰継承に関わる社会的・文化的影響のありようを見極めることが必要である。社会全体で地域格差の問題が叫ばれる現在、創価学会の活動を通して、これらの地域格差の具体的な表面化を読み取ることも課題となろう。政治的・経済的格差は、ジェンダーのありようにも影響を与えるものであり、ジェンダーの視点も重要な観点である。

同時に、「教団ライフコース論」などの包括的な教団組織論を展開するためには、創価学会のみならず、これとは異なった特徴を持つ複数の教団の信仰継承戦略と実態を調査した上での比較検討が不可欠であろう。残された課題は多いが今後の課題として提示し、本書を終えたいと思う。

註

序章

（1）ただし、近年では近代化と世俗化との関連に対する判断はより複雑なものとして、慎重に取り扱われている（Abercronbie *et al.* 2006: 341-342）。二〇〇〇年発行の第四版では、「長期的にみれば、社会の近代化は世俗化を生み出していく」という認識であった（アバークロンビーほか二〇〇五：三六四）。しかし、二〇〇六年発行の第五版（Abercronbie *et al.* 2006）では、教会参加率の低下などの「狭義の世俗化」はヨーロッパのうちプロテスタントの強い地域やその植民地として成立した地域などに限られるもので、アメリカ合衆国やラテンアメリカ、アジア、アフリカにおいては、むしろ宗教的なものの復興・流行がみられること、グローバリゼーションによって宗教的な情報がインターネットやテレビ・ラジオ等を通じて広範囲にわたって普及することで異種混合的な宗教的信仰・儀礼が生み出されつつあることなどを指摘している。

（2）ただし、統計データの取り方や解釈の仕方の検討、ある地域では妥当しても別の地域では妥当しないことを指摘する形で「事実」自体を翻すことも可能であるかもしれない。

（3）グローバリゼーションの議論は宗教の未来に関する物語を作り出してはいないとして、ここに含められていない（マクガイア二〇〇八：四四六）。

（4）程度の差はあれ、これらの方法論では基本的には個別具体的な場面での「宗教」の語りを基礎にして「宗教」概念が導き出される。これがどの程度まで「日本社会独自の宗教概念」としての普遍性・一般性を持ちうるかについては、慎重な検討が必要であろう。

第一章

（5）世代間信仰継承の過程をみるために限定条件を付与した本書における定義である。

(6) 社会学では、第二の意味での世代、文化的・社会的背景を共有する同年代集団が着目される。宗教社会学では、ベビーブーマー世代の宗教行動の研究などがある(Roof and Walsh 1993)。

(7) この場合の宗教の世代間の継承は、「家」の継承とつながっている。

(8) 社会との軋轢を生む教団における生活が子どもに与える影響については、日本でも先行研究は少なく、今後取り組まなければならない課題である(米本 二〇〇〇)。

(9) ニーバーは、世代と階層という二つの基本条件に加えて、国籍、民族性、地域、歴史的体験、人種といった世俗的条件から教団の変容が促されるとしている。

(10) ①混同された動機、②象徴、③行政的秩序、④限界、⑤権力のディレンマである。

(11) 世俗外への出家を奨励する宗教集団や、終末思想が色濃く現世での生殖活動を否定的にみる宗教集団など、独身を奨励する事例の場合は別の議論が必要である。

(12) 森岡の手による真宗教団に関する研究は、近世と近代における真宗教団の制度化段階を捉えたものと総括されている。この研究が静態的分析になってしまったために、教団ライフサイクル論の視点を導入したという(森岡 一九六二、一九七八、一九八九：二〇)。

(13) 宗教的移動についての研究も「世俗化」と「宗教の復権」との関係性を全体的にみるためには重要な視点を提供する。各宗教・宗派によって出生率が異なることが指摘されており、また、一定の宗教的背景を持った移民の増加なども指摘されている。出生率の違いから、宗教人口の比率を説明したり、人口統計学的にアメリカの数十年後の宗教人口の比率を推定する等の研究も行われている(Hout and Fisher 2002, Skirbekk *et al.* 2010)。なお、アメリカで実施されているGSS(General Social Survey)調査では、一六歳のときの宗教と現在の宗教がそれぞれ質問されているため、大規模調査を用いてある程度の宗教的移動率を出すことが可能である(Skirbekk *et al.* 2010)。しかし、日本で同様の趣旨で実施されているJGSS(Japanese General Social Survey)調査では、現在所属している宗教団体と信仰の熱心さの程度に関する設問はあるが、宗教的移動を測れるような設問は用意されていない。

(14) 宗教集団の新たな信者獲得のための戦略はそれぞれ異なっているが、ある程度長期的に維持され、制度化された宗教組織については、第二世代以降の信者の増加が見込まれる。

(15) 親子関係の「良好さ」は、具体的には親子相互の親密性、愛情を感じている程度、物理的・感情的支援などの程度で測られる。

(16) この理論を宗教移動研究に適用したLoveland (2003: 147)は、この理論を修正された合理的選択理論(modified rational choice theory)とも呼んでいる。

(17) Iannaccone (1997)は、文化的・社会的制限を考慮した修正されたモデルを提示している。

(18) 消費、選択、選好といった概念が持つ問題点についてはセンを参照(セン 一九八九)。ブルデュー、バーンスティンなどの文化的再生産論も参照(小内 一九九五)。

(19) 渡辺(二〇〇三)が信仰継承の要因命題として箇条書きにした八つの点も、親からの影響(宗教的しつけ、人格的影響)、教団からの影響(カリスマとの接触、役につくこと、青年部活動や行事活動)、家族ライフサイクルの段階(親の死や病気、婚家との関係、自身の悩み・苦しみ)という点で集約することが可能である。また、塚田(二〇〇六)が指摘する教団外他者の影響についても、家族ライフサイクル段階と本人の社会的地位との影響関係に敷衍することが可能であろう。

(20) 本書で使用するデータは、経年的な変化をたどったものではないため「変動」自体を検証することはできない。

第二章

(21) 信仰活動をしている会員の多くは教学部員である。また、座談会に毎月出席する活動層は、御書講義等で用いられる教団機関誌『大白蓮華』を購入している。これらのことから考えて、実質的活動者数は多くても三〇〇万名前後と推測される。

(22) 宗門との対立を中心とした創価学会の歴史の解説については西山(二〇〇四)を参照。

(23) 公明党は一九九四年に新進党に合流したが、この際に公明党は「公明」と「公明新党」に分裂した。一九九七年に新進党は解党。新進党に合流した旧公明党の参議院議員は「黎明クラブ」を作り、間もなく「公明」と合流。衆議院議員は「新党平和」等を作ったが、一九九八年に「公明」と合流して、新たに「公明党」が成立している(島田 二〇〇七:二〇)。

(24) 四〇歳を過ぎても結婚していない女性は、婦人部に移行する慣例もあるようだ。また男子部も人材不足の場合は、四〇歳を過ぎても壮年部に行かないこともあるようだ。

(25) 当時、創価学会は敗戦後の空気の中にあって、軍隊式の組織だと恐怖を抱かれていた。これについて佐木らは「一部で考えているほど強固な「軍隊組織」ではなく、むしろ兵隊ゴッコのような感じ」と表現している(佐木・小口 一九五七)。

(26) 日蓮正宗と創価学会の教義の背景と変遷について、村上(一九六七)の解説参照。

(27) 創価学会では一時期、大石寺の敷地に建てられた正本堂を指すともいわれたが、日蓮正宗との分離後に取り消されている。

(28) 『初版』では、戸田会長が御本尊を〝幸福製造機〟と表現したことが記載されている(二二八頁)が、『改訂版』と『新訂版』では、この部分が削除されている(ともに一〇五頁)。

(29) ただし、この「価値論」は牧口自身の議論そのものというより、戸田の解釈が加わったものと考えられる(鈴木 一九七〇：二八五)。

(30) 『折伏教典』では、第一章「生命論」とあり、『初版』では、第二章「生命の科学」となっている。『改訂版』『新訂版』では、第三章「生命の法理」となっている。

(31) 天台の理論を「理の一念三千」、日蓮の理論を「事(行)の一念三千」として、後者がすぐれていると論じる(新訂版：一九〇—一九一)。

(32) 『折伏教典』には、「宿命転換」の発想はあるが、この言葉自体は用いられていない。「運命の転換」等の語が使われている(三七七—三七八頁など)。

(33) 『改訂版』では、日蓮正宗に配慮してこの点が若干弱められている。

(34) その他の細かい変更点については、『初版』から『改訂版』では、釈迦や日蓮等への敬称が徹底された点、日蓮の仏法を「生命哲学」等と表現している箇所をすべて「仏法」や「法理」と修正している点、引用部分に出版社や肩書が付加されている点が挙げられる。章立ても「生命の法理」が後ろに下げられる、「宗教の五綱」が独立した節とされている、などの変更点がある。『改訂版』から『新訂版』への変更点としては、「折伏」という言葉を「弘教《ぐきょう》」「弘法《ぐほう》」「弘通《ぐつう》」等の言葉に置き換えている点、知識人や芸能人を批判・否定する表現の削除(たとえば、『改訂版』二二五—二二六頁の宗教学者批判の部分)が挙げられる。

(35) 『初版』でも、戸田会長時代に問題にされた「国立戒壇」という言葉に対して「誤解」を解くという立場で書かれ、「現在では、国立戒壇という表現は使わず、元来の言葉である「本門の戒壇」と表現しております」と書かれている(二三五—二三八頁)。

(36) 二〇〇四年九月九日に開かれた本部幹部会の席上で、勤行の仕方と御祈念文に改定を加え、これを正式な創価学会の勤行、御祈念文として制定した(『聖教新聞』二〇〇四年九月一〇日付け)。以前は、朝に五回、夕方に三回、法華経の方便品・如来寿量品(長行・自我偈)を読んだ後に題目三唱をして祈念するという五座・三座の形式だったが、一回ずつ方便品と自我偈を読誦するだけの簡易な形式に変わった(目安として三〇分から一〇分への短縮)。その理由は、SGI(Soka Gakkai International)の会員(海外会員)が増えたために、長い五座・三座ではなく簡潔な勤行形式を正式な形にしてほしいとの要望があったからだとされている。興味深いのは御観念文の変更のうち「広宣流布祈念」とされた部分の祈念文である。それにはこうある。

「広宣流布大願成就と、創価学会万代の興隆をご祈念申し上げます。

創価学会初代、二代、三代の会長を広布の指導者と仰ぎ、その死身弘法の御徳に報恩感謝申し上げます」(『聖教新聞』二〇〇四年九月一〇日付け四面)

これ以前の御観念文の同様の部分は五座の部分に「歴代会長への報恩感謝および先祖回向」と題されてあり、内容は以下のようであった。

「創価学会初代会長牧口常三郎先生、二代会長戸田城聖先生の死身弘法の御徳に報恩感謝申し上げます」(創価学会版勤行要典より)

以前は第二代会長までの報恩感謝だったものが、第三代会長池田大作にまで拡大している。ちなみに、二〇〇二年四月に新しい創価学会会則が施行されたが、この会則改定でも、新設された前文の部分に「「三代会長」に貫かれる師弟不二の精神と広宣流布実現への死身弘法の実践こそ「学会精神」であり、永遠の規範である」と規定した上、総則第三条に、「「三代会長」は、広宣流布実現への死身弘法の体現者であり、この会の永遠の指導者である」と規定、池田会長までの三代会長を特別の位置づけに置いた。御祈念文の制定と会則の改正とを合わせて、これは池田大作の特別な指導者としての位置づけを明確化し、強化する動きである。また、以前の会則では日蓮正宗の大御本尊を根本とすると規定されていたが、新しい会則の本文では、第二条で創価学会の「教義」を、「日蓮大聖人を末法の御本仏と仰ぎ、一閻浮《いちえんぶ》提《だい》総与・三大秘法の大御本尊を信受し、日蓮大聖人の御書を根本として、日蓮大聖人の御遺命たる一閻浮提広宣流布を実現することを大願とする」としており、日蓮正宗との関係を会則上でも明確に断ち切っている。

(37) 医師、看護師、芸能人、作家、その他特殊な職業についている会員については、地域のライン組織よりも、ドクター部や学術部、芸術部などの部で活躍する人もいる。

(38) 選挙では獲得票数、当落、何人当選したかという目に見える形で活動の成果を確認することができる。選挙は会員の団結を強める「聖なる儀式」となっているといえる。

(39) 財務の額について筆者が創価学会員から得た証言では、「一〇〇万円の財務」を強い調子で鼓舞する幹部も存在した。また、実際に「三桁」の財務を行ったことがあると証言した会員もいる。一方で、「一口一万円のところ、一口か二口くらいが八割を占める」という証言もある。この証言は、銀行振り込みとなる前の財務管理を担当していた人のものである。財務の額やその重要性の受け止め方については、地域差・指導者の差・個人差があると推測される。
(40) 信者が熱しやすく冷めやすい点や幹部の資質に難がある「弱点」も指摘している。
(41) 竹中信常は、創価学会が「権威主義、排他主義、選民主義であり、傾向的には古代ユダヤ教に似た」宗教的性格を持ち、個人の幸福と社会の繁栄との一致という理想社会を目指す「きわめて社会的性格に富んだ宗教団体」であり、その実現の方策として政治的な進出を行うのだが、基本的には保守的傾向を持つとしている(竹中 一九六七:三一—四八)。
(42) 研究者の立場では、対象教団に対して批判的視点をもって書くことは当然のことだが、当時の創価学会には許しがたいことだったようである。佐木はこの出版の後、創価学会員から批判的な反応を得ている(佐木 一九五七)。笠原一男は一向一揆と創価学会の類似性や国立戒壇の危うさを指摘したが、これに対しても一般信者や幹部から、「邪宗」と同列にされた怒りなどが表明されたようである(笠原 一九七〇:二〇二—二二二)。
(43) 石田郁夫は「創価学会について論ずることは、日本を論ずることになるのであるまいか」としつつ、創価学会を「戦後民主主義と、日本の伝統とを巧妙に接着させた「フィクション」」であり「戦後ナショナリズム」であるとみている(石田 一九六五:一一〇—一一七)。
(44) 日蓮正宗の大石寺には、日蓮の歯の骨が保管されているとされ、この歯の骨が生き続けていて、広宣流布達成の暁には、周囲の肉が盛りあがり、すっぽり骨を包んでしまうという「お肉牙」の信仰がある(村上 一九六七:五八)。
(45) マックファーランドは、創価学会の信者たちが自分の宗教を絶対的に正しいという態度をとり、違う信仰を持つ者への軽蔑的態度をあらわにしたことに非常に気分を害したようで、全般的には否定的な表現である(マックファーランド 一九六九:二八五)。
(46) 原著は一九七〇年発行。鈴木(一九七〇)によると、この時期の調査報告としてはほかに、一九六三年に東京大学の社会学科が中心となって発行した、東京大学・東京女子大学社会学科編『創価学会——現代日本における大衆組織・大衆運動』があるようである。
(47) 大衆運動は、大衆人間の割合がある一線を超え、大衆人間の安息場所として認識され、運動が促進される環境が整ったとき、エリートと非エリートが直接的に接触し、中間集団が弱化する中で発生する。大衆運動の信仰体系は、大衆人間の心理的な類型と一致し、単純主義、非現実性、非合理性、個人の無力と空虚さの主張、局外者への不信に特徴づけられる。これらの特性は、民主主義に反するものである。コーンハウザーによれば、大衆人間とは一切の社会集団と結びつかない疎外された存在である。

自己疎外、人間疎外、体制からの疎外の状況にある。下層階級の人びとは社会的・政治的構造から疎外されやすいため、「硬直した、偏狭な」政治的見解、極端に単純化した思考のパターンを持ちやすい。リプセットによれば、下層階級のこうした特性は、宗教観や活動にも現れ、非民主主義的な政治運動にも結びつきやすいと考えられてきた（ホワイト 一九七一：五一―一七）。

（48） ホワイトは創価学会が「学会員にでもならなければ、発言のチャンスのないような人々に」政治的役割を果たす道を与え、「学会がなければ、死滅に瀕していた他の宗教集団を、社会と政治に参加するように刺激した」点も評価している。前者については、日本の政治体制にとって有益とみているが、後者については、日本の公共空間の形成に資する面もあるが、「宗教団体が政党の単なる付属物になり下がる可能性」は日本の民主主義にとって悪い兆候だとしている（ホワイト 一九七一：四一八―四一九）。

（49） 現在、インターネット上には現役創価学会員や脱会者によって書き込まれているブログやサイトあるいは掲示板が数多く作られている。これらのすべてが信頼に足るものではないかもしれないが、これらの記述を読むと、現在も一部の創価学会員の活動が過酷なものである状況が推測される。筆者が聞き取りをしてきた活動的信者の多くは信仰や活動によって得られる功徳を語ってくれたが、聞き取ったその活動の実態を客観的にみれば、個人の余暇がほぼ失われている状況でもあると感じられた。

（50） 教団の機関紙に掲載された体験談の分析であるため、「作為的」な可能性もあるとして、創価学会が組織として会員リクルートに軌道修正を意図している可能性を示唆している（谷 一九九四：一三六）。

（51） この点で、鈴木の調査では役職者の学歴が無役者より高い傾向にあるなど、階層上昇感覚・実績において勝っている点を指摘している。

（52） 宗教的排他性の観点から創価学会を論じた大西（二〇〇九）は、創価学会が社会との融和路線を選択し、排他的戒壇論を後退させて政治運動を通して社会参加する方向に転じたという。公党である公明党を媒介にした政治活動によって、排他的な宗教集団としての限界を超える可能性がある一方で、教理上は創価学会の宗教的正当性を主張する必要もある。大西は、創価学会がこの矛盾を日蓮正宗・宗門を専ら表立って排他の対象とすることで解消していると指摘している（大西 二〇〇九：一五九）。

（53） 高度経済成長期を経て経済大国となった日本社会の「成功物語」、自分の努力によって豊かな生活を可能にしたというイメージと重なる。創価学会における成功イメージはあくまでも体制順応的なものであり、既存の社会体制を壊すようなものではない。逆にいえば、この種の成功物語を是としない人には魅力的ではなく、居心地の悪いものになりかねない。

（54） 創価学会は世界的な布教に成功した日本の宗教集団のうちの一つでもある。一九二の国・地域に一二〇〇万名以上の会員を擁するとされる。海外の活動はＳＧＩ（Soka Gakkai International）として、日本の創価学会とは別団体となっており、ＳＧＩ会長には池田大作が就任している。このため、海外における創価学会の活動に関する研究書も少なくない（Snow 1993, Wilson and Dobbelaere 1994, Hammond and Machacek 1999, Machacek and Wilson 2000, Fowler and Fowler 2009、渡辺 二〇〇一など）。

第三章

(55) 布教スタイルや家族観にもよる。結婚や出産を奨励しておらず、次々と新たな信者を獲得することが組織の方針ならば、信仰継承は大きな問題ではない。

(56) アメリカのピューリタンに関する研究でも、その教理によって、子どもとその親たちに信仰から離れることに対する罪の意識、恐怖心を教育によって植えつけて信仰にしばりつけようとしていたと指摘されている（佐藤哲 一九九五）。

(57) 昭和二九（一九五四）年六月六日付けに掲載された一〇歳の少年の体験談でも、御本尊を信じたら功徳を得、軽んじたり疑った場合は罰が当たった体験が記されている。

(58) 当時、少年部は本郷、鶴見、蒲田、足立、堺など限られた地区のみに形成されていた（『聖教新聞』昭和三〇（一九五五）年一月一日付け）。註(133)参照。

(59) 信心に忙しい両親を持つ模範的な子どものモデルを挙げてみよう。昭和四〇（一九六五）年一〇月五日付けの「明るく育つ学会っ子」「福運に満ちた毎日」「両親の慈愛にはぐくまれ」「高等部、中等部、少年部の三兄妹」という見出しのついた記事である。父親は理事、副本部長、総支部長を兼任しており、母親も婦人部長をしている。「だからいつも留守を守るのは」三人のきょうだいである。子どもたちが父と起きて顔を合わすのは朝だけ。高校生の長男は高等部長をしており、中学生の長女は「女子部長のようになりたい」と述べ、小学生の二男は胸を張って「少年部員だよ」という。経済的な問題などを信心で乗り越えてきた一家は、一二〇世帯の折伏を達成し、池田会長から複数の色紙を受けている。両親は家にほとんどいないので、「約束を守ってくれない」と子どもの不満も書かれているが、「学会のため、世界広布のために、僕たちの基礎を作ってくれているのだと思うと、なんともない」とも言わせている。さらに、買いたいものをがまんして正本堂の御供養に小遣いを回す姿も描かれている。長男は「先生の弟子として」「必ず世界広布に羽ばたく」と決意している。

(60) 当時は正本堂建設費用を集めていた時期だったため、子どもたちが小遣いをためて御供養しようとしている姿を「すなおな、純真な信心」「涙がこぼれ落ちそう」と評している。

(61) なお、池田は『大白蓮華』二〇〇八年七月号で、第三代会長を辞任した直後の昭和五四(一九七九)年五月五日「創価学会後継者の日」について、「それは、初代、二代から譲り受けた、わが「正義の旗」を、未来部の友へと永遠に伝え託しゆくことを決定づけた栄光の日」とし、「わが学会っ子は、「獅子王の子」だ。ゆえに卑劣な悪党などに侮られてはならない。勇敢に勝ち誇って、けなげな庶民を断固と守り抜くのだ。そのために、今は力をつけよ！　学びに学べ！」と檄を飛ばしている。会長引退という出来事が、信仰継承をした二世信者たちが創価学会の中心的担い手となることを決定づけた、と宣言しているようにも読み取れる。純粋培養的に「信心」を継承していった二世信者が組織の担い手となることが、組織的な安定につながると考えられたのであろうか。

(62) 創価学会本部職員の話では、創価学園に子どもを入学させたい保護者(特に母親)は「必死」で合格に近づくために情報を集めているという。子どもを創価学園に入れるかどうかが幹部職員の創価学会への忠誠心をみる指標だという見方もある(古川 二〇〇〇：一六)。

(63) 二〇〇九年九月一八日訪問。お忙しい中、貴重な時間を割いて学園内を案内してくださった東京創価中学の皆さんに心よりお礼申し上げる。先生方の多くが創価学園卒業生であり、その学校時代の思い出を楽しげに語り、強い愛着を示されていた。

(64) 学校教育法施行規則(二〇〇八年八月改正)第五〇条第二項で、私立の小学校では教育課程に宗教を加え、道徳に代えて宗教教育を行うことができると規定されている。

(65) 創価学園の生徒の九五％以上は学会員の子どもで、創価学会の県長会議などで創価学園の受験者数が話題になり、数が少ないと肩身が狭いとか、上位五〇名までは学会員・非学会員に関係なく合格となるが、残る一〇名については信心度のランクが合否基準になる、非学会員のことは隠語で「マル邪」という、などといった創価学園関係者の証言が書かれている書籍もある(古川二〇〇〇：一四―一五)。なお、これらの証言は絶対匿名を条件として語られたもので、創価学会に批判的な立場で書かれた書籍に掲載されている。

(66) このように素直に受け止められなくなってしまった場合に、創価学会内部で信仰活動を続けていくことが困難になることは、容易に推測される。

(67) この体験談では三六歳の若さでの死に、斎場の係員が否定的な印象を抱いたと推察される。息子である男性も同様だったろう。創価学会には「信心を熱心に行った人は死相が良い」という信仰があるが、骨がボロボロになったことはこれを否定しかねない。「地区の方が言い返した」のは、この男性の死を肯定的な印象にしようとする意図だったと推察される。
(68)「三障四魔」という教理がある。三障とは信心修行の実践を妨げる働きで、煩悩障(自分自身の内面から生じる)、業障(妻子など身近な存在によって起こる)、報障(国主・父母等自分より上の存在によって起こる)の三つである。四魔とは、陰魔(修行者の体の不調)、煩悩魔(修行者の煩悩)、死魔(修行者・他の修行者の死)、天子魔(権力者などによる迫害など)の四つである。この事例であれば、仮に修行者であった父の死で息子の信心が揺らげば「死魔に負けた」ということになる。この事例は「勝った」のである。

第四章

(69) 主な参考文献は北海道の創価学会が発行した『北海道創価学会四〇年史』(一九九四年)である。
(70) 二〇一〇年二月には、道内の地方新聞に連載された北海道に関する名誉会長池田大作の思いをつづった手記『愛する北海天地』(潮出版社)が出版されている。
(71)『創価学会北海道広布四〇年史』(聖教新聞社、一九九四年)では、この出来事を示す固有名詞としては、「夏季折伏」という表現が用いられている。だが、現在は「夏季弘教」という表現が好まれている(「北海道創価学会――五〇年のあゆみ」、HOKKAIDOSOKAnet http://www.hokkaido-soka.jp/history.html)。
(72) 北海道東部に位置する常呂町(現・北見市)での調査では、一九五七年ごろから創価学会が教勢を拡大したことが報告されている(中牧 一九七九:二四四)。
(73) 創価学会では「大阪事件」という(聖教新聞社企画部 二〇〇二:七四―七六)。一九五七年四月に行われた参議院選挙の大阪地方区の補欠選挙で、「一部の会員の中から選挙違反者が出たことに関連して、池田先生に首謀者としての罪を着せようとした事件」(創価学会教学部編 二〇〇二:三五九)とされ、権力の弾圧によって無実の罪を着せられたものと解釈されている。
(74)「雪の文化祭」と「世界平和文化祭」は信者へのインタビューの中で、第一世代の信者の入信や発心のきっかけとしてよく言及されたイベントである。当時は、創価学会組織の力を目に見える形で示すことで、会員の活動意欲を喚起する重要なイベントであった。
(75) 海外には香港、シンガポール、マレーシア、ブラジル、韓国に幼稚園がある。
(76) 当初、東京は男子校、大阪は女子校として作られたが、現在はともに共学となっている。

(77) 札幌市は、北海道石狩平野の南西部に位置する都市である。蝦夷地が一八六九年に北海道と改称され、開拓使が現在の札幌に置かれて以来、北海道の中心地として発展してきた。一八七五年に屯田兵が入植し、札幌市の本格的な建設が開始された。一九二二年には市制が施行され、近隣町村との度重なる合併・編入を経て市域と人口を拡大してきた。一九七〇年に人口一〇〇万人を突破し、一九七二年に政令指定都市となっている。現在の人口は一九〇万人を超え、全国第五の都市である。なお、札幌市の人口は北海道人口の約三割を占める。主な産業は、サービス業、商業などであり、北海道全体の動向と比べて極端に農林水産業や製造業が低い第三次産業中心の産業構造となっている。
(78) およその会員数一二万名に基づいて割り出した数。
(79) ある地区座談会は、婦人部二十数名、壮年部一〇名弱、男子部二名、女子部一名という参加状況であった。他の地区座談会の参加者も同様な比率である。地区によっては活動している男子部員や女子部員がいないことも少なくない。逆に活動する青年部員が多い地区もある。ただし、時間帯などの点で都合が悪く、活動者であっても座談会に参加できない者もいる。
(80) こちらで原案を作成したものの、実際に調査票を配る際には、創価学会側で配布上の注意事項についての書類を独自に作成・用意した。各地区への調査票配布の際の注意事項には、「男子部、女子部で人数が足らない場合は支部内で調整してください」との但し書きが付加されていた。これらの各部で活動者が少ないという実態を物語っている。
(81) 「国勢調査」や「家族についての全国調査」は、本調査と単純に比較できるものではないが、参考として提示する。
(82) 札幌市発行の『健康さっぽろ二一――札幌市健康づくり基本計画』(二〇〇二年)参照。
(83) クロス表集計の結果、男女で有意差が出た項目は、「抱えていた悩み・問題が解決した」「健康状態が改善された」「人生に目標ができ、生活に張りが出た」「他人を思いやれるようになった」「家族や職場などの人間関係が良くなった」であり、いずれも女性が多い。一世信者と二世信者で有意差が出た項目は、「抱えていた悩み・問題が解決した」「信頼する同志ができ、安心感を得た」「自分の能力を十分に発揮できるようになった」「他人を思いやれるようになった」「家族や職場などの人間関係が良くなった」であり、いずれも二世信者が多い。
(84) 男子学生部二・六%、女子学生部一・三%、少年少女部四・四%、中等部三・八%、高等部二・八%となっており、未来部時代の発心もみられる。
(85) クロス表集計の結果、男女の有意差が出た項目は「抱えていた悩み・問題が解決した」のみで、女性のほうが多かった。一世信者と二世信者の間で有意差がみられたのは「抱えていた悩み・問題が解決した」「自分の能力を十分に発揮できるようになった」「家族や職場などの人間関係が良くなった」であり、いずれも二世信者のほうが多い。

第五章

(86) 中学生時の活動実態ではなく、当時の自分自身や親の活動を、現在どのように評価しているのかを示す変数であるので、解釈の際には注意が必要である。

(87) 設問GQ9はAからHまでの質問があるが、AからHを因子分析にかけたところ、Hの「成人しても学会活動をしたいと思った」だけは他の七つの質問とは異なる因子として析出されたため、分析からは除外する。

(88) ここで用いる「現在の信仰態度」は、表5-5に示した猪瀬(二〇〇四)で用いた「現在の信仰態度」とは異なる変数で構成されている。これは、その後の調査結果の検討から、「現在の信仰態度」を示すのにより適切と思われる変数を抽出した結果である。

(89) F4は便宜的に「1=九年」「2=一二年」「3と4=一四年」「5=一六年」とした。

(90) 親子関係のあり方や子どもの自立心が形成される時期については、社会・文化的な差や時代的な差、男女差、個人差がある。

(91) 子どもの人数が三名までのケースで九割を占める。子どもの人数の総計は一三三四名。

(92) 本書では、主に創価学会の信仰継承について、信仰が継承された事例を中心に検討している。しかしこれは、創価学会における活動や信仰がおしなべて家族関係を良好なものに導くということを意味しているわけではない。多くの批判書にもみるように、また筆者が断片的に見聞してきたことからも、創価学会において信仰継承がうまく行かない事例、宗教が原因で家族関係を悪化させている事例があることは否定できない(創価学会脱会者の会編 一九八七。また「創価学会脱会記2 http://b4.spline.tv/dakkai2/」などのウェブサイト参照)。信仰継承が成立しなかった事例や創価学会の信仰活動が家族関係に軋轢をもたらすケースについては、今後の課題として取り組むべき問題である。データ上の偏りがあることと他教団の資料がないため、現時点において、創価学会が信仰継承の確立や家族関係形成に与える教団としての特徴について評価はできない。

(93) このモデルには父と母の両方の変数が含まれているため、結果としてひとり親家庭に育った人のデータは省かれている。ひとり親家庭の状況については、別の検討が必要であろう。また、父母の「信仰態度」「教化態度」と「年齢」「性別」「子どもの有無」「未婚・既婚の別」「教育年数」の間は完全に独立なものと仮定して分析した。

(94) すべて五%水準で有意である。

(95) そのため、「信仰継承のしやすさ」を現在の活動量から測ることが適切であったかどうか検討の余地を残している。が、後から分析する「肯定的効果」に関しては年齢との相関関係はみられなかったため、本書ではこの仮説を保持した。

(96) 標準化された各変数の総合効果は、肯定的効果が〇・四三四で最も高く、家庭関係良好度(マイナス〇・三七〇)、父親の信仰態度(〇・三〇五)、未来部参加組織数(〇・二七六)、年齢(〇・二七三)、父親のモデル効果(マイナス〇・二六七)、母親の教化態度(〇・〇一八)が続く。

(97) 第六章の面接調査の分析でも、親や教団から創価学会への肯定的イメージを受け取っていることが、信仰継承を促進する要因となっていることが示されている。

(98) 散布図で確認したところ、きょうだい数が九名で肯定的効果も九である外れ値のケースが一名いたが、これを除去して重回帰分析を行ってもほぼ同じ結果が出た。

(99) 女性では、きょうだい数が一〇名の外れ値のケースが二つ(肯定的効果の数がそれぞれ三と四)みられたが、これらを除いて重回帰分析を行っても表5-10と同様の結果が得られた。

(100) つまり、「家の宗教」意識を系譜的・「家」的な継承意識に限定しない。

(101) 問28「創価学会の信仰は、あなたにとって、家の宗教ですか、それとも家とは関係のない自分自身の宗教ですか」に対する、「1．代々引き継いでいく、家の宗教である(二七・三%)」「2．自分で選択した、個人の宗教である(二四・三%)」「3．家の宗教でもあるし、個人の宗教でもある(四五・七%)」「4．どちらともいえない(〇・七%)」「5．そのことについて考えたことがない(一・九%)」(総数八〇一)のうち、前三つを使用。

(102) 試みに、宗教帰属意識と年齢との相関係数を取ってみると、マイナス〇・一四(一%水準で有意)で、有意な負の相関があった。つまり、年齢が高まるほど個人傾向が低くなる(集団傾向が高まる)。ちなみに、一世信者=0、二世信者=1とした数値と宗教帰属意識との相関はマイナス〇・一四三(一%水準で有意)であった。

(103) 学歴を数量化した変数と宗教帰属意識との相関は〇・一〇八(一%水準で有意)。

(104) 宗教帰属意識と学会墓管理の必要の有無(あり=1、なし=0)との相関係数は、マイナス〇・一八七(一%水準で有意)。

(105) クロンバックのα係数=〇・七二五。

(106) 交互作用効果は有意ではなかったが、平均値は五一歳以上の場合は「家族の宗教」「個人の宗教」「両方の宗教」の順で高く、五〇歳以下の場合は、「両方の宗教」「個人の宗教」「家族の宗教」の順で高かった。

(107) 交互作用効果は有意ではなかったが、「現在の信仰態度」得点の平均値自体は五一歳以上の場合は二世信者のほうが高く、五〇歳以下の場合は一世信者のほうが高かった。

第六章

(108) 発心経験のある一世信者で動機を回答した三八八名のうち、一六一名(四一・五%)が「悩み・問題(病気、経済、人間関係など)ができたから」を動機として挙げており、最も多い。それ以下の比率も一五歳以下入会の二世信者と類似している。若干の違いを挙げれば、「戸田第二代会長の人柄・思想・行動・書物などに惹かれたから」が四名(一%)いることと、「人生に哲学・目標がほしくなったから」が三三名(八・五%)と若干高い程度である。

(109) 佐田さんへのインタビューは二〇〇〇年に行われた。

(110) 楠木さんへのインタビューは一九九八年に行われた。

(111) 原口さんへのインタビューは一九九八年に行われた。

(112) 円山さんへのインタビューは二〇〇四年に行われた。

(113) 戸倉さんへのインタビューは二〇〇〇年に行われた。

(114) 浜村さんへのインタビューは二〇〇〇年に行われた。

(115) 第七章で述べるように、文化祭や登山会、夏季講習会等の大規模な会合は日本国内では近年行われにくくなっている。

(116) 佐藤さんへのインタビューは二〇〇四年に行われた。

(117) 大国さんへのインタビューは一九九八年に行われた。

(118) 西川さんへのインタビューは二〇〇〇年に行われた。

(119) この集団インタビューの実施は一九九八年である。

(120) 下山さんへのインタビューは一九九八年に行われた。

(121) 田森さんへのインタビューは一九九八年に行われた。

(122) 新谷さんへのインタビューは一九九九年に行われた。

(123) 相模さんへのインタビューは一九九八年に行われた。

(124) 木村さんへのインタビューは二〇〇三年に行われた。

(125) 筆者は、創価学会に限らず、特定の宗教的信仰を持つ親のもとで育つ子どもたちが、親と教団から受ける影響について総合的に検討する必要があると考えている。宗教集団における子育てはある意味では極端な事例であり、現代日本の子育ての利点と問題点がこれらの教団の子育てを検討することによって鮮明に浮かび上がるのではないかと期待する。この検討のため、エホバの証人と創価学会だけではなく、他の異なった特徴を持つ宗教集団における二世信者の現状を調査するとともに、特定の宗教の影響が弱い家庭や民族的教育の影響が強い家庭などの現状と合わせて総合的に検討することが今後の課題の一つである。

(126) 御木本さんへのインタビューは二〇〇〇年に行われた。

(127) 宮崎さんへのインタビューは二〇〇〇年に行われた。

(128) 実際には相模さんは信仰を継承しているが、継承をしない可能性も高かった例として取り上げた。

(129) 相模さんの母親へのインタビューは一九九七年に行われた。

(130) 篠崎さんへのインタビューは一九九八年に行われた。

第七章

(131) 杉山(二〇〇四)の第七章「宗教的社会化とアイデンティティ」で崇教真光の調査研究が示されている。

(132) 池田の会長就任以後、創価学会は社会からの批判に対して慎重になった。激しい布教活動などは控え、社会との調和を重視した活動を展開している。一九七〇年前後には、創価学会批判の本である藤原弘達『この日本をどうする2　創価学会を斬る』(日本報道出版部、一九六九年)に対する出版妨害事件が生じている。

(133) 一九六四年以前にも、一九五四年ごろに「少年部」が作られていたが、この「少年部」は、一九五五年前後に本郷、蒲田、堺などの当時の創価学会の中心的な地域、活発な地域で独自に作られた地域限定的な組織であった(『聖教新聞』昭和三〇年(一九五五)年一月一日付け一三面「こどもの頁」)。『聖教新聞』昭和三九(一九六四)年六月二〇日付け六面の子ども向けの頁に掲載された「中等部ができた!　しっかり勉強して〝みんな良い子になろう〟」という記事で、「りっぱに成長した〝少年部〟」との小見出しの後に「いまから十年ほどまえに〝少年部〟がありました。そのときに活躍した少年たちは、いまは全員が学生部の幹部や部隊長になって「学会っ子」のりっぱな姿を示しています。このようすをみても、学会のなかでそだっていくことが、どれほどすばらしいことかがわかります」と記述されている。ここでは、学会員となる利点が強調されている。また、この時代から『聖教新聞』に「こどもの頁」が用意されていることには、信者の子弟に対して教化の教材を提供しようとする意図がみられる。

この「こどもの頁」が一九六七年創刊の『小学生文化新聞』『中学生文化新聞』、一九六八年創刊の『高校新報』に発展したのだろう。

(134) 『聖教新聞』によると、一九六三年から「少年少女の集い」、一九六九年からは「希望祭」として開催された催し物がある。開始当初は「日ごろ多忙な幹部の子供たちを慰安してあげようと池田会長が提案」したものである(『聖教新聞』昭和四〇(一九六五)年一月一九日付け一面)。子どもたちを集めて、手品やミュージカル、劇など「楽しみ」を与えることを目的とした行事である。会合の最後に幹部指導はあるが、基本的には「慰安」というイメージが強い。当時小学生だった男性(北海道在住)は、「自分の親は熱心ではなかったが、近所の幹部の子どもに誘われて参加した。みかんやお菓子をもらえて、楽しかった思い出がある」と語っている。このような「良い思い出」がその後の信仰継承の源泉になる。直接的な教化の場ではないが、子どもの時代に創価学会に対する負のイメージを払拭し、正のイメージを付与する戦略であろう。

(135) いまでは考えられないが、当時は女性の支部長(男女を合わせた地域のトップ)もたくさんいたようだ。当時、中学生だった五〇歳代後半の男性は次のように述べている。

「中学校のときはね、中学二年生でね、分隊長(当時の役職名。現在の地区リーダーに当たると思われる)になったの。〈筆者：そのころは、中学生のころから分隊長ですか？〉そう、創価学会って昔はね、そうだから。だから僕なんかね、中学二年生のときに分隊長になってね。同級生だとかね、最初はね、うちの裏に住んでいたのと、向かいに住んでいたクラスメイトが僕の部員だったの。それから高校になって班長になったんだ。そうするともっと広くなって。だからバスを乗り継いで(部員宅に)行ったよね。ときには自転車だったりね。〈筆者：広い範囲で、いまの男子部と変わらない形で？〉もっとね、いまの男子部より行動範囲ははるかに広いね。〈筆者：学生でありながら部員を持つとなると、自分より年上の人も部員さんに……〉ああ、いたいた。高校生のときなんか三〇代のヤクザがいた。そのときは気合を入れていたから。いま考えるとぞっとするよね。〈筆者：当時、違和感はなかったんですか？〉それはお互いになかったんでないかい。〈筆者：子どもだとか、まだ学生だとか垣根はなかったんですか？〉僕は、だから使命感だとか、そういうのだよね。いまから考えるとよくあんなことやったなと思うけどね。(当時は)ちゃんと指導したからね。それでも、はいはいと聞いてたんだ。〈筆者：相手のほうも〉そうそう。まだね、昭和三〇年代でしょ、まだまだ日本の社会っていうのはさ、タテの社会、上下関係があった社会だから通用したんだと思うんだよね。〈筆者：(年齢や社会的地位は下でも)創価学会の組織では上だと〉そう、戦後しばらくたっていてもさ、まだそういうのが残っているもの。たぶんね、そういうことが残っていたから通用したんだろうね。

いまだったら、全然通用しないよ」

(136) ここに集まった者が五年後も同様に初登山する約束に基づいて作られた会である。

(137) その後、高等部は一九七二年の正本堂建立までに部員五〇万名の目標を掲げている。

(138) もっとも、北海道の未来部担当者のインタビューでは、学力コンクールについて記憶している者はいなかったことから、学力コンクールは東京中心の試みであった可能性が高い。

(139) 当時の『聖教新聞』記事には、「少年部の結成は夏期講習会の期間中、発表されていたが、このほど具体化し、今月中には全国組織を確立して活動を始めることになった。全国各地方本部に少年部指導部長、指導委員をおき、健全な少年御指導、育成にあたることになっている。これまで小学校四年以下の子どもたちに対する組織がなかっただけに、子供達はもちろん、父兄にとっても大きな喜びとなろう。少年部に所属できる人は、小学校一年から四年までであり、とりあえず第一段階として、地区部長以上の幹部の子どもで、総支部単位に男女各五〇名のグループをつくり、活動を始める。中等部、高等部の活動が活発化されるのにつれ、小学校四年以下の子どもたちも毎月集まり、楽しく勤行、勉強をしていける組織を作ってほしいとの父兄の願いもあり、夏期講習会の期間中、池田会長から少年部を作ってはとの話があって、副理事長会でも検討のうえ、今回の実現をみたもの」とある(昭和四〇(一九六五)年九月六日付け一面)。

(140) 中等部、少年部の活発な活動、拡大化という印象を強めるために、最初は少人数から始め、のちに拡張していったとも考えられる。未来部組織の結成には都市部と地方では時間差があったようである。新聞記事等によれば、中等部も少年部も一九六五年には全国の地方都市に結成されていることになっている。しかし、当時旭川で中学生時代を過ごした五〇歳代前半の男性は、「中学生時代は地元には中等部の組織はありませんでしたね。男子部の方が直接面倒見てくれるという形だった」と述べている。

(141) 『聖教新聞』昭和四四(一九六九)年六月一五日付け六面の記事では、部員二〇万名達成を目標として、広範囲にわたるタテ線組織の中の家庭訪問活動を高等部員が効率的に行うため、自転車に乗って駆け回った様子などが紹介されている。

(142) 調査当時の北海道高等部教育部長の談話。

(143) 以前より池田大作著の『未来をひらく君たちへ』(一九七二年)、『少年抄』(一九七四年)や、『創価学会高等部指導集　二一世紀のパイオニア』(一九八〇年)、『創価学会中等部指導集　未来への誓い』(一九八一年)などが発刊され、用いられていた。

(144) ジャーナリストの山田直樹はこの点について、「着々と後継者としての準備は進んでいる」と評している。ただし、日本の創価学会の会長ではなく、ＳＧＩ会長の後継とする方向性だという。元幹部の小川頼宣によれば、「今後、創価学会はＳＧＩの日本支部として機能していくことになる」という(山田直 二〇〇四：一八一―一八四)。なお、『随筆 青春の道』は、二〇〇八年に新装改訂版が出されている。

(145) 「二一世紀使命会」ともいう。

(146) 一名は文書で回答してもらった上でのインタビュー。一名は文書による回答のみ。

(147) 選ばれる人数は区単位で二名程度に限定される。活動的でも部活が忙しいなどの理由で人選に漏れる部員もいる。

(148) 四〇歳代後半の男性の未来部長経験者は、「池田先生から、男子は全員大学へ行きなさいという強烈な指導があったので、大学に行くもんだと思っていた」と、親の援助が一切得られない中で苦学してでも大学へ入ったことを語ってくれた。

(149) 創価大学の入試説明会の席で、ある幹部は「創価大学の女子学生が頑張ってくれて、多くの教員採用試験合格者が出ている」とのデータを披露していた。実績を生み出し、なおかつ活動熱心である可能性が高い女子学会員は貴重であり、以前のような男女の区別を行うことは適当ではないのだろう。

(150) この女性が高等部長を担当した時代は、一九七〇年代半ばから後半の時期である。一九八〇年代半ばに高校生だった三〇歳代半ばの女性も、自らが高等部のときには「基本は女子だけの活動だが、男子と一緒のときもある。会合の規模が大きくなると男女一緒だった」という。

(151) 以上は、文書による回答。これを受けたインタビューでは次のように述べていた。

「〈筆者：高等部ができる前っていうのは勉学っていう流れは？〉ないよ(笑)。だから心配されたもん、お前いつ勉強してんのよって。男子部とおんなじ活動してたから。夜中の一二時、一時くらいまでの。〈筆者：そんなに(遅くまで)？〉そうだよ。〈筆者：じゃあ、学生の本分とかいうよりも〉違うよ。自分も勉強は嫌いだったから。学会活動をやっていたほうが楽しかったの。学会自体が、高校時代はしっかり勉強して会合出てくるな、なんて、そういう指導はなかったもの。だって、高校生だって折伏しろ、友人連れて来い、こういう世界だからね(笑)。高等部を結成するまではそうだね」

(152) 創価学会組織全体としては、一九七〇年代にはすでにその方向性が示されていたと思われるが(前節参照)、実際の活動の現場では、一九八〇年代ごろまで、高校生の主体的な学会活動が推奨される側面もみられた可能性がある。あるいは、担当者自身が未来部だった時期の活動と、担当者となった時期の活動との違いから得た印象かもしれない。

(153) ただし、「部員会に出るよりも勉強させる」という流れがあった後に、活動の活力の低下などから、それを見直す動きも出てきたという(四〇歳代後半、女子中等部長)。一九九六年ごろには、未来部担当者が仕事や他の学会活動のためになかなか集まれない事態が生じてきたため、「未来部第一優先」の動きが出てきたという(四〇歳代前半、男子中等部長)。
(154) この発言の背景には、創価学会員が社会の中で要職を占めていく状況について、「宗教集団による日本社会の乗っ取り」という文脈での警戒や批判があることがある(たとえば、野田 二〇〇〇：一一四—一一八)。
(155) この点は、子どもたちだけではなく、若い世代が所属する青年部にとっても妥当する。
(156) 全体としても一般信者が長期間準備をしてマスゲームなどを行うような大規模な会合は日本では行われていない。
(157) 担当者が不在の場合、ライン組織である女子部や男子部自体の役職についている人(地区リーダーや支部長など)が未来部員の家庭訪問も担当することになる。選挙運動やその他の組織の基幹部分の活動は青年部中心で行われるため、未来部は後回しになりがちである。
(158) 北海道では別海と大沼にある。厚田(石狩市)の戸田記念墓地公園の施設が使われることもある。
(159) ただし、布教拡大の途上にあるインドネシア、マレーシア、タイ、韓国、台湾など他国では、二〇〇〇年代に入ってからも参加者一万名以上の大規模な文化祭が開かれている。
(160) 島田(二〇〇六)では、「信仰の形骸化」について述べる章で、本章のもととなった猪瀬の博士論文の章が引用され、「世界平和文化祭の中断」についても言及されている。
(161) 一九五八年三月一六日に大石寺において、「広宣流布の記念式典」(広宣流布が成就した日を象徴的に示す儀式)が行われた。この式典は、池田をはじめとする青年たちが戸田の広宣流布の思いを託された後継者として誓いも新たにした式典として創価学会組織では記念的なものとされている。このとき厳寒の中、参加した青年部員たちに戸田から六〇〇〇名分の豚汁がふるまわれたことが語り継がれている。このエピソードは中等部の人材グループ、大河グループに選ばれた人に渡される『二〇〇三 大河グループ手帳』(創価学会中等部発行、二〇〇三年、非売品)にも掲載されている(一八頁)。現在では、食中毒の懸念などもあり、その場で調理した食事をふるまうことは避けられている。
(162) 調査からは確認できていないが、創価学会員自身の意識の変化もあるかもしれない。鈴木広(一九七〇)は、創価学会を都市中下層民の新たなる共同体として分析したが、信者が創価学会を学校や企業などと類似した所属団体とみなすようになっている可能性もある。つまり、学会活動内で何か事故等が起こったときに、それを「信仰」から捉えるよりも、実施した創価学会側の責任と捉えて、訴えを起こす可能性である。訴訟が起これば、学会のイメージ戦略としても打撃であろう。
(163) 名簿等を利用した数値化によって活動者の推移を検証することはできていない。

(164) 信仰継承率の低下や新規入会者の減少の影響も考えられるが、検証できない。

(165) 創価学園の受験者は全道で男女合わせて二〇〜三〇名、創価大学進学者は男女合わせて一〇〇名程度。

(166) 牙城会や創価班、白蓮グループなどの性別人材組織は、形としては志願して入っていることになっているのに対し、未来部担当者は頼まれてなっている形となっている。そのため、人材グループやライン組織の仕事が優先されることになる。

(167) 創価学会における池田名誉会長の位置づけに対する典型的な批判として「北朝鮮(朝鮮民主主義人民共和国)のようにみえる」というものがある(米本 一九九五：一七〇、佐高・伊藤 二〇〇〇：六九)。朝鮮民主主義人民共和国の一糸乱れぬマスゲームは、独裁政治・個人崇拝を象徴するイメージとして日本のマスメディアではよく用いられる。朝鮮民主主義人民共和国に悪いイメージを持っていなかった論者でも、創価学会の文化祭はこれらを連想させるものであった(石田 一九六五：四六—四九)。

(168) 創価学会関連会社から発売されている子ども向けのＤＶＤや書籍などには、教化教材の意味もあるが、消費のターゲットとしての子ども像も想起される。

(169) 参考として、内閣府が二〇〇五年に実施した「低年齢少年の生活と意識」に関する九歳から一四歳までの子どもを対象とした調査では、中学生の八七・五％が部活動に参加しており、複数回答だが学習塾三九・二％、音楽一七・五％、野球・サッカー・体操など一四・〇％、英語教室一四・〇％、習字一二・九％、水泳九・九％など様々な習い事を行っている。日本青少年研究所が二〇〇四年に実施した調査では、二四・七％が学習塾や家庭教師を利用している(千石 二〇〇五)。特に、中学生では、四八・九％が学習塾や予備校に通っている(内閣府政策統括官 二〇〇八)。二〇〇〇年に内閣府が実施した「青少年の生活と意識」に関する全国調査によれば、中学生の七七・六％、高校生の五六・九％が部活動を行っている(内閣府政策統括官 二〇〇一)。

終章

(170) 子育てや親子関係形成の状況については、教団のみならず、医師や教員など家族と密接な関わりを持つ家族外の集団の影響を考慮する必要性がある。家族外の集団や個人が親子関係に与える影響は「子育て支援」と呼べるような正の影響ばかりでなく、直接的・間接的に負の影響もあることに十分注意すべきである。

参考文献

欧米語文献

Abercronbie, Nicholas, Stephan Hill, and Bryan S. Turner, 2006, *The Penguin Dictionary of Sociology, Fifth Edition*, Penguin Books

Allport, G. W., and J. M. Ross, 1967, "Personal religious orientation and prejudice," *Journal of Personality and Social Psychology*, 5, 432–443

Armet, Stephen, 2009, "Religious Socialization and Identity Formation of Adolescents in High Tension Religious," *Review of Religious Research*, 50 (3), 277–297

Bader, Christopher D., and Scott A. Desmond, 2006, "Do as I Say and as I Do: The Effects of Consistent Parental Beliefs and Behaviors Upon Religious Transmission," *Sociology of Religion*, 67 (3), 313–329

Baker-Sperry, Lori, 2001, "Passing on the Faith: The Father's Role in Religious Transmission," *Sociological Focus*, 34 (2), 185–198

Bandura, Alibert, 1969, "The role of modeling processes in personality development," in D. M. Gelfand (ed.), *Social Learning in Childhood*, Books/Cole Publishing, 185–195

Bao, Wan-Ning, Les B. Whitbeck, Danny R. Hoyt, and Rand D. Conger, 1999, "Perceived Parental Acceptance as a Moderator of Religious Transmission Among Adolescent Boys and Girls," *Journal of Marriage and Family*, 61 (2), 362–374

Bengtson, Vern L., Casey E. Copen, Norella M. Putney, and Merril Silverstein, 2009, "A Longitudinal Study of the Intergenerational Transmission of Religion," *International Sociology*, 24 (3), 325–345

Berger, Peter, 1967, *The Sacred Canopy: Elements of a Sociological Theory of Religion*, Doubleday（薗田稔訳、一九七九、『聖なる天蓋——神霊世界の社会学』新曜社）

Berger, Peter, 1999, "The Desecularization of the World: A Global Overview," in Peter Berger (ed.), *The Desecularization of the World*, Eerdmans Publisihng Co., 1-18

Boyatzis, Chris J., and Denise L. Janicki, 2003, "Parent-Child Communication about Religion: Survey and Diary Data on Unilateral Transmission and Bi-directional Reciprocity Styles," *Review of Religious Research*, 44 (3), 252-270

Brannen, Noah S., 1968, *Soka Gakkai: Japan's Militant Buddhists*, John Knox Press

Chodorow, N., 1978, *The Reproduction of Mothering, Psychoanalysis and the Sociology of Gender*, University of California Press（大塚光子・大内菅子訳、一九八一、『母親業の再生産——性差別の心理・社会的基盤』新曜社）

Christiano, Kevin, 2000, "Religion and the Family in Modern American Culture," in S. K. Houseknecht and J. G. Pankhurst (eds.), *Family, Relision, and Social Change in Diverse Societies*, Oxford University Press, 43-78

Clark, Cynthia A., Everett L. Worthington, Jr., and Donald B. Danser, 1988, "The Transmission of Religious Beliefs and Practices from Parents to Firstborn Early Adolescent Sons," *Journal of Marriage and Family*, 50 (2), 463-472

Copen, Casey E., and Merril Silverstein, 2008, "The Transmission of Religious Beliefs across Generations: Do Grandparents Matter?" *Journal of Comparative Family Studies*, 39 (1), 59-71

Cornwall, Marie, 1989, "The Determinations of Religious Behavior: A Theoretical Model and Empirical Test," *Social Forces*, 68 (2), 572-592

Dudley, Roger L., and Margaret G. Dudley, 1986, "Transmission of Religious Values from Parents to Adolescents," *Review of Religious Research*, 28 (1), 3-15

Durkheim, E., 1893, *De la division du travail social*（井伊玄太郎訳、一九八九、『社会分業論（上・下）』講談社学術文庫）

Ellison, C. G., and D. E. Sherkat, 1995, "The Semi-Involuntary Institution Revisited, Regional Variations in Church Participation among Black Americans," *Social Forces*, 73 (4), 1415-1437

Fowler, Jeaneane, and Marv Fowler, 2009, *Chanting in Hillsides: The Buddhism of Nichiren Daishonin in Wales and the Borders*, Sussex Academic Press

Francis, Leslie J., and Laurence B. Brown, 1991, "The Influential of Home, Church and School on Prayer among Sixteen-Year-Old Adolescents," *Review of Religious Research*, 33 (2), 112-121

Giddens, Anthony, 1992, *The Transformation of Intimacy: Sexuality, Love and Eroticism*, Polity Press（松尾精文・松川昭子訳，一九九五，『親密性の変容——近代社会におけるセクシュアリティ，愛情，エロティシズム』而立書房）

Glock, C. Y., and Rodney Stark, 1965, *Religion and Society in Tension*, Rand and McNally

Glock, C. Y., B. Ringer, and E. Babbie, 1967, *To Comfort and to Challenge*, University of Califolnia Press

Gottfried, H., 1998, "Beyond Patriarchy? Theorizing Gender and Class," *Sociology*, 32 (3), 451-468

Hammond, Phillip E., and David W. Machacek, 1999, *Soka Gakkai in America: Accommodation and Conversion*, Oxford University Press（栗原淑江訳，二〇〇〇，『アメリカの創価学会』紀伊國屋書店）

Hayes, Bernadette C., and Yvonne Pittelkow, 1993, "Religious Belief, Transmission, and the Family: An Australian Study," *Journal of Marriage and Family*, 55 (3), 755-766

Hoge, Dean R., and Gregory H. Petrillo, 1978, "Determinants of Church Participation and Attitudes among High School Youth," *Journal for the Scientific Study of Religion*, 17 (4), 359-379

Hoge, Dean R., Gregory H. Petrillo, and Ella I. Smith, 1982, "Transmission of Religious and Social Values from Parents to Teenage Children," *Journal of Marriage and Family*, 44 (3), 569-580

Hoge, D. R., B. Johnson, and D. A. Luidens, 1993, "Determinants of Church Involvement of Young Adults Commit to the Church," *Journal for the Scientific Study of Religion*, 32 (3), 242-255

Houseknecht, Sharon K., and Jerry G. Pankhurst (eds.), 2000, *Family, Religion and Social Change in Diverse Societies*, Oxford University Press

Hout, Michael, Andrew Greely, and Melissa J. Wilde, 2001, "The Demographic Imperative in Religious Change in the United States," *American Journal of Sociology*, 107 (2), 468-500

Hout, Michael, and Clauds S. Fisher, 2002, "Why More Americans Have No Religious Preference: Politics and Generation," *American Sociological Review*, 67 (2), 165-190

Hunsberger, Bruce E., 1983, "Apostasy: A Social Learning Perspective," *Review of Religious Research*, 25 (1), 21-38

Hunter, James D., 1991, *Culture Wars: The Struggle to Define America*, Basic Books

Hyde, Kenneth E., 1990, *Religion in Childhood & Adolescence*, Religious Education Press

Iannaccone, L. R., 1990, "Religious Practice: A Human Capital Approach," *Journal for the Scientific Study of Religion*, 29 (3), 297-314

Iannaccone, L. R., 1997, "Rational Choice: Framework for the Scientific Study of Religion," in L. A. Young (ed.), *Rational Choice Theory and Religion*, Routledge, 25-45

Inose, Yuri, 2005, "Influential Factors in the Intergenerational Transmission of Religion: The Case of Soka Gakkai in Hokkaido," *Japanese Journal of Religious Studies*, 32 (2), 371-382

Kapinus, Carolyn A., and Lisa A. Pellerin, 2008, "The influence of parents' religious practices on young adults' divorce attitudes," *Social Science Research*, 37, 801-814

King, Valarie, 2003, "The Influence of Religion on Father's Relationships With Their Children," *Journal of Marriage and Family*, 65 (2), 382-395

Kirkpatrick, Lee A., and Phillip R. Shaver, 1990, "Attachment Theory and Religion: Childhood Attachments, Religious Belief, and Conversion," *Journal for the Scientific Study of Religion*, 29 (3), 315-334

Loveland, Matthew T., 2003, "Religious Switching: Preference Development, Maintenance, and Change," *Journal for the Scientific Study of Religion*, 42 (1), 147-157

Machacek, David, and Bryan Wilson, 2000, *Global Citizens: The Soka Gakkai Buddhist Movement in the World*, Oxford University Press

Martin, David, 1962, "The Denomination," *British Journal of Sociology*, 13 (2), 1-14

Martin, T. F., J. M. White, and D. Perlman, 2003, "Religious Socialization: A Test of the Channeling Hypothesis of Parental Influence on Adolescent Faith Maturity," *Journal of Adolescent Research*, 18 (2), 169-187

Myers, Scott M., 2004, "Religion and Intergenerational Assistance: Distinct Difference by Adult Children's Gender and Parent's Marital Status," *The Sociological Quarterly*, 45 (1), 67-89

Nelsen, Hart M., 1980, "Religious Transmission Versus Religious Formation: Preadolescent-Parent Interaction," *The*

Sociological Quarterly, 21 (2), 207–218

O'Conner, T. P., D. R. Hoge, and E. Alexander, 2002, "The Relative Influence of Youth and Adult Experiences on Personal Spirituality and Church Involvement," *Journal for the Scientific Study of Religion*, 41 (4), 723–732

Okagaki, Lynn, and Claudia Bevis, 1999, "Transmission of Religious Values: Relations between Parents' and Daughters' Beliefs," *The Journal of Genetic Psychology*, 160 (3), 303–318

Ozorak, Elizabeth Weiss, 1989, "Social and Cognitive Influence on the Development of Religious Belief and Commitment in Adolescence," *Journal for the Scientific Study of Religion*, 28 (4), 448–463

Palmer, S. J., and C. E. Hardman (eds.), 1999, *Children in New Religions*, Rutgers University Press

Pearce, Lisa D., and William G. Axinn, 1998, "The Impact of Family Religious Life on the Quality of Mother-Child Relations," *American Sociological Review*, 63 (6), 810–828

Rochford, E. B., 1999, "Education and Collective Identity: Public Schooling of Hare Krishna Youths," in S. J. Palmer and C. E. Hardman (eds.), *Children in New Religion*, Rutgers University Press

Roof, W. C., 1989, "Multiple Religious Switching: A Research Note," *Journal for the Scientific Study of Religion*, 28 (4), 530–535

Roof, W. C., 1993, *A Generation of Seekers: The Spiritual Journeys of the Baby Boom Generation*, Harpercollins

Roof, W. C., and C. K. Hadaway, 1979, "Denominational Switching in the Seventies: Going beyond Stark and Glock," *Journal for the Scientific Study of Religion*, 18 (4), 363–377

Roof, W. C., and K. Walsh, 1993, "Life Cycle, Generation, and Participation in Religious Groups," *Religion and the Social Order*, 3B, 157–171

Rossi, Alice S., and Peter H. Rossi, 1990, *Of Human Bonding: Parent-Child across the Life Cource*, Aldine ne Gruyter

Rothbaum, S., 1988, "Between Two Worlds: Issues of Separation and Identity after Leaving a Religious Community," in D. Blomley (ed.), *Falling from the Faith, Causes and Consequences of Religious Apostasy*, SAGE Publication

Sherkat, D. E., 1997, "Embedding Religious Choices, Integrating Preferences and Social Constraints into Rational Choice Theories of Religious Behavior," in L. A. Young (ed.), *Rational Choice Theory and Religion: Summary and Assessment*,

Routledge, 65-86

Sherkat, D. E., and J. Wilson, 1995, "Preferences Constraints, and Choices in Religious Markets: An Examination of Religious Switching and Apostasy," *Social Forces*, 73 (3), 993-1026

Skirbekk, Vegard, Eric Kaufmann, and Anne Goujon, 2010, "Secularism, Fundamentarism, or Catholicism?: The Religious Composition of the United States to 2043," *Journal for the Scientific Study of Religion*, 49 (2), 293-310

Smart, N., 1969, *Religious Experience of Mankind*, Charles Scribner's Sons

Snow, David A., 1993, *SHAKUBUKU: A Study of the Nichiren Shoshu Buddhist Movement in America, 1960-1975*, Gland Publishing, Inc.

Stark, R., and W. S. Bainbridge, 1985, *The Future of Religion, Secularization, Revival, and Cult Formation*, University of California Press

Stark, R., and W. S. Bainbridge, 1987, *A Theory of Religion*, Rutgers University Press

Stark, R., and L. R. Iannaccone, 1994, "A Supply-Side Reinterpretation of 'Secularization' of Europe," *Journal for the Scientific Study of Religion*, 33 (3), 230-252

Stolzenberg, R. M., M. Blair-Loy, and L. J. Waite, 1995, "Religious Participation in Early Adulthood, Age and Family Life Cycle Effects on Church Member Ship," *American Sociological Review*, 60 (1), 84-103

Thompson, Edward H., Jr., 1991, "Beneath the Status Characteristic: Gender Variation in Religiousness," *Journal for the Scientific Study of Religion*, 30 (4), 381-396

Troeltsch, Ernst (Wyon Olive (tr.)), 1956, *The Social Teaching of the Christian Churches*, George Allen & Unwin (*Die Soziallehren der christlichen Kirchen und Gruppen*, 1911)(抄訳：高野晃兆・帆苅猛訳、一九九九、『古代キリスト教の社会教説』教文館)

Vila, Pablo, 2005, *Border Identifications: Narratives of Religion, Gender, and Class on the U.S.-Mexico Border*, University of Texas Press

Warner, R. Stephen, and Judith G. Wittner (eds.), 1998, *Gatherings in Diaspora: Religious Communities and the New Immigration*, Temple University Press

Willits, Fern K., and Donald M. Crider, 1989, "Church Attendance and Traditional Religious Belief in Adolescence and Young Adulthood: A Panel Study," *Review of Religious Research*, 31 (1), 68-81

Wilson, Bryan, 1966, *Religion in Secular Society: A Sociological Comment*, C. A. Watts & Co., Ltd.

Wilson, Bryan, and Karel Dobbelaere, 1994, *A Time to Chant: The Soka Gakkai Buddhists in Britain*, Oxford University Press

Wilson, John, and Sharon Sandmirsky, 1991, "Religious Affiliation and the Family," *Sociological Forum*, 6 (2), 289-309

Wright, S. A., and W. V. D'Antonio, 1993, "Families and New Religions," *Religion and the Social Order*, 3A, 219-238

Wright, S. A., and E. S. Piper, 1986, "Families and Cults: Familial Factors Related to Youth Leaving or Remaining in Deviant Religious Groups," *Journal of Marriage and Family*, 48 (1), 15-25

日本語文献

秋庭裕・川端亮、二〇〇四、『霊能のリアリティへ――社会学、真如苑に入る』新曜社

アバークロンビー、N、S・ヒル、B・S・ターナー（丸山哲夫監訳・編）、二〇〇五、『新版　新しい世紀の社会学中辞典』ミネルヴァ書房（Abercrombie, Nicholas, Stephan Hill, and Bryan S. Turner, 2000, *The Penguin Dictionary of Sociology, Fourth Edition*, Penguin Books）

アラム、ジュマリ、一九九四、「新宗教における「カリスマ的教祖」と「カリスマ的組織」」島薗進編『何のための〈宗教〉か?』青弓社、一五四―二〇三頁

安齋伸、一九八一、「沖縄における創価学会の伝播と受容」小口偉一教授古稀記念会編『宗教と社会』春秋社、二六三―二七五頁

飯田浩之、一九八九、「「家族と社会化研究」再考――「集団としての家族」から「場としての家族」へ」『教育社会学研究』四四号、八五―九〇頁

飯田剛史・芦田哲郎、一九八〇、「新宗教の日常化――大本・京都地区四支部の事例」『ソシオロジ』二五巻二号、八三―一一八頁

池田大作、一九七二、『未来をひらく君たちへ』金の星社

池田大作、一九七四、『少年抄』聖教新聞社

池田大作、一九七六、『女性抄』聖教新聞社

池田大作、一九七八、『生活の花束――創造的人生への提言（新装版）』海竜社

池田大作、一九九五、『希望の明日へ――池田名誉会長スピーチ珠玉集』聖教新聞社
池田大作、一九九六、『青春対話①』聖教新聞社
池田大作、一九九七a、『母の詩』聖教新聞社
池田大作、一九九七b、『青春対話②』聖教新聞社
池田大作、一九九七c、『青春対話⑤』聖教新聞社
池田大作、一九九八、『母の曲』聖教新聞社
池田大作、一九九九、『青春対話II③』聖教新聞社
池田大作、二〇〇〇、『母の舞』聖教新聞社
池田大作、二〇〇一a、『人生の座標――池田大作語録』グラフ社
池田大作、二〇〇一b、『新・人間革命　第九巻』聖教新聞社
池田大作、二〇〇三、『新・女性抄』潮出版社
池田大作、二〇一〇、『愛する北海天地』潮出版社
池田博正、二〇〇三、『随筆　青春の道――私の若き日の記録』鳳書院
池田博正、二〇〇八、『新装改訂版　随筆　青春の道――私の若き日の記録』鳳書院
井桁碧、一九九三、「「女の役割」――権力への回路」奥田暁子・岡野治子編『宗教のなかの女性史』青弓社、一四四―一七一頁
石田郁夫、一九六五、『創価学会――戦後民衆の思想とエネルギー』三一書房
石渡佳美、一九九六、「PL教団における妻・母役割の構造――敗戦から高度経済成長期にかけての変容」『宗教と社会』二号、三―二三頁
伊藤雅之、一九九七、「入信の社会学――その現状と課題」『社会学評論』四八巻二号、一五八―一七六頁
伊藤雅之、二〇〇一、「宗教・宗教性・霊性――文化資源と当事者性に着目して」国際宗教研究所編『現代宗教二〇〇一』東京堂出版、四九―六五頁
伊藤雅之・樫尾直樹・弓山達也編、二〇〇四、『スピリチュアリティの社会学』世界思想社
井上順孝編、一九九四、『現代日本の宗教社会学』世界思想社
猪瀬優理、二〇〇〇、「宗教集団における「ジェンダー」の再生産――創価学会員の入信動機に注目して」『現代社会学研究』一三

号、六一－八〇頁
猪瀬優理、二〇〇二、「脱会プロセスとその後――ものみの塔聖書冊子協会の脱会者を事例に」『宗教と社会』八号、一九－三八頁
猪瀬優理、二〇〇三、「札幌市における創価学会員の現状――調査票調査結果報告」『酪農学園大学紀要　人文・社会科学編』二八巻一号、五五－六四頁
猪瀬優理、二〇〇四、「信仰継承に影響を与える要因――北海道創価学会の調査票調査から」『現代社会学研究』一七号、二一－三八頁
猪瀬優理、二〇〇九、「脱会過程の諸相――エホバの証人と脱会カウンセリング」櫻井義秀編『カルトとスピリチュアリティ――現代日本における癒しと救いのゆくえ』ミネルヴァ書房、一一三－一四三頁
岩村信二・森岡清美、一九九五、『教会教育による教会形成――大森めぐみ教会の場合』新教出版社
ウィルソン、B（池田昭訳）、一九九一、『宗教セクト』恒星社厚生閣（Wilson, Bryan, 1970, *Religious Sects: A Sociological Study*, McGraw-Hill）
ウェーバー、M（大塚久雄訳）、一九八九、『プロテスタンティズムの倫理と資本主義の精神』岩波文庫（Werber, Max, 1904, *Die protestantische Ethik und der Geist des Kapitalismus*）
薄井篤子、一九九五、「女性と宗教と組織――創価学会婦人部を巡って」奥田暁子編著『女性と宗教の近代史』三一書房、一四三－一八二頁
大谷栄一、一九九六、「宗教運動論の再検討――宗教運動の構築主義的アプローチの展開に向けて」『現代社会理論研究』六号、一九三－二〇四頁
大谷栄一、二〇〇四、「スピリチュアリティ研究の最前線」伊藤雅之・樫尾直樹・弓山達也編『スピリチュアリティの社会学』世界思想社、三－一九頁
大谷栄一、二〇〇五、「宗教社会学者は現代社会をどのように分析するのか――社会学における宗教研究の歴史と現状」『社会科学基礎研究年報』四号、七六－九三頁
大西克明、二〇〇九、『本門佛立講と創価学会の社会学的研究――宗教的排他性と現世主義』論創社
岡本亮輔、二〇〇七、「私事化論再考――個人主義モデルから文脈依存モデルへ」『宗教研究』八一巻一号、二三－四五頁
オディ、トマス（宗像巌訳）、一九六八、『宗教社会学』至誠堂（O'dea, Thomas, 1966, *The Sociology of Religion*, Prentice-Hall,

Inc.)

小内透、一九九五、『再生産論を読む――バーンスティン、ブルデュー、ボールズ=ギンティス、ウィリスの再生産論』東信堂

笠原一男、一九六四、『革命の宗教――創価学会と一向一揆』人物往来社

笠原一男、一九七〇、『創価学会と本願寺教団――民衆宗教の体質』新人物往来社

兼子一、一九九九、「信者が「世代」を語る時――「エホバの証人」の布教活動に現れたカテゴリー化実践の分析」『宗教と社会』五号、三九―五九頁

川上恒雄、二〇〇七、「コンバージョンの社会科学的研究・再考　概念・方法・文化」『南山文化研究所　研究所報』一七号、一八―二九頁

川橋範子・黒木雅子、二〇〇四、『混在するめぐみ――ポストコロニアル時代の宗教とフェミニズム』人文書院

川端亮・秋庭裕・稲場圭信、二〇一〇、「SGI-USAにおけるアメリカ化の進展――多民族社会における会員のインタビューから」『宗教と社会』一六号、八九―一一〇頁

川又俊則、二〇〇二、『ライフヒストリー研究の基礎』創風社

川又俊則・寺田喜朗・武井順介編、二〇〇六、『ライフヒストリーの宗教社会学』ハーベスト社

ギデンズ、A(友枝敏雄・今田高俊・森重雄訳)、一九八九、『社会理論の最前線』ハーベスト社(Giddens, Anthony, 1979, *Central Problem in Social Theory*, University of California Press)

ギデンズ、A(秋吉美都・安藤太郎・筒井淳也訳)、二〇〇五、『モダニティと自己アイデンティティ――後期近代における自己と社会』ハーベスト社(Giddens, Anthony, 1991, *Modernity and Self-identity: Self and Society in the Late Modern Age*, Polity Press)

熊沢誠、二〇〇六、『若者が働くとき――「使い捨てられ」も「燃えつき」もせず』ミネルヴァ書房

ケペル、G(中島ひかる訳)、一九九二、『宗教の復讐』晶文社(Kepel, Gilles, 1991, *La revanche de Dieu: chrétiens, juifs et musulmans à la reconquête du monde*, Seuil)

玄田有史、二〇〇五、『仕事の中の曖昧な不安――揺れる若年の現在』中央公論新社

孝本貢、一九七八、「都市家族における先祖祭祀観――系譜的先祖祭祀観から縁的先祖祭祀観へ」宗教社会学研究会編『現代宗教への視角』雄山閣、五二―六五頁

孝本貢、二〇〇二、『現代日本における先祖祭祀』御茶の水書房
小平芳平、一九六二、『創価学会』鳳書院
佐木秋夫、一九五七、「創価学会の著者受難せり」『中央公論』七二巻一三号、二三八—二四七頁
佐木秋夫、一九五九、「新興宗教の実態と問題点——創価学会を中心に」『都市問題』五〇巻一〇号、九三五—九四三頁
佐木秋夫・小口偉一、一九五七、『創価学会』青木書店
櫻井義秀編、二〇〇九、『カルトとスピリチュアリティ——現代日本における癒しと救いのゆくえ』ミネルヴァ書房
佐高信・テリー伊藤、二〇〇〇、『お笑い創価学会　信じる者は救われない——池田大作ってそんなにエライ？』光文社
佐藤哲也、一九九五、「ピューリタンの教育思想における回心体験の問題」『現代の教育史学』三八号、二八七—三〇五頁
佐藤正明、一九六六、「集団成員の態度変容と価値志向」『社会学研究』二七号、五五—八一頁
塩原勉、一九七六、『組織と運動の理論』新曜社
塩谷政憲、一九八六、「宗教運動への献身をめぐる家族からの離反」森岡清美編『近現代における「家」の変質と宗教』新地書房、一五三—一七四頁
島薗進、一九七七、「神がかりから救けまで」『駒沢大学仏教学部論集』八号、二〇九—二二六頁
島薗進、一九七八、「疑いと信仰の間」『筑波大学哲学・思想学系論集』三号、一一七—一四五頁
島田裕巳、二〇〇四、『創価学会』新潮新書
島田裕巳、二〇〇六、『創価学会の実力』朝日新聞社
島田裕巳、二〇〇七、『公明党vs.創価学会』朝日新書
島田裕巳、二〇〇八、『民族化する創価学会』講談社
杉森康二、一九七六、『創価学会』自由選書
杉山幸子、二〇〇四、『新宗教とアイデンティティ——回心と癒しの宗教社会心理学』新曜社
ズサ、ドミンゴス、二〇〇五、「信仰と歴史の問題——キルケゴールの立場」『宗教研究』七九巻一号、一—二四頁
鈴木広、一九七〇、『都市的世界』誠信書房
住家正芳、二〇〇五、「宗教社会学理論における「市場」——宗教の合理的選択理論批判」『宗教研究』七九巻三号、六七七—六九九頁

聖教新聞社企画部、二〇〇二、『新会員の友のために③』聖教新聞社
セン、アマルティア（大庭健・川本隆史訳）、一九八九、『合理的な愚か者――経済学＝倫理学的探求』勁草書房（Sen, Amartya, 1982, *CHOICE, We Have and Measurment*, Basil Blackwell Publisher）（部分訳）
千石保、二〇〇五、『高校生の学習意識と日常生活』財団法人日本青少年研究所
創価学会教学部編、二〇〇二、『教学の基礎――仏法理解のために』聖教新聞社
創価学会脱会者の会編、一九八七、『私はこうして創価学会をヤメた――入信から脱退までの軌跡』日新報道
創価学会中等部指導集刊行会編、一九八一、『創価学会中等部指導集　未来への誓い』聖教新聞社
高瀬広居、一九六三、『第三文明の宗教――創価学会のめざすもの』弘文堂
高橋勝、二〇〇二、『文化変容のなかの子ども――経験・他者・関係性』東信堂
高橋勝、二〇〇六、『情報・消費社会と子ども（子ども観改革シリーズ）』明治図書出版
竹中信常、一九六七、『創価学会』労働法学出版
橘木俊詔・長谷部恭男・今田高俊・益永茂樹、二〇〇七、『リスク学入門1　リスク学とは何か』岩波書店
谷富夫、一九九四、『聖なるものの持続と変容』恒星社厚生閣
玉野和志、二〇〇八、『創価学会の研究』講談社現代新書
千葉聡子、一九九九、「家族によるしつけを困難にしている要因――社会集団を必要とするしつけ」『文教大学教育学部紀要』三三号、四八―六一頁
塚田穂高、二〇〇六、「「二世信者」の信仰形成の過程と教団外他者」川又俊則・寺田喜朗・武井順介編『ライフヒストリーの宗教社会学』ハーベスト社、八二―一〇一頁
塚田穂高、二〇〇七、「新宗教運動の教団ライフコースにおけるカリスマの死と継承」『宗教研究』八〇巻四号、一一九六―一一九七頁
対馬路人、一九八九、「日本における新宗教と既成教団」中央学術研究所『宗教間の協調と葛藤』佼成出版社、四八一―四九五頁
内閣府政策統括官、二〇〇一、『日本の青少年の生活と意識――第二回調査』
内閣府政策統括官、二〇〇八、『低年齢少年の生活と意識に関する調査報告書』
永井美紀子・芳賀学・山田真茂留、一九九二、「会員の意識と行動――質問紙調査に見る」島薗進編『救いと徳』弘文堂、二五三

―二九〇頁
中西裕二、二〇〇八、「民間信仰における信仰と外部性――民俗調査からの再考(〈特集〉宗教批判の諸相)」『宗教研究』八二巻二号、五七一―五九二頁
中野毅、一九九七、『宗教とナショナリズム』世界思想社
中野毅、二〇〇二、『宗教の復権――グローバリゼーション・カルト論争・ナショナリズム』東京堂出版
中野毅、二〇一〇、「民衆宗教としての創価学会――社会層と国家との関係から」『宗教と社会』一六号、一一一―一四二頁
中牧弘允、一九七九、「宗教制度の変動と論理――北海道常呂町の調査から」柳川啓一・安齋伸編『宗教と社会変動』東京大学出版会、二三五―二六一頁
西山茂、一九七五a、「宗教的信念体系の受容とその影響――山形県湯野浜地区妙智会の事例」『社会科学論集』二三号、一―七三頁
西山茂、一九七五b、「我国における家庭内宗教集団の類型とその変化」『東洋大学社会学研究所年報』Ⅷ、六七―八八頁
西山茂、一九七五c、「日蓮正宗創価学会における「本門戒壇」論の変遷」中尾尭編『日蓮宗の諸問題』雄山閣、二四一―二七六頁
西山茂、一九八六、「正当化の危機と教学革新――「正本堂」完成以後の石山教学の場合」森岡清美編『近現代における「家」の変質と宗教』新地書房、二六三―二九九頁
西山茂、一九八七、「教団組織者のリーダーシップ――立正佼成会創立者・庭野日敬の場合」『組織科学』二一巻三号、四三―六〇頁
西山茂、一九九四、「運動展開のパターン」井上順孝・孝本貢・対馬路人・中牧弘允・西山茂編『新宗教事典(縮刷版)』弘文堂、五五―六三頁
西山茂、二〇〇〇、「家郷解体後の宗教世界の変貌」宮島喬編『講座社会学7　文化』東京大学出版会、一二三―一五五頁
西山茂、二〇〇四、「変貌する創価学会の今昔」『世界』七二四号、一七〇―一八一頁
「二一世紀のパイオニア」刊行会、一九八〇、『創価学会高等部指導集　二一世紀のパイオニア』第三文明社
ニーバー、H・リチャード(柴田史子訳)、一九八四、『アメリカ型キリスト教の社会的起源』ヨルダン社(Niebuhr, H. Richard, 1929, *The Social Sources of Denominationalism*, H. Holt and Company)

野田峯雄、二〇〇〇、『増補新版　池田大作　金脈の研究』第三書館
芳賀学、一九九二、「青年期の信仰――戦後青年部の展開過程」島薗進編『救いと徳』弘文堂、二一七―二五一頁
芳賀学・菊池裕生、二〇〇六、『仏のまなざし、読みかえられる自己――回心のミクロ社会学』ハーベスト社
萩原久美子、二〇〇六、『迷走する両立支援――いま、子どもを持って働くということ』太郎次郎社エディタス
原島嵩、二〇〇二、『誰も書かなかった池田大作・創価学会の真実』日新報道
原島嵩、二〇〇七、『絶望の淵よりよみがえる』日新報道
バンデューラ、A(原野広太郎監訳)、一九七九、『社会的学習理論』金子書房(Bandura, Albert, 1977, *Social Learning Theory*, Prentice-Hall, Inc.)
深澤英隆、二〇〇三、「「宗教」の生誕」池上良正ほか編『岩波講座宗教1　宗教とはなにか』岩波書店、二三―五四頁
藤井健志、一九九二、「新宗教の内在的理解と民衆宗教史研究の方法」脇本平也・柳川啓一編『現代宗教学2　宗教思想と言葉』東京大学出版会、一三七―一五九頁
藤原弘達、一九六九、『この日本をどうする2　創価学会を斬る』日本報道出版部
古川利明、二〇〇〇、『カルトとしての創価学会＝池田大作』第三書館
ベック、U(東廉・伊藤美登里訳)、一九九八、『危険社会――新しい近代への道』法政大学出版局(Beck, Ulrich, 1986, *Risikogesellshaft: Auf dem Weg in eine andere Moderne*, Suhrkamp)
ホワイト、J・W(宗教社会学研究会訳)、一九七一、『創価学会レポート』雄渾社(White, J. W., 1970, *The Soka Gakkai and Mass Society*, The Board of Trustees of the Leland Stanford Junior University)
本田和子、二〇〇七、『子供が忌避される時代』新曜社
本田由紀、二〇〇七、『若者の労働と生活世界――彼らはどんな現実を生きているか』大月書店
本田由紀、二〇〇八、『「家庭教育」の隘路』勁草書房
マクガイア、メレディス・B(山中弘・伊藤雅之・岡本亮輔訳)、二〇〇八、『宗教社会学――宗教と社会のダイナミクス』明石書店(McGuire, Meredith B., 2002, *Religion: The Social Context, Fifth Edition*, Thomson Laerning Company)
マックファーランド、H・N(内藤豊・杉本健之訳)、一九六九、『神々のラッシュアワー』社会思想社(McFarland, H. N., 1967, *The Rush Hour of The Gods*, Macmillan)

松野弘・堀越芳昭・合力知工、二〇〇六、『「企業の社会的責任論」の形成と展開』ミネルヴァ書房
宮本みち子、二〇〇二、『若者が「社会的弱者」に転落する』洋泉社新書
村上重良、一九六七、『創価学会＝公明党』青木書店
村上重良、一九六八、『日本百年の宗教──排仏毀釈から創価学会まで』講談社現代新書
目黒依子、一九八七、『個人化する家族』勁草書房
望月哲也、一九八二、「聖俗世界への解釈視角」宗教社会学研究会編『宗教・その日常性と非日常性』雄山閣
森岡清美、一九六二、『真宗教団と「家」制度』創文社
森岡清美、一九七二、「家族パターンと伝統的宗教行動の訓練──特に小学校上級児童について」『社会科学ジャーナル』(国際基督教大学)、一一号、七一─七九頁
森岡清美、一九七八、『真宗教団における家の構造』御茶の水書房
森岡清美、一九八四、『家の変貌と先祖の祭』日本基督教団出版局
森岡清美、一九八八、「日本における教団組織の諸類型」『宗務時報』七八号、一〇─二二頁
森岡清美、一九八九、『新宗教運動の展開過程』創文社
柳田邦男、森秀人、しまね・きよし、鶴見俊輔、一九六三、『折伏』産報
山口和孝、一九九八、『子どもの教育と宗教』青木書店
山田昌弘、二〇〇四、『希望格差社会』筑摩書房
山田直樹、二〇〇四、『創価学会とは何か』新潮社
山中弘、一九八八、「宗教的権威の継承と教団の組織的動向──初期英・米メソディスト派の比較から」『愛知学院大学文学部紀要』一八号、八六─九五頁
山中弘、二〇〇四、「宗教社会学の歴史観」池上良正ほか編『岩波講座宗教3　宗教史の可能性』岩波書店、一〇七─一二九頁
山中弘・林淳、二〇〇三、「日本におけるマックス・ウェーバー受容の系譜」『愛知学院大学文学部紀要』二三号、一─二〇頁
山根真理、二〇〇〇、「育児不安と家族の危機」清水新二編『シリーズ〈家族はいま…〉4　家族問題──危機と存続』ミネルヴァ書房
米本和広、一九九五、「青年部活動家覆面座談会──信濃町はクレムリンなのか」『別冊宝島225　となりの創価学会』宝島社、

一五七―一七〇頁
米本和広、二〇〇〇、『カルトの子――心を盗まれた家族』文藝春秋
ルックマン、トーマス（赤池憲昭、ヤン・スィンゲドー訳）、一九七六、『見えない宗教――現代宗教社会学入門』ヨルダン社
（Luckmann, Thomas, 1967, *The Invisible Religion: The Problem of Religion in Modern Society*, Macmillan）
脇本平也・柳川啓一編、一九九二、『現代宗教学1　宗教体験への接近』東京大学出版会
渡辺雅子、一九七九、「家族危機との対応における新宗教の意義――剝奪理論の検討を通して」『社会科学ジャーナル』（国際基督教大学）、一七号、二〇一―二二五頁
渡辺雅子、一九八六、「新宗教信者のライフコースと入信過程――大本の地方支部を事例として」森岡清美編『近現代における「家」の変質と宗教』新地書房、一七五―二三八頁
渡辺雅子、一九九四、「入信の動機と過程」井上順孝・孝本貢・対馬路人・中牧弘允・西山茂編『新宗教事典（縮刷版）』弘文堂、二〇二―二一〇頁
渡辺雅子、二〇〇一、『ブラジル日系新宗教の展開――異文化布教の課題と実践』東信堂
渡辺雅子、二〇〇三、「新宗教における世代間信仰継承――妙智會教団山形教会の事例」『明治学院大学社会学部付属研究所年報』三三号、一二一―一三五頁

あとがき

本書は、二〇〇四年度北海道大学大学院文学研究科に提出した博士論文『宗教集団における信仰継承と「ジェンダー」の再生産過程』をもとに、創価学会に関する調査研究の部分を抜き出して、全面的に書き改めたものである。

本書のもととなった既出の論文は以下のとおりである。

猪瀬優理、二〇〇三、「札幌市における創価学会員の現状――調査票調査結果報告」『酪農学園大学紀要　人文・社会科学編』二八巻一号、五五―六四頁（第四章）

猪瀬優理、二〇〇四、「信仰継承に影響を与える要因――北海道創価学会の調査票調査から」『現代社会学研究』一七号、二一―三八頁（第五章）

Inose, Yuri, 2005, "Influential Factors in the Intergenerational Transmission of Religion: The Case of Soka Gakkai in Hokkaido," *Japanese Journal of Religious Studies*, 32 (2), 371-382（第五章）

本書では順調な世代間信仰継承を教団組織維持の要として論じたが、現役信者の地域における活動状況をみると、次世代育成の重要性が認識されていても、その達成に困難が予見される状況があることを示した。

二〇一〇年に八〇周年を迎え、組織のシンボルである池田名誉会長が高齢となってきた創価学会では、世代間信仰継承の問題に重点を置くようになってきているようである。二〇一一年七月の未来部躍進月間に際して、「新たな取り組みとして創価ファミリー大会が各地で開催」された(『聖教新聞』二〇一一年七月一五日付け四面「新時代第五〇本部幹部会」兼「結成六〇周年記念 全国青年部幹部会」兼「未来部総会」兼「新生・東北総会」における原田稔会長挨拶)。「この創価ファミリー大会は、一堂に会した高等部・中等部・少年少女部のメンバーが主体性を持って会合に携わるもの」であり、「祖父母をはじめ、未来部員の家族が力を合わせ、宝の後継者育成に全力を挙げるための取り組み」である(同上)。

壮年部・婦人部・男子部・女子部という世代の横のつながりを強固にしてきた組織体制であったが、改めて家族を中心に世代の縦のつながりを強化しようとする試みのようである。この取り組みが、末端の地域の日常活動にまで浸透し、十分に機能するかどうかは未知数であろう。


ところで、本文でも言及していることだが、本書には「世代間信仰継承の解明」というテーマを扱う研究書としては重大な欠陥があることを改めて確認せねばならない。それは、創価学会の信仰を継承しなかった人びとに対する調査(情報)が決定的に不足していることである。

本文内では今後の課題として提示したが、博士論文においてはこの点をエホバの証人(ものみの塔聖書冊子協会)からの脱会者への聞き取り調査をもとにして、創価学会の世代間信仰継承についても同様の問題が生じる可能性が少なくないことを推論的に補充した。あとがきではあるが、この場を借りて二世信者の脱会の問題に関わることについて多少補足しておきたい。

なお、博士論文のうち、エホバの証人脱会者を事例とした部分の論述については、櫻井義秀編『カルトとスピリチュアリティ――現代日本における癒しと救いのゆくえ』(ミネルヴァ書房、二〇〇九年)に「第三章　脱会過程の諸相――エホバの証人と脱会カウンセリング」(一一三―一四三頁)としてすでに出版されている。

上記の論文においては、「カルト」というカテゴリ内で記述するという制約があったため、エホバの証人を脱会の困難さという観点から「カルト」と規定する形式で記述されているが、実は先の論文で指摘したかったことは、「カルトかどうか」を判断する基準の問題というより「脱会」の局面において信者がいかなる「問題」を被る可能性があるか、という過程についてであった。脱会の局面で生じる「問題」は、その程度が大きければその教団が「カルトか否か」という判断基準にもなりうるかもしれないが、おそらくどんな教団でも大なり小なり生じるところである。

その意味では、エホバの証人の二世信者が脱会する際に被る問題は、創価学会の二世信者が脱会する際に被る問題と共通する面も少なくないと考えられる。もちろん、教団の教理や対外的な対応の違いなどから問題が生じる程度や質に違いが生じる可能性はあるが、宗教集団にとって「脱会」が好ましくない事態である限り、「問題」が生じないわけがない。この点は本書の本文中でも多少ではあるが示唆したところである。

エホバの証人の元二世信者が出版している書物がある(秋本弘毅『エホバの証人の子どもたち――信仰の子らが語る、本当の姿』(わらび書房、一九八八年)、大下勇治『昼寝する豚――ものみの塔を検証する!』(総合電子リサーチ、二〇〇六年)。秋本、大下の両者とも子どもが「エホバの証人」として育てられることにより、エホバの証人組織の外部とは異なる価値観・文化を持つようになることを指摘している。そのため親の信仰している宗教集団から脱会することは非常に困難で苦痛を伴うこととなる。この状況を大下は「ものみの塔を辞めるということは、外国でたった一人で生活していくような孤独感を持ちます」(四三頁)と表現している。

具体的にどのような価値観であるかについては、秋本が「子どもたちは、何より、「霊的に成長」することが求められます」(五九頁)と指摘する。組織活動を重視するエホバの証人にとっては、「霊的に成長」とは信仰活動を熱心に行うことにほかならない。教団の集会に毎回参加すること、教団の求める信仰活動(伝道など)を熱心に行うことを「霊的成長」とみなすわけである。

エホバの証人の組織は、エホバの証人組織外の社会をサタンの世界とみて否定的に評価しているため、エホバの証人組織で活発に活動することは一般社会との乖離を大きくする方向に向かいやすい。そのため、エホバの証人を脱会する場合には、多くの社会経済的困難に見舞われる可能性が高いのである。エホバの証人組織は一般社会における経済的・職業的成功に重きを置かず、エホバの証人組織内での昇進を重視する。この結果、エホバの証人は不安定な職業に就労していたり、エホバの証人が経営する企業に就職している可能性が高く、脱会した場合には経済的な困難に陥りやすい側面がある。また、一度正式なエホバの証人となってから脱会する場合は「背教者」となり、エホバに忠実であれば与えられるはずの永遠の命を失った穢れた存在となってしまう。このことから、家族にエホバの証人を持つ二世信者が脱会する際には、家族の縁を切る覚悟をしなければならない。これは、非常に重い決断となる。

本書の事例である創価学会は、基本的には体制順応的な価値観を持っており、経済的成功や職業的成功など一般社会における活躍は非常に肯定的に受け止められる(『聖教新聞』などの機関紙や地域の会合などでも積極的に紹介される)。そのため、一般社会との乖離はエホバの証人ほど著しくはない。この点では、エホバの証人が脱会する場合に被る問題と創価学会員が脱会する際に被る問題の質と量は異なるものになろう。

しかし本書でみたように、創価学会においても子どもの「成長」が「信心を継承しているかどうか」「池田名誉会長を尊敬しているかどうか」で測られる側面がある。家族の絆の一要素として「信仰」が位置づけられることは悪いことではないが、仮に二世信者となるべき子どもがその信仰を受け入れられなかった場合には、その子どもが苦しい思いをせざるをえないであろうことは容易に推測できる。

一般に脱会に際して問題が生じやすい教団の特徴として、メンバーシップを厳密に考える傾向が強い教団、閉鎖性が高い教団、唯一無二・絶対の真理を持つことを強調する教団、リーダー層の権限が強い組織構造を持っている教団、教団外の一般社会との価値観に乖離が大きい教団、信者を過度の教団活動に引き込む組織体制を持っている教団、が挙げられる。本書でみてきたように創価学会の組織の特徴には、以上のうちのいくつかと重なる面がある。親が子の幸せを願って自分の持つ信仰を継承してほしいと期待することは親心ではあるが、子どもが自分自身の信念に従って親の信仰とは異なる考えや生き方をしていく自由は保障されるべきであろう。本書の事例では多様な信仰継承のありようが示されていた。したがって、脱会についても一面的なものではないだろう。いずれにせよ、創価学会の二世信者にとって「信仰継承をしない」という決断が実質的にどのような意味を持つのか、実証的に検証する必要があるだろう。

また、本書は、創価学会における世代間信仰継承を題材としたものであるが、今後は、多様な宗教集団に所属する親と子の関係が、その教団の組織・教理などとどのような関わりを持ちながら形成されているのかを見通せるような調査研究に発展させたいと考えている。そこから、特定の宗教集団に属さない親子関係がいかなる「価値観」「文化」を継承・変容・断絶させて親子関係を作っているのか、その背景にあるものは何かを見つめてみたい。個別の教団における個別の親子関係を詳細に見つめることにより、遠回りではあるが、より良い親子関係、より良い世代関係を築くヒントを見つけていくと同時に、私たちが生きる現代の日本社会が向いている方向を見出す手がかりになるのではないか。

本書は、札幌市を中心とした現役の創価学会員の方々に対する調査から得られた資料をもとにして書かれている。一冊の本にまとめるにあたり、一九九六年度北海道大学文学部に提出した卒業論文以来の長きにわたる多くの創価学会員の方々の温かいご協力と励ましに深く感謝申し上げたい。

ご自宅などにお邪魔させていただき、ときには数時間にわたるインタビューに応えてくれた皆様、快く座談会や本部幹部会などの会合に参加させてくださった地域の創価学会員の皆様、調査票調査に協力してくださった皆様、調査票調査を実施させてくださった北海道の創価学会幹部の皆様、一人一人のお名前を挙げることは控えさせていただくが、これらの皆様との出会いはかけがえのないものである。

特定の信仰を持たない私に対して、「より良い猪瀬さん（あるいは優理ちゃん）になってもらいたいから」と勤行・唱題を教えてくださった方々の願いには全くお応えできていない。けれども、「創価学会を理解してほしい」というお声をくださった方々の思いに本書が多少なりとも応えることができていれば幸いである。

本書は二〇〇一〜〇二年度科学研究費（特別研究員奨励費）「宗教集団における世代間信仰継承とジェンダーの再生産過程の解明」（研究課題番号：〇一Ｊ一〇八五三）の助成を受けて行われた研究に基づくものである。

本研究は、調査に協力してくださった創価学会員のほか、多くの人びとのご助言と励ましに支えられてきた。何より北海道大学大学院文学研究科教授、櫻井義秀先生のご指導がなければ、卒業論文の際に創価学会に調査に行くこともなく、その調査の面白さから大学院に進学するということもなかったであろう。また、博士論文を一冊の本として出版するという考えにも至らなかったと思われる。大恩ある師匠である。創価学会でも師匠の恩に報いて感謝の念を示すことが強調されているが、まさにその思いである。不肖の弟子はいまもって多くのご苦労をおかけしているのだが、本書が多少なりとも恩に報いるものとなっていればと祈るばかりである。

本書の第四章、第五章で用いた調査票調査の作成にあたっては天使大学教授、田島忠篤先生から有益なアドバイスをいただいた。土屋博先生、福島栄寿先生、李賢京さん、寺澤重法さんはじめ櫻井院ゼミの皆さんからも宗教研究会を中心に本書の内容について数度にわたり検討していただいた。博士論文の副査として宇都宮輝夫先生、平澤和司先生からも的確なご指導をいただいた。院生時代には、櫻井先生がご不在の際、修士課程一年のときにご指導いただいた野宮大志郎先生はじめ、北海道大学大学院文学研究科社会システム科学講座の諸先生方から、研究発表会のたびに温かいご指導と励ましをいただいた。そのほか、投稿論文の査読の先生、学会発表の際の質疑応答、個別のアドバイスをくださった諸先生方など、多くの方からご助言と励ましをいただいた。

本書の内容に多少なりとも良い点が含まれているとすれば、これらのご指導いただいた皆様のおかげである。心より感謝申し上げる。もちろん、本書の内容に不足の点があればすべて筆者の責任に負うものである。

また、現役会員ばかりにインタビュー調査をしていた私に「元二世信者」「脱会者」という存在と脱会に伴う問題を教え、視野を広げてくださったエホバの証人の脱会者の皆様方にも厚く感謝申し上げたい。だが、脱会者の方々の恩に報いるにもまだまだ修行が足りない。今後さらなる研鑽を積んでいきたいところである。

最後に、本書の編集に携わってくださった北海道大学出版会の今中智佳子さん、校正を担当してくださった円子幸男さんに感謝申し上げる。非常に杜撰な作りであった原稿を文献表や統計の表の不整合など細部にわたりミスを指摘・修正してくださった。余計なご苦労をおかけしてしまった未熟さを反省しつつ、本の出版を支えてくださっている方々の素晴らしさに改めて感動した次第である。

二〇一一年七月

猪瀬優理

猪 瀬 優 理（いのせ ゆり）

龍谷大学社会学部社会学科講師。
日本学術振興会特別研究員（DC1）（2001〜2002 年度）を経て，北海道大学大学院文学研究科博士後期課程修了。行動科学博士。
北海道大学大学院文学研究科助教を経て現職。
〈主要著書〉
『ジェンダーで学ぶ宗教学』（共著，世界思想社，2007 年）
『カルトとスピリチュアリティ』（共著，ミネルヴァ書房，2009年）
『社会貢献する宗教』（共著，ミネルヴァ書房，2009 年）

信仰はどのように継承されるか
——創価学会にみる次世代育成

2011 年 10 月 10 日　第 1 刷発行
2012 年 3 月 10 日　第 2 刷発行

著　者　猪　瀬　優　理
発行者　吉　田　克　己

発行所　北海道大学出版会
札幌市北区北 9 条西 8 丁目 北海道大学構内（〒 060-0809）
Tel. 011（747）2308・Fax. 011（736）8605・http://www.hup.gr.jp

アイワード

ISBN978-4-8329-6758-8

付　録　単純集計表

問１　あなたが現在所属している部署は次のうちどれですか。（N＝822）

1．男子部（11.4％）	3．婦人部（50.5％）	5．男子学生部（0.4％）
2．女子部（9.6％）	4．壮年部（27.5％）	6．女子学生部（0％）

※非回答５名

問２　あなたの教学の資格は次のうちのどれになりますか。（N＝781）

1．教学部員ではない	（5.5％）
2．助師・講師	（15.1％）
3．青年３級・助教授・助教授補	（9.5％）
4．青年２級・教授補	（48.9％）
5．青年１級・教授	（21.0％）
6．その他	（2.8％）

問３　次の役職のうち，あなたがこれまでに就いた中で最も上位の役職はどれですか。
最もあてはまるものにひとつだけマル（◯）をおつけ下さい。（N＝799）

1．役職なし（6.3％）	4．支部　（23.1％）	7．方面　（0.8％）
2．ブロック（19.3％）	5．本部　（10.0％）	8．その他（0.1％）
3．地区　（33.3％）	6．区（圏）（6.4％）	9．県　（0.9％）

問４　あなたは現在の役職よりも上位の役職に就きたいと考えていますか。（N＝789）

1．絶対に就きたい	（3.0％）
2．できれば就きたい	（9.6％）
3．どちらでもない	（46.6％）
4．あまり就きたくない	（32.6％）
5．絶対就きたくない	（8.1％）

問5　次にあげる中であなたが所属している(したことがある)ものはどれですか。
あてはまるものすべてにマル(○)をおつけ下さい。(N＝822)

1. 教育部　(2.7%)	7. 社会部　(6.9%)	13. 白蓮グループ　(6.7%)
2. 芸術部　(1.3%)	8. 専門部　(0.7%)	14. 白樺会グループ　(1.5%)
3. 学術部　(0%)	9. 地域部　(9.7%)	15. その他の人材グループ(20.0%)
4. 文芸部　(0.2%)	10. 団地部　(5.5%)	16. 合唱団　(18.4%)
5. ドクター部 (0.1%)	11. 牙城会　(11.4%)	17. 音楽隊　(1.3%)
6. 国際部　(0.4%)	12. 創価班　(7.1%)	18. その他　(8.6%)

問6　あなたは創価学会に入る前に，他の宗教を信仰していたことがありますか。
(N＝816)

1. ある　(19.2%)	2. ない　(80.6%)

問7　あなたが創価学会に入会したのは何歳のときですか。**数字で**お答え下さい。
(N＝807)

0歳入会	(14.5%)
10歳以下	(17.2%)
10歳代	(16.5%)
20歳代	(29.9%)
30歳代	(14.9%)
40歳代	(5.1%)
50歳代	(1.0%)
60歳代	(0.5%)
70歳代	(0.5%)

問8　あなたが創価学会に入会するきっかけとなった人(学会を紹介した人)は誰ですか。
最も重要な人物に**ひとつだけ**マル(○)をおつけ下さい。(N＝799)

1. あなたの配偶者 (14.8%)	6. あなたの祖母 (2.0%)	11. あなたの姉妹　(3.5%)
2. あなたの父親　(12.4%)	7. あなたの祖父 (0.3%)	12. 配偶者の兄弟姉妹 (0.9%)
3. あなたの母親　(25.0%)	8. 配偶者の祖母 (0.1%)	13. あなたの息子　(0.3%)
4. 配偶者の父親　(0.3%)	9. 配偶者の祖父 (0.1%)	14. あなたの娘　(0.5%)
5. 配偶者の母親　(1.3%)	10. あなたの兄弟 (2.1%)	15. 子どもの配偶者　(0.1%)

16. あなたの孫　(0%)	19. 職場の人　(5.1%)	22. 特にいない　(1.0%)
17. その他親族　(4.4%)	20. 近隣の人　(5.9%)	23. その他　(3.6%)
18. 友人　(14.6%)	21. 見知らぬ人　(1.4%)	

注意）人物以外のもの（出版物など）のみが入会のきっかけである場合は「22. 特にいない」。

問9　あなたが創価学会に入会した動機は次のうちのどれですか。(N＝803)

1. 悩み・問題（病気，経済，人間関係）があった	(21.9%)
2. 人生に哲学・目標がほしかったから	(8.0%)
3. 創価学会の会合の雰囲気，創価学会員の人柄に惹かれた	(6.0%)
4. 戸田第二代会長の人柄・思想・行動・書物などに惹かれた	(0.7%)
5. 池田名誉会長の人柄・思想・行動・書物などに惹かれた	(2.4%)
6. 日蓮の教え（御書など）に惹かれたから	(1.5%)
7. 熱心な折伏を受けて断りきれなかったから	(6.4%)
8. 親が創価学会員だったから	(38.1%)
9. 配偶者が創価学会員だったから	(9.6%)
10. その他	(5.5%)

付問9　〈入会の動機が「悩み・問題」だった方にお聞きします〉
その悩みや問題はどのようなものでしたか。(N＝183)

1. あなたの病気・怪我　(25.7%)	9. 学校での人間関係　(1.1%)
2. 配偶者の病気・怪我　(4.9%)	10. 近隣との人間関係　(1.1%)
3. あなたの親の病気・怪我　(3.3%)	11. 仕事上の問題の解決　(8.7%)
4. 配偶者の親の病気・怪我　(0.5%)	12. 学業上の問題の解決　(0%)
5. 子どもの病気・怪我　(7.1%)	13. あなたの問題行動　(7.1%)
6. 経済的困難（借金，失業）　(19.1%)	14. 配偶者の問題行動　(7.1%)
7. 姑・舅との人間関係　(1.1%)	15. 子どもの問題行動　(0%)
8. 職場での人間関係　(7.1%)	16. その他　(6.6%)

問10　あなたは創価学会に入会したことによって変化を感じましたか。

次から<u>あてはまるものすべて</u>にマル（○）をおつけ下さい。

その上，最も重要に感じられた変化について<u>ひとつだけ</u>二重丸（◎）をおつけ下さい。

(N＝571) (選択比率 N＝822)

1. 抱えていた悩み・問題が解決した	(12.6%)	(50.2%)
2. 健康状態が改善された	(6.0%)	(32.1%)
3. 信頼できる同志ができ，安心感を得た	(7.7%)	(56.9%)
4. 人生に目標ができ，生活に張りが出た	(31.3%)	(69.1%)
5. 自分の能力を十分に発揮できるようになった	(3.0%)	(31.1%)
6. 知識・教養を得て，視野が広くなった	(5.4%)	(53.2%)
7. 他人を思いやれるようになった	(24.2%)	(71.3%)
8. 家族や職場などの人間関係が良くなった	(2.3%)	(35.3%)
9. 経済的状況が改善された	(4.0%)	(32.4%)
10. 抱えていた悩み・問題が悪化した	(0%)	(1.0%)
11. 健康状態が悪化した	(0.4%)	(0.6%)
12. 新しい価値観が入ってきて混乱した	(0.4%)	(1.3%)
13. 束縛が増えて自分の時間がなくなった	(0.9%)	(4.7%)
14. 視野が狭くなった	(0%)	(0.2%)
15. 家族や職場などの人間関係が悪くなった	(0%)	(0.7%)
16. 経済的状況が悪化した	(0%)	(0.6%)
17. 特にない	(0.2%)	(2.2%)
18. その他	(1.8%)	(3.6%)

問11　あなたは信仰に特に熱心に取り組もうと決意した経験(発心の経験)はありますか。入会時から熱心に活動している方は「ある」とお答え下さい。(N＝782)

1. ある　(90.7%)	2. ない　(9.3%)

付問11-1　〈発心経験のある方にお聞きします〉

あなたが発心したのは入会して何年後ですか。**数字で**お答え下さい。(N＝694)

入会時から熱心に活動	(31.1%)
入会後 5 年以内に発心	(26.1%)
入会後から 5 年以降 15 年以内に発心	(19.0%)
入会後から 15 年以降経ってから発心	(23.8%)

付問11-2　〈発心経験のある方にお聞きします〉

あなたが発心したときあなたはどの部署に所属していましたか。(N＝689)

1. 男子部　(24.8%)	4. 壮年部　(8.9%)	7. 少年少女部 (4.4%)
2. 女子部　(18.9%)	5. 男子学生部 (2.6%)	8. 中等部　(3.8%)
3. 婦人部　(32.7%)	6. 女子学生部 (1.3%)	9. 高等部　(2.8%)

付問11-3　〈発心経験のある方にお聞きします〉

あなたが発心するきっかけを作った学会員は誰ですか。

最も重要な人物に<u>**ひとつだけ**</u>マル(○)をおつけ下さい。(N＝683)

1. あなたの配偶者 (12.4%)	9. 配偶者の祖父　(0.3%)	17. その他親族　(1.5%)
2. あなたの父親　(3.2%)	10. あなたの兄弟　(1.3%)	18. 友人　(18.9%)
3. あなたの母親　(10.7%)	11. あなたの姉妹　(2.8%)	19. 職場の人　(2.8%)
4. 配偶者の父親　(0.6%)	12. 配偶者の兄弟姉妹 (0.4%)	20. 近隣の人　(13.2%)
5. 配偶者の母親　(0.6%)	13. あなたの息子　(4.5%)	21. 見知らぬ人　(0.7%)
6. あなたの祖母　(0.6%)	14. あなたの娘　(3.1%)	22. 特にいない　(3.2%)
7. あなたの祖父　(0.1%)	15. 子どもの配偶者　(0.1%)	23. その他　(18.6%)
8. 配偶者の祖母　(0.3%)	16. あなたの孫　(0%)	

付問11-4　〈発心経験のある方にお聞きします〉

あなたが発心した動機は次のうちのどれですか。

最も近いものに<u>**ひとつだけ**</u>マル(○)をおつけ下さい。(N＝672)

1. 悩み・問題(病気，経済，人間関係など)ができたから	(44.0%)
2. 人生に哲学・目標がほしくなったから	(7.0%)
3. 創価学会の会合，あるいは創価学会員の良さに気がついたから	(12.6%)
4. 戸田第二代会長の人柄・思想・行動・書物などに惹かれたから	(0.6%)
5. 池田名誉会長の人柄・思想・行動・書物などに惹かれたから	(15.6%)
6. 日蓮の教え(御書など)に惹かれたから	(4.3%)
7. 熱心な家庭訪問を受けたから	(8.5%)
8. 親から学会活動をするように熱心に言われたから	(1.8%)
9. その他	(5.5%)

付々問11-4　〈発心の動機が「悩み・問題」だった方にお聞きします〉

あなたが発心したときに解決したかった悩みはどのようなものですか。

以下の中から最も重要なものに**ひとつだけ**マル(○)をおつけ下さい。
(N＝334)

1. あなたの病気・怪我　(20.1%)	9. 学校での人間関係　(2.4%)
2. 配偶者の病気・怪我　(4.2%)	10. 近隣との人間関係　(1.2%)
3. あなたの親の病気・怪我　(6.6%)	11. 仕事上の問題の解決　(8.1%)
4. 配偶者の親の病気・怪我　(0.9%)	12. 学業上の問題の解決　(3.3%)
5. 子どもの病気・怪我　(12.6%)	13. あなたの問題行動　(4.2%)
6. 経済的困難　(16.8%)	14. 配偶者の問題行動　(5.4%)
7. 姑・舅との人間関係　(1.2%)	15. 子どもの問題行動　(1.5%)
8. 職場での人間関係　(7.2%)	16. その他　(4.5%)

付問11-5 〈発心経験のある方にお聞きします〉
あなたは発心したことによって変化を感じましたか。
次の中から**あてはまるものすべて**にマル(○)をおつけ下さい。
その上で，最も重要な変化について**ひとつだけ**二重丸(◎)をおつけ下さい。
(N＝448)(選択比率 N＝822)

1. 抱えていた悩み・問題が解決した	(22.3%)	(49.5%)
2. 健康状態が改善された	(5.8%)	(25.1%)
3. 信頼できる同志ができ，安心感を得た	(9.2%)	(46.8%)
4. 人生に目標ができ，生活に張りが出た	(27.2%)	(56.1%)
5. 自分の能力を十分に発揮できるようになった	(5.1%)	(27.9%)
6. 知識・教養を得て，視野が広くなった	(4.2%)	(39.7%)
7. 他人を思いやれるようになった	(18.1%)	(56.0%)
8. 家族や職場などの人間関係が良くなった	(2.9%)	(28.3%)
9. 経済的状況が改善された	(4.2%)	(23.2%)
10. 抱えていた悩み・問題が悪化した	(0%)	(1.0%)
11. 健康状態が悪化した	(0%)	(0.1%)
12. 新しい価値観が入ってきて混乱した	(0%)	(0.4%)
13. 束縛が増えて自分の時間がなくなった	(0%)	(1.7%)
14. 視野が狭くなった	(0.2%)	(0.5%)
15. 家族や職場などの人間関係が悪くなった	(0%)	(0.1%)
16. 経済的状況が悪化した	(0%)	(0.5%)
17. 特にない	(0%)	(0.5%)
18. その他	(0.7%)	(2.1%)

問12　あなたはどのくらいの頻度で個人的に勤行・唱題を行っていますか。(N＝807)

1. ほぼ毎日朝晩勤行・唱題する	(79.9%)
2. 一週間のうち数日は朝晩勤行・唱題する	(11.6%)
3. 毎日題目三唱だけはする	(4.2%)
4. 一ヶ月に数回は勤行・唱題をする	(1.4%)
5. 一年に数回は勤行・唱題をする	(1.4%)
6. 勤行や唱題は会合のとき以外はほとんどしない	(1.5%)

問13　あなたは，いつも一日にどのくらいの時間，唱題をしますか。(N＝807)

1. 2時間以上唱題する	(5.5%)
2. 2時間程度，唱題する	(6.3%)
3. 1時間程度，唱題する	(30.6%)
4. 30分程度，唱題する	(27.3%)
5. 15分程度，唱題する	(17.7%)
6. 5分程度，唱題する	(8.6%)
7. 唱題はほとんどしない	(4.1%)

問14　あなたは会合や家庭訪問などの創価学会活動にどの程度の頻度で参加していますか。(N＝812)

1. ほぼ毎日，学会活動している	(30.4%)
2. 週に3〜4日，学会活動している	(29.9%)
3. 週に1〜2日，学会活動している	(24.4%)
4. 月に1〜3日，学会活動している	(12.6%)
5. 年に数回，学会活動している	(2.2%)
6. 学会活動はしていない	(0.5%)

問15　あなたは教学についてどの程度取り組んでいますか。(N＝795)

1. ほぼ毎日，教学に取り組む	(18.1%)
2. 一週間に1日程度，教学に取り組む	(26.3%)
3. 一ヶ月に1日程度，教学に取り組む	(20.4%)
4. 会合のときにのみ取り組む	(32.5%)
5. 教学はほとんどしていない	(2.8%)

問16　あなたは一ヶ月に平均して何日間，学会活動(個人的な勤行・唱題は除く)にあてていますか。それは一日あたり平均すると何時間くらいですか。**数字で**お答え下さい。

一週間に 4 日以下	(15.2%)	0 時間	(2.7%)
一週間に 1〜2 日	(16.5%)	1 時間	(19.8%)
一週間に 2〜3 日	(12.9%)	2 時間	(41.4%)
一週間に 3〜4 日	(15.6%)	3 時間	(19.5%)
一週間に 4〜5 日	(3.1%)	4〜9 時間	(12.6%)
一週間に 5〜6 日	(18.3%)	10 時間以上	(3.9%)
一週間に 6 日以上	(18.4%)		N＝665
	N＝711		

問17　あなたは折伏をした経験がありますか。(N＝812)

1．ある　(86.1%)	2．ない　(13.9%)

付問17　〈折伏経験がある方にお聞きします〉

あなたが折伏して創価学会に入会した人は何人いますか。**数字で**お答え下さい。(N＝703)

0 人	(15.1%)
1 人	(22.6%)
2 人	(13.1%)
3 人	(14.4%)
4 人から 9 人	(22.5%)
10 人以上(最大値 53 人)	(12.4%)

問18　あなたと同居している(あるいはかつてしていた)ご家族・ご親族の中に，あなたが創価学会の信仰・活動をすることに対して，反対する方はいらっしゃいましたか，または，現在いらっしゃいますか。(N＝802)

1．はい　(21.8%)	2．いいえ　(78.2%)

付問18　それは誰ですか。**あてはまる方すべてに**マル（○）をおつけ下さい。
（N＝822）

あなたの配偶者　（7.5%）	あなたの子の配偶者　（0.1%）
あなたの父親　（6.8%）	あなたの孫　（0%）
あなたの母親　（5.6%）	配偶者の父親　（2.1%）
あなたの祖父母　（0.7%）	配偶者の母親　（2.6%）
あなたの兄弟　（3.0%）	配偶者の祖父母　（0.1%）
あなたの姉妹　（3.3%）	配偶者の兄弟姉妹　（2.6%）
あなたの息子　（1.1%）	その他の親族　（0.7%）
あなたの娘　（0%）	

問19　あなたと別居しているご家族・ご親族の中に，あなたが創価学会の信仰・活動をすることに対して，反対する方はいらっしゃいましたか，または，現在いらっしゃいますか。（N＝766）

1．はい　（27.4%）	2．いいえ　（72.6%）

付問19　それは誰ですか。**あてはまる方すべてに**マル（○）をおつけ下さい。
（N＝822）

あなたの配偶者　（0.7%）	あなたの子の配偶者　（0.6%）
あなたの父親　（4.1%）	あなたの孫　（0%）
あなたの母親　（5.6%）	配偶者の父親　（3.3%）
あなたの祖父母　（0.7%）	配偶者の母親　（3.6%）
あなたの兄弟　（7.1%）	配偶者の祖父母　（0.4%）
あなたの姉妹　（6.1%）	配偶者の兄弟姉妹　（5.2%）
あなたの息子　（1.2%）	その他の親族　（7.5%）
あなたの娘　（0.2%）	

問20　あなたは創価学会の信心や活動から離れた経験はありますか。（N＝790）

1．はい　（35.8%）	2．いいえ　（74.2%）

付問20-1　〈信心から離れた経験のある方にお聞きします〉
それはどのような理由からですか。

最も重要な理由(左側)(N＝147)
選択された比率(右側)(実数)

1. 組織内の人間関係・トラブル	(10.9%)	(52)
2. 学会員である自分の親に対する反発心	(2.0%)	(25)
3. 周囲の学会員(自分の親以外)に対する反発心	(2.7%)	(31)
4. 勤行や唱題をすることが面倒だった	(3.4%)	(68)
5. 会合に参加するのが面倒だった	(8.2%)	(124)
6. 教学をするのが面倒だった	(0%)	(25)
7. 学会活動に意味を感じられなかった	(6.1%)	(50)
8. 教理を信じられなかった	(0.7%)	(10)
9. 池田名誉会長を信じられなかった	(0%)	(3)
10. 別の宗教に魅力を感じた	(0%)	(3)
11. 宗教を信じる必要がないと思った	(4.8%)	(27)
12. 仕事や学校が忙しかった	(29.9%)	(135)
13. 信心するよりも遊びたかった	(13.6%)	(86)
14. 世間の創価学会に対するイメージが悪かったため	(2.0%)	(14)
15. 結婚のため	(4.1%)	(21)
16. 家族に反対されたため	(1.4%)	(5)
17. 友人に反対されたため	(0%)	(0)
18. 職場の人に反対されたため	(0%)	(1)
19. 特に理由はない	(4.8%)	(20)
20. その他	(5.8%)	(20)

付問20-2 〈信心から離れた経験のある方にお聞きします〉
再び学会活動に戻ってくるきっかけは次のうちどれでしたか。(N＝264)

1. 学会員の親から活動するようにすすめられた	(6.4%)
2. 地域の学会員から活動するようにすすめられた	(43.6%)
3. 地域以外の学会員から活動するようにすすめられた	(5.3%)
4. 自分から活動したいと地域の組織に出向いた	(26.1%)
5. その他	(18.6%)

問21　財務についてお聞きします。(N＝816)

1. 毎年している	(92.8%)
2. 毎年ではないが，余裕のあるときにしている	(1.2%)
3. 数回はしたことがある	(2.1%)
4. ほとんどしない	(0.7%)
5. 一度もしたことがない	(3.2%)

問22　現在，あなたが信心を持ち，創価学会活動を行っている最も重要な理由は次のうちどれですか。

最も重要な理由(左側)(N＝645)

選択された比率(右側)(N＝822)

1. 自分の悩み・問題(病気，経済など)を解決したい	(16.1%)	(58.9%)
2. 人生に哲学・目標を持つため	(8.1%)	(61.7%)
3. 創価学会会合参加，創価学会員との交流を持つ	(0.8%)	(38.8%)
4. 池田名誉会長の思想・行動などを学ぶため	(12.2%)	(72.3%)
5. 日蓮の教え(御書など)を学ぶため	(1.1%)	(60.7%)
6. 世界を平和にし，より多くの人を幸せにするため	(33.8%)	(75.4%)
7. 創価学会の組織を守り，よりいっそう発展させるため	(2.2%)	(49.4%)
8. 創価学会の信仰をたくさんの人に伝えるため	(22.9%)	(74.9%)
9. 家族が創価学会員であるため	(0.8%)	(13.6%)
10. 知人の多くが創価学会員であるため	(0.3%)	(4.1%)
11. 特に理由はない	(0.3%)	(1.0%)
12. その他	(1.4%)	(1.7%)

問23　あなたは，ご自身の信仰の強さ，学会活動への取り組みの程度をどのように評価されていますか。(N＝803)

1. 非常に熱心に信仰，活動をしている	(34.9%)
2. まあまあ熱心に信仰，活動をしている	(55.8%)
3. あまり熱心に信仰，活動をしていない	(8.6%)
4. 全く熱心に信仰，活動をしていない	(0.7%)

問24　あなたは聖教新聞の配達員の経験がありますか。(N＝811)

1. はい　(43.5%)	2. いいえ　(56.5%)

問25　あなたは公明党員になった経験がありますか。(N＝812)

1. はい　(61.0%)	2. いいえ　(39.0%)

問26　あなたは現在，公明党を支持していますか。(N＝815)

1. 支持している　(99.3%)	2. 支持していない　(0.7%)

付問26　〈公明党を支持していない方にお聞きします〉
最も重要な理由(左側)(N＝8：実数)
選択された数(右側)(実数)

1. 公明党の議員が信用できない	(2)	(5)
2. 自民党，保守党との連立政権が認められない	(1)	(5)
3. 提案する政策や政党理念に賛同できない	(3)	(5)
4. 仕事上の都合で，他の政党を支持する必要がある	(1)	(1)
5. 個人の意志で，他に支持する政党がある	(1)	(3)
6. 公明党と創価学会の関係が政教分離に反している	(0)	(1)
7. 特に理由はない	(0)	(2)
8. その他	(0)	(2)

問27　人間関係や病気，仕事など生活において相談したいことができたときに，相談したり，アドバイスを受けたりする相手として頼りにしている方はどなたですか。
最も頼りにしている人(左側)(N＝498)
選択された比率(右側)(N＝822)

1. 役職のついていない学会員	(1.4%)	(7.1%)
2. ブロック・地区・支部の役職のある学会員	(20.5%)	(42.6%)
3. 本部・区(圏)の役職のある学会員	(27.1%)	(51.7%)
4. 県の役職のある学会員	(13.9%)	(31.1%)
5. 方面の役職のある学会員	(14.9%)	(24.8%)
6. 学会員の家族・親族	(18.9%)	(32.0%)

7. 学会員以外の家族・親族	(1.0%)	(4.1%)
8. 学会員以外の知人・友人	(2.4%)	(14.4%)

問28　創価学会の信仰は，あなたにとって，家の宗教ですか，それとも家とは関係のない自分自身の宗教ですか。(N＝801)

1. 代々引き継いでいく，家の宗教である	(27.3%)
2. 自分で選択した，個人の宗教である	(24.3%)
3. 家の宗教でもあるし，個人の宗教でもある	(45.7%)
4. どちらともいえない	(0.7%)
5. そのことについて考えたことがない	(1.9%)

〈次に，あなたの学会活動についての日ごろのお考えをお聞きいたします〉

問29　次のＡからＬの意見についてあなたのお考えをお答えください。
あなたの意見に最も近いものに**それぞれひとつずつ**マル(○)をつけてください。

(N＝822)	1. 強く思う	2. そう思う	3. あまり思わない	4. 全く思わない
A. 女性と男性は異なる特質を持つ	17.8%	53.4%	17.9%	4.4%
B. 女性は男性より業が深い性である	13.5	36.6	35.0	11.1
C. 女性は男性よりも平和を願う心が強い	37.0	36.3	17.6	4.9
D. 女性の心は変わりやすい傾向がある	7.5	32.7	44.5	9.5
E. 男性は女性よりも集中力がある	6.0	27.1	54.3	7.5
F. 男性は女性より指導者に向いている	5.5	25.2	52.4	10.6
G. 女性は男性に大切に守られるべきだ	14.1	41.1	31.1	7.2
H. 創価学会活動を支えているのは男性だ	3.2	15.7	52.7	22.0
I. 創価学会活動を支えているのは女性だ	29.0	36.9	17.5	10.5
J. 子どもの成長は最終的に母親に責任がある	20.2	33.3	29.2	12.3
K. 女性は結婚すると親の守りから離れる	4.3	27.6	48.2	12.9
L. 男性は女性(母・妻)に守られている	15.5	53.4	21.9	3.9

問30　創価学会員の家庭において，信仰を子どもたちに引き継いでいくには，どのような方法が必要だと思いますか。(N＝762)

1. 子どもが幼いうちから，親が積極的に信仰の大切さを教えたり，会合に連れ出したりする必要がある　(45.4%)
2. 積極的に教えなくても，子どもが幼いうちから親が活動している姿を見せていることが大事である　(44.4%)
3. 未来部のときに，担当の学会員が子どもを積極的に会合に連れ出し，創価学会に親しみを持つようにする必要がある　(3.2%)
4. 未来部のときに，担当の学会員が子どもたちにとっての良い見本となるような振る舞いを見せておくことが大事である　(2.7%)
5. 子どもが成人してから，親が積極的に信仰の大切さを教えたり，会合に連れ出したりするべきである　(1.0%)
6. 子どもが成人してから，地域の幹部が積極的に関わりを持ち，会合に連れ出すようにする必要がある　(0.7%)
7. 信仰を継承するためには特別なことはなにもしなくてもよい　(2.3%)
8. 子どもたちに信仰を伝える必要はない　(0.1%)
その他　(実数：24)

問31　あなたは現在の創価学会に関して，なにか不満をお持ちですか。(N＝787)

1. はい　(35.0%)	2. いいえ　(65.0%)

付問31　現在の創価学会について，不満に感じているところはどのようなことですか。次から<u>あてはまるものすべてに</u>マル(○)をつけてください。(N＝533)

1. 幹部の中で人間性に問題のある人がいる	(21.3%)
2. 組織中心主義的な傾向が強い	(7.3%)
3. 池田名誉会長が特別視されすぎている	(1.8%)
4. 宗門との対立に問題を感じる	(2.1%)
5. 公明党関係の活動(選挙活動など)に問題を感じる	(4.4%)
6. 新聞啓蒙活動に問題を感じる	(5.7%)
7. 組織における女性の地位のあり方に問題を感じる	(1.7%)
8. 時間的に負担を感じる	(14.2%)
9. その他	(1.9%)

〈次からは一般的な事柄に関するあなたのご意見をお聞きします〉

問32　次に挙げるＡからＪの事柄についてあなたはどう思いますか。
あなたのご意見に最も近いところに**それぞれひとつずつ**マル(○)をおつけ下さい。

(N＝822)	1．全く問題ない	2．まあまあ認められる	3．あまり認められない	4．全く認められない
A．臓器移植	42.3%	39.3%	8.0%	2.6%
B．不妊治療(人工受精など)	35.9	37.8	13.3	3.9
C．クローン技術	2.3	7.8	36.5	52.4
D．同性愛	13.4	24.0	29.1	24.8
E．性の商品化	1.6	4.9	27.1	58.4
F．人工妊娠中絶	4.0	22.0	47.3	18.7
G．離婚	20.2	36.5	29.4	5.5
H．安楽死	5.7	23.6	31.3	31.4
I．自殺	1.6	0.7	12.7	78.1
J．脳死を人の死とする	9.5	28.5	34.2	18.0

問33　次に挙げるＡからＮまでのそれぞれの意見について，あなたはどの程度賛成していますか。
あてはまるものに**それぞれひとつずつ**マル(○)をおつけ下さい。

(N＝822)	1．強く賛成	2．賛成	3．反対	4．強く反対
A．母親が働いていても正常な母子関係が作れる	22.3%	66.2%	5.8%	1.0%
B．主婦の仕事は充実した意義ある仕事である	22.5	67.3	4.7	0.2
C．家庭の維持費は夫も妻もともに稼ぎだすべきだ	4.1	49.4	35.8	1.9
D．男性は女性より政治の指導者に適している	2.6	25.2	55.7	7.2
E．妻の稼ぎが夫より多いと決まって問題が起きる	3.4	30.9	50.4	5.2
F．大学教育は女子より男子にとって重要である	3.9	15.8	58.6	14.5
G．女性の第一の仕事は育児と家事である	7.3	35.0	42.0	9.5
H．子どもを産むことが女性の証である	7.3	31.0	43.8	10.6
I．男女で全く等しい雇用の機会が与えられるべき	27.6	58.6	6.7	0.5
J．男女とも同じ仕事には同賃金が支払われるべき	32.8	55.1	6.1	0.1
K．自分自身の人生を生きるには仕事が必要だ	21.2	51.8	19.6	0.5

L. 家族のために賃金労働をするのは男性の義務だ	18.4	49.6	22.9	1.8
M. 妻が稼ぎ，夫が家事育児を専業で担ってもよい	5.2	56.4	29.1	3.6
N. 出産や育児は仕事の障害となってはならない	12.0	45.5	28.7	5.1

問34 次のような意見について，あなたはどのように思いますか。
あなたのお気持ちに最も近いものに**それぞれひとつずつ**マル(○)をおつけ下さい。

(N＝822，非回答を含む)	1. 賛成	2. どちらかといえば賛成	3. どちらかといえば反対	4. 反対
A. 愛のない夫婦でも家庭を壊して離婚すべきではない	6.2%	27.3%	42.2%	15.6%
B. 性行為は結婚の中に限定されるべきだ	21.0	35.3	25.4	9.7
C. 親は子どものために自分を犠牲にすべきだ	5.6	28.5	40.0	18.4
D. 親にどんな欠点があっても，子どもはつねに親を愛し，うやまわなければならない	10.3	33.6	33.9	14.2
E. 親の面倒をみるのは長男の義務である	1.8	14.1	43.6	33.3
F. 親が年を取ったら子どもは親と同居すべきだ	6.1	30.4	37.3	18.2
G. 子どもの成長には父親と母親，両方が必要だ	40.3	38.9	9.9	4.7
H. 娘は結婚したら相手の家の人間になる	10.9	30.3	37.8	13.6
I. 子どもは結婚してから持つべきだ	40.5	44.8	6.9	1.6
J. 男の子は男らしく，女の子は女らしく育てるべきだ	31.5	44.2	14.5	2.7

〈次に，あなた自身についてお聞きします〉

F1 あなたの性別をお答え下さい。(N＝815，「その他」を除く)

1. 男性 (39.5%)	2. 女性 (60.5%)	3. その他 (1名)

F2 あなたの年齢を**数字で**ご記入下さい。(N＝808)

10歳代	(0.2%)
20歳代	(11.8%)
30歳代	(17.0%)

40 歳代	(21.2%)
50 歳代	(27.6%)
60 歳代	(14.0%)
70 歳代	(7.2%)
80 歳代	(1.1%)

F3　あなたが小学校卒業までの間に，一番長く暮らしていた地域は，次のどれにあたりますか。(N＝804)

1. 農村・山村・漁村	(32.7%)
2. 地方小都市	(29.5%)
3. 県庁所在地・それと同等以上の大都市	(37.3%)
4. 外国	(0.5%)

F4　あなたの最終学歴(現在学生の人は在学中の学校)をお答え下さい(中退も卒業と同じ扱いでお答え下さい)。(N＝796)

1. 新制中学校，旧制小学校，国民学校，青年学校	(18.7%)
2. 新制高校，旧制中学校・高等女学校・実業学校・師範学校	(43.5%)
3. 新制各種専門学校(新制高卒後)	(10.9%)
4. 新制短大・高専，旧制高校・専門学校・高等師範学校	(14.7%)
5. 新制・旧制大学(4 年制)以上	(10.1%)
6. その他	(2.1%)

F5　あなたのお父さんの最終学歴(現在学生の人は在学中の学校)をお答え下さい(中退も卒業と同じ扱いでお答え下さい)。(N＝632，「父はいない」を除く)

0. 父はいない	(N＝145)
1. 新制中学校，旧制小学校，国民学校，青年学校	(43.8%)
2. 新制高校，旧制中学校・高等女学校・実業学校・師範学校	(32.6%)
3. 新制各種専門学校(新制高卒後)	(2.5%)
4. 新制短大・高専，旧制高校・専門学校・高等師範学校	(2.8%)
5. 新制・旧制大学(4 年制)以上	(5.7%)
6. わからない	(10.9%)
7. その他	(1.6%)

F6　あなたのお母さんの最終学歴(現在学生の人は在学中の学校)をお答え下さい(中退も卒業と同じ扱いでお答え下さい)。(N＝673,「母はいない」を除く)

0. 母はいない	(N＝106)
1. 新制中学校，旧制小学校，国民学校，青年学校	(47.0%)
2. 新制高校，旧制中学校・高等女学校・実業学校・師範学校	(37.1%)
3. 新制各種専門学校(新制高卒後)	(2.8%)
4. 新制短大・高専，旧制高校・専門学校・高等師範学校	(3.4%)
5. 新制・旧制大学(4年制)以上	(0.9%)
6. わからない	(7.4%)
7. その他	(1.3%)

F7　あなたが同居している家族は，あなたを含めて何人世帯になりますか。(N＝806)

一人世帯	(11.0%)
二人世帯	(23.1%)
三人世帯	(26.1%)
四人世帯	(22.1%)
五人世帯	(11.8%)
六人世帯	(4.1%)
七人世帯	(1.0%)
八人世帯以上	(0.5%)

F8　現在同居している人はどなたですか。あなたからみた続き柄でお答え下さい。(N＝822)

配偶者	(62.2%)	配偶者の兄弟姉妹	(0.2%)
父	(10.6%)	息子	(47.9%)
母	(14.2%)	娘	(4.5%)
配偶者の父	(2.4%)	子どもの配偶者	(2.8%)
配偶者の母	(4.0%)	孫	(0.1%)
祖父母	(1.6%)	その他親族	(0.5%)
配偶者の祖父母	(0.5%)	同居者なし	(5.7%)
兄弟姉妹	(6.6%)		

SF8 〈同居している家族がいる方にお聞きします〉

そのうち創価学会員の方はいますか。**あてはまる人すべてに**マル(○)をおつけ下さい。(N＝822)

配偶者	(52.6%)	姉妹	(4.9%)
父	(9.4%)	配偶者の兄弟姉妹	(0.4%)
母	(14.2%)	息子	(28.5%)
配偶者の父	(2.1%)	娘	(29.8%)
配偶者の母	(3.5%)	子どもの配偶者	(2.9%)
祖父母	(1.7%)	孫	(2.7%)
兄弟	(2.7%)	その他親族	(0.2%)

F9 現在同居していないご親族の中で創価学会員の方はいますか。

あてはまる人すべてにマル(○)をおつけ下さい。(N＝822)

配偶者	(10.0%)	姉妹	(26.5%)
父	(14.8%)	配偶者の兄弟姉妹	(16.8%)
母	(24.7%)	息子	(17.4%)
配偶者の父	(14.8%)	娘	(21.4%)
配偶者の母	(24.7%)	子どもの配偶者	(7.3%)
祖父母	(5.0%)	孫	(7.3%)
兄弟	(22.6%)	その他親族	(28.1%)

F10 あなたの現在のお仕事についておうかがいします。あなたは普段どのような仕事をなさっていますか。次の中からあてはまるものに**ひとつだけ**マル(○)をおつけ下さい。(N＝775)

1. 経営者・役員	(3.6%)	6. 自営業の家族従業者	(2.2%)
2. 常時雇用されている一般従業者	(32.8%)	7. 専業主婦	(24.3%)
3. 自営業主・自由業者	(6.2%)	8. 学生	(0.6%)
4. 派遣社員	(1.9%)	9. 無職	(10.2%)
5. 臨時雇い・パート・アルバイト	(15.4%)	10. その他	(2.8%)

SF10 〈F10で1，2，3と答えた方にお尋ねします〉

あなたのお仕事の内容は，次のうち，どれに最も近いですか。

あてはまるものに**ひとつだけ**マル(○)をおつけ下さい。(N＝347)

1. 専門・技術系の職業	(18.7%)	5. 技能・労務・作業系の職業	(27.1%)
2. 管理的職業	(6.9%)	6. 農林漁業職	(0%)
3. 事務・営業系の職業	(19.9%)	7. その他	(4.0%)
4. 販売・サービス系の職業	(23.3%)		

F11　あなたの現在の労働時間は，一日あたり何時間くらいですか。働いている日について残業時間も含めた平均的な労働時間を**数字で**お答え下さい。(N＝493)

4時間未満	(12.8%)
4〜7時間	(15.6%)
8〜9時間	(42.0%)
10〜14時間	(28.4%)
15時間以上	(1.2%)

F12　あなたのお父さんは普段どのような仕事をなさっていますか(退職された方はされる前の職業をお答え下さい)。(N＝416，「父はいない」を除く)

0. 父はいない	(N＝354)	6. 自営業の家族従業者	(4.1%)
1. 経営者・役員	(8.2%)	7. 専業主夫	(0.2%)
2. 常時雇用されている一般従業者	(47.6%)	8. 無職	(9.6%)
3. 自営業主・自由業者	(17.1%)	9. わからない	(2.2%)
4. 派遣社員	(1.0%)	10. その他	(7.5%)
5. 臨時雇い・パート・アルバイト	(2.6%)		

F13　あなたのお母さんは普段どのような仕事をなさっていますか(退職された方はされる前の職業をお答え下さい)。(N＝545，「母はいない」を除く)

0. 母はいない	(N＝222)	6. 自営業の家族従業者	(7.2%)
1. 経営者・役員	(1.3%)	7. 専業主婦	(36.9%)
2. 常時雇用されている一般従業者	(8.6%)	8. 無職	(22.0%)
3. 自営業主・自由業者	(4.4%)	9. わからない	(0.6%)
4. 派遣社員	(0.4%)	10. その他	(3.1%)
5. 臨時雇い・パート・アルバイト	(15.6%)		

F14　あなたには，現在，または将来においてあなたが管理する責任(可能性)のある墓がありますか。次の中であてはまるものに**ひとつだけ**マル(○)をおつけ下さい。(N＝799)

1. 自分が管理すべき墓はない	(19.5%)
2. 戸田墓苑に墓がある	(72.8%)
3. 戸田墓苑以外の創価学会関係の墓地に墓がある	(0.8%)
4. 日蓮正宗の寺・墓地に墓がある	(0.3%)
5. 自分で立てた墓が創価学会・日蓮正宗以外の墓地にある	(0.1%)
6. 先祖代々の墓が創価学会・日蓮正宗以外の墓地にある	(4.5%)
7. その他	(2.0%)

F15　あなたの現在の経済状況は全体的にいってどのようなものですか。(N＝808)

1. 非常に裕福で，経済的に余裕がある	(3.1%)
2. 裕福とはいえないが，経済的には困っていない	(37.9%)
3. 暮らしていくには困らないが，余裕はあまりない	(39.0%)
4. どうにか暮らすことはできるが，余裕が全くない	(17.7%)
5. 暮らしていくのに困難な経済状況である	(2.4%)

F16　あなたの現在の健康状態は全体的にいってどのようなものですか。(N＝818)

1. 非常に良い	(13.4%)
2. 良い	(31.3%)
3. ふつう	(47.1%)
4. 良くない	(7.8%)
5. 非常に良くない	(0.4%)

F17　あなたの婚姻状態についてお聞きします。(N＝778)

1. 既婚，同居している	(69.0%)	4. 離婚	(6.8%)
2. 既婚，別居している	(2.3%)	5. 死別	(5.3%)
3. 内縁の配偶者と同居	(0.5%)	6. 未婚	(16.1%)

F18　あなたには子どもさんがいらっしゃいますか。（N＝807）

1．いる　(74.6%)	2．いない　(25.4%)

SF18　子どもさんは何人いらっしゃいますか。そのうち18歳以上のお子さんは何人で，18歳以上のお子さんのうち，現在，学会活動をなさっている方は何人いらっしゃいますか。

子どもの人数		18歳以上子ども数		18歳以上子ども会員数	
0人	(0.8%)	0人	(22.6%)	0人	(31.5%)
1人	(21.3%)	1人	(18.4%)	1人	(34.7%)
2人	(46.1%)	2人	(39.8%)	2人	(24.6%)
3人	(24.8%)	3人	(14.8%)	3人	(6.5%)
4人	(5.0%)	4人	(3.4%)	4人	(2.6%)
5人	(1.0%)	5人	(0.2%)	6人	(0.2%)
6人	(0.2%)	6人	(0.2%)		N＝496
7人	(0.2%)	7人	(0.2%)		
8人	(0.3%)	8人	(0.4%)		
9人	(0.3%)		N＝532		
	N＝605				

F19　あなたが住んでいる地域は以下のうちどこですか。（N＝815）

1．中央区	(10.6%)	7．清田区	(6.0%)
2．北区	(12.8%)	8．手稲区	(7.1%)
3．東区	(13.1%)	9．西区	(10.7%)
4．白石区	(11.9%)	10．南区	(8.6%)
5．豊平区	(13.5%)	11．その他	(0.1%)
6．厚別区	(5.6%)		

F20　あなたはご家族が創価学会に入ってから何代目にあたりますか。（N＝811）

1．一代目	(48.5%)	3．三代目	(12.8%)
2．二代目	(38.1%)	4．四代目以上	(0.6%)

【二代目以降の学会員の方への質問】

GQ1　創価学会に初めて入った方は，次のうちどなたですか。（N＝348）

母親	(47.7%)	母方曾祖母	(1.1%)
父親	(25.0%)	母方曾祖父	(0.3%)
母方祖母	(7.5%)	父方曾祖母	(2.6%)
母方祖父	(2.3%)	父方曾祖父	(0.6%)
父方祖母	(5.7%)	曾祖父母以上の世代	(0.6%)
父方祖父	(2.3%)	わからない	(0.9%)
		その他	(3.4%)

GQ2　あなたのごきょうだいについてお聞きいたします。ごきょうだいは何人いますか。そのうち，何名が学会員として活動していますか。**数字で**お答え下さい。

きょうだい数		きょうだい会員数	
0 人	(5.7%)	0 人	(12.3%)
1 人	(23.7%)	1 人	(32.0%)
2 人	(18.2%)	2 人	(17.6%)
3 人	(17.2%)	3 人	(20.5%)
4 人	(13.2%)	4 人	(9.2%)
5 人	(10.0%)	5 人	(5.6%)
6 人	(5.7%)	6 人	(1.3%)
7 人	(3.0%)	7 人	(0.8%)
8 人	(1.0%)	8 人	(0.3%)
9 人	(1.0%)	9 人	(0.5%)
10 人	(1.2%)		N＝391
	N＝401		

GQ3　あなたのお父さんの地域の役職で最も上位だったものは次のうちのどれですか。（N＝277，「父はいない」を除く）

役職なし	(22.4%)
ブロック	(18.1%)
地区	(21.7%)
支部	(15.5%)

本部	(7.6%)
区・圏	(5.8%)
県	(1.4%)
方面	(0.7%)
その他	(6.9%)
父はいない	(N＝109)

GQ4　あなたのお母さんの地域の役職で最も上位だったものは次のうちのどれですか。(N＝343,「母はいない」を除く)

役職なし	(16.3%)
ブロック	(20.4%)
地区	(29.2%)
支部	(18.4%)
本部	(9.3%)
区・圏	(2.6%)
県	(0.3%)
方面	(0.6%)
その他	(2.9%)
母はいない	(N＝54)

GQ5　あなたは次の創価学会関連の学校で学んだ経験がありますか。(それぞれ実数)

1. 創価幼稚園	(15)	4. 創価高校	(0)	7. 創価大学通信	(16)
2. 創価小学校	(0)	5. 創価大学	(6)		
3. 創価中学校	(0)	6. 創価女子短期大学	(2)		

GQ6　未来部時代の活動についてお聞きします。次に挙げる中で，あなたが参加していたグループ<u>すべてに</u>マル(○)をおつけ下さい。(N＝285)

1. 少年少女部	(75.8%)	4. 音楽隊	(2.5%)	7. 未来部人材グループ	(14.4%)
2. 中等部	(75.1%)	5. 鼓笛隊	(2.7%)	8. その他	(3.9%)
3. 高等部	(70.9%)	6. 合唱団	(4.3%)		

GQ7　あなたの中学生のころについてお聞きします。次のAからNの事柄についてあてはまるところに**それぞれひとつずつ**マル(○)をおつけ下さい。

( )=N	1. 全くその通り	2. まあまあその通り	3. あまりあてはまらない	4. 全く当てはまらない
A. 母親は学会活動を熱心にしていた(360)	62.2%	22.2%	10.8%	4.7%
B. 母親は信仰体験についてよく話した(357)	40.1	31.7	21.6	6.7
C. 母親は勤行・唱題をよくしていた(360)	67.5	19.7	8.9	3.9
D. 母親は池田名誉会長についてよく話した(359)	41.2	30.4	22.8	5.6
E. 母親は会合に行くように言った(359)	43.5	26.5	21.7	8.4
F. 母親は勤行・唱題をするように言った(356)	39.9	24.4	26.4	9.3
G. 母親は教学をするように言った(349)	23.2	29.9	38.4	15.5
H. 父親は学会活動を熱心にしていた(305)	32.8	23.9	22.6	20.7
I. 父親は信仰体験についてよく話した(304)	19.7	18.4	34.2	27.6
J. 父親は勤行・唱題をよくしていた(307)	40.4	17.3	21.5	20.8
K. 父親は池田名誉会長についてよく話した(305)	22.6	21.0	31.1	25.2
L. 父親は会合に行くように言った(302)	14.2	16.2	37.4	32.1
M. 父親は勤行・唱題をするように言った(302)	15.2	15.6	36.4	32.8
N. 父親は教学をするように言った(302)	13.2	13.2	39.7	33.8

GQ8　あなたの中学生のころの生活についてお聞きいたします。次に挙げる事柄について，あてはまるところに**それぞれひとつずつ**マル(○)をおつけ下さい。

( )=N	1. 全くその通り	2. まあまあその通り	3. あまりあてはまらない	4. 全く違う
A. 家庭は大変温かい雰囲気だった(361)	28.8%	39.6%	26.6%	0.5%
B. あまり叱られることはなかった(364)	14.8	39.3	34.6	11.3
C. 女らしく，または男らしくしろ(360)	9.2	24.4	43.6	22.8
D. ほしいものは買ってもらった(363)	3.0	17.1	45.2	34.7
E. 親にたたかれることがよくあった(362)	7.7	12.7	43.6	35.9
F. 学校の勉強はよくがんばった(364)	10.4	30.2	45.3	14.0
G. 将来の進路を自分なりに考えていた(363)	21.2	43.8	25.6	9.4
H. 家の手伝いをよくさせられた(365)	21.4	34.8	34.5	9.3
I. 父親と母親は仲が良かった(341)	19.6	36.7	31.1	12.6

J. 母親のような大人になりたかった(359)	15.9	28.4	44.0	12.0
K. 母親は仕事で忙しかった(363)	26.4	30.9	21.2	21.5
L. 母親は子どもの良き理解者だった(362)	31.2	42.5	21.3	5.0
M. 父親のような大人になりたかった(320)	12.8	25.9	36.9	24.4
N. 父親は仕事で忙しかった(327)	28.4	40.4	23.5	7.6
O. 父親は子どもの良き理解者だった(326)	18.7	36.5	31.0	13.8

GQ9　あなたが中学生のころの創価学会との関わりについてお聞きします。次の事柄についてあてはまるところに**それぞれひとつずつ**マル(○)をおつけ下さい。

(　)=N	1. その通り	2. まあその通り	3. あまりない	4. 全く違う
A. 勤行や唱題を自発的にしていた(353)	27.5%	25.5%	29.5%	17.6%
B. 会合には積極的に参加していた(351)	20.8	26.5	31.6	21.1
C. 創価学会員であることが誇りだった(348)	13.5	22.1	42.2	22.1
D. 池田名誉会長を尊敬していた(348)	36.2	29.0	23.9	10.9
E. 周りに尊敬する創価学会員がいた(346)	24.6	25.1	34.1	16.2
F. 友達を会合に誘ったことがある(348)	20.4	17.2	25.9	36.5
G. 教学が面白かった(350)	11.4	16.9	38.9	32.9
H. 成人しても学会活動をしたいと思った(350)	29.4	22.3	28.9	19.4

GQ10　あなたは現在，親御さんが創価学会員だったことをどのように感じていますか。(N=389)

1. 大変良かった	(88.7%)	4. まあまあ良かった	(6.9%)
2. 良くも悪くもない	(3.1%)	5. あまり良くなかった	(0.3%)
3. 大変悪かった	(0%)	6. 自分の信仰には関係ない	(1.0%)

GQ11　自分が信仰を継承したことに最も影響が大きかったと思うことは何ですか。最も重要だと思うものに**ひとつだけ**マル(○)をおつけ下さい。(N=365)

1. 母親の信仰の強さ	(34.2%)
2. 父親の信仰の強さ	(4.1%)
3. 家族に反対する人がいなかったこと	(3.3%)
4. 家族に反対する人がいたこと	(0.3%)

5．未来部のときに，良い女子部員，男子部員に出会ったこと	(2.5%)
6．未来部のときに，よく会合に参加していたこと	(0.5%)
7．未来部のときに，勤行・唱題の習慣をつけていたこと	(1.1%)
8．成人してから，地域の幹部がしっかり家庭訪問をしてくれたこと	(6.0%)
9．成人してから，創価学会の会合に出たこと	(4.7%)
10．親が信仰の大切さを教えてくれたこと	(11.8%)
11．自分自身が悩みを持って信仰の大切さに気がついたこと	(27.9%)
12．特にない	(0.3%)
13．その他	(3.3%)